일관도 개요

일관도 개요

초판 1쇄 2014년 11월 30일 • 지은이 린완촨 • 옮긴이 이경원 • 펴낸이 김기창

기획 임종수 • 표지디자인 정신영 • 본문디자인 최은경
펴낸곳 도서출판 문사철 • 주소 서울 종로구 명륜동 2가 93번지 두리빌딩 207호
전화 02-741-7719 • 팩스 0303-0300-7719
홈페이지 www.lihiphi.com • 이메일 lihiphi@lihiphi.com
출판등록 제300-2008-40호

ISBN 978-89-93958-86-7

* 값은 뒤표지에 있습니다.

일관도 개요

一貫道概要

지은이 …… 린완촨(林萬傳)
옮긴이 …… 이경원(李京源)

도서출판문사철

역자 서문

오늘날 한국의 종교학계에서 신종교에 대한 문제는 별도의 독립된 학회가 활동하면서 꾸준히 연구되어 왔다. 신종교는 기성 종교에 비해 역사는 짧지만 당대 사회의 변화와 종교적 수요를 활발히 반영하고 있다는 점에서 관련 학자들의 지속적인 관심을 불러일으키고 있다. 오히려 기성종교가 해결하지 못하는 제도적 문제나 첨단 문명에 대한 발 빠른 대응은 신종교운동이 지닌 장점이 될 수 있다. 이런 점에서 신종교분야의 종교 인구는 나날이 늘어가고 있는 것도 사실이다. 그만큼 종교연구에서 신종교분야는 더 이상 빼놓을 수 없는 주요과제로 자리 잡고 있다. 본 번역서는 이러한 신종교연구의 일환으로 시작되어 국내 학술계에 조금이나마 보탬이 되고자 기획한 것이다.

'일관도'는 본래 중국 대륙에서 발원하여 대만을 근거지로 전 세계적으로 활동하고 있는 중국계 신종교이다. 중국 역사에서 명나라 말기 청나라 초기의 시대적 전환기에 수많은 신종교가 우후죽순처럼 생겨나서 활동할 때, 일관도의 종교운동도 이 때 본격적으로 시작되어 현대까지 전개되었다. 비록 중국이 공산화된 이후 일관도는 더 이상 중국 본토에서 자리를 잡을 수는 없었지만, 대만으로 건너온 지도자들이 수많은 시련을 견뎌내면서 비교적 짧은 시간 내에 세계 80여 개국이라는 규모로 성장하는 저력을 보이고 있다. 한국 또한 국내의 종교단체로 등록된 국제도덕협회(일관도), 대한도덕회, 재단법인 도덕회 등의 교단들이 활동하고 있으므로 국내 신종교연구 나아가서 국제적인 연구에 이르기까지 일관도는 분명히 주목할 만한 종교현상의 하나가 되었음을 알 수 있다. 현재 한국은 수많은 종교들이 서로 어우러져 다양하게 발전하고 있고 또한 종교의 사회적 역할을 고려해 볼 때, 하나의 신종교 발전사례를 참고하는 것은 종교인과 학자 모두에게 유익한 일이라고 사료된다. 이에 역자는 본 번역서가 종교관계자 및 학자들에게 학술연구의 자료로 사용될 수 있기를 바란다.

역자가 일관도에 대해 연구의 인연을 맺게 된 계기는 2012년에 역자가 이사로 활동하고 있는 한국신종교학회의 특집주제를 담당하게 되면서부터이다. 당시에 학회에서는 〈외국 신종교의 한국사회 이식과정과 그 의미〉라는 대주제로 자생종교가 아닌 외국에서 전래한 신종교를 다양하게 소개하고 그 종교적 의미를 탐구하는 형식으로 학술대회가 이어졌는데, 역자는 중국계 신종교를 조사 연구하는 책임을 맡게 되었다. 이에 일관도가 그 대표적인 교단으로 다루어지면서 역자는 보다 면밀한 연구에 몰입하게 되었다. 우선 역자는 일관도의 원류를 이해하기 위해 방학을 이용하여 대만으로 방문연구 활동을 떠나게 되었으며 이로 인해 대만의 여러 종교인 및 관련학자들과 교분을 나누었다. 이 때 접하게 된 책이 바로《일관도개요》이다. 이 책은 린완촨(林萬傳) 선생이 집필하고 중화민국 일관도총회에서 발간한 것으로 일관도를 처음 접하는 사람들에게 체계적으로 일관도를 소개한 일종의 입문서와 같은 것이다. 일관도에 대해 문외한인 역자에게 이 책은 비교적 권위가 있고 또 학술연구의 교과서와 같은 형식으로 되어 있어 번역하기에 안성맞춤이라는 생각이 들었다. 더욱이 당시에 국립 정치대학교 종교연구소의 석좌교수로 계시는 리퐁마오(李豐楙)교수는 아예 공개석상에서 역자의 번역활동을 발표함으로써 중도에 포기할 수 없는 숙제로까지 만들었다. 많은 우여곡절 끝에 이렇게나마 마무리를 짓게 된 것은 이러한 원로 교수님의 자극에 고무된 바가 크다고 하겠다.

본서의 구성은 크게 두 부분으로 나뉜다. 전반부는《일관도개요》의 번역본으로서 역사 및 교리 그리고 각종 사회활동 등에 대한 내용을 다루고 있다. 본래 중국어 판본에는 세계 각지의 일관도 발전 현황을 다루고 있는 부분이 절반 정도 되지만, 이 부분은 저자의 말에 따르면 현재 시점에서 수정되어야 할 내용이 너무 많으므로 번역에 적합하지 않다고 하여 생략하고 원론적인 부분만을 소개하는데 그쳤다. 다만 책 말미에 소개된 각종 사회활동 내용은 비록 시간이 많이 흘렀지만 중요한 사회참여의 역사이므로 번역에 포함하였다. 본 번역서의 후반부 내용은 일종의《부록》으로서 대만에서 대표적인 학자의 학술논문 세 편을 선정하여 번역서의 부족한 분량을 보충하였다. 여기에는 역자의 연구논문도 포함되어 있다. 현재 대만에서는 일관도 관련 학술논문들이 학위논문을 포함하여 활발하게 발표되고 있지만 지면 관계상 모두 소개할 수가 없고 한국 학회와의 교류에서 발표한 것만을 번역하였다. 독자들의 개괄적인 이해에 도움이 되기를 바란다.

본 번역서가 나오기까지 역자는 실로 많은 분들로부터 도움을 받았다. 우선 역자의 방문연구를 위해 물심양면으로 적극적으로 배려해주신 중화민국일관도총회 리위주(李玉柱) 이사장님과 보광숭정(寶光崇

正) 도장의 황쓰옌(黃世姸) 전인, 옹송칭(翁嵩慶) 영도 점전사께 진심으로 감사드린다. 또한 역자의 부족한 중국어 실력에도 불구하고 번역과 답사에 필요한 세심한 도움을 아끼지 않은 장찌아메이(張佳梅), 션예잉(沈曄瀅), 리우퐁즈(劉峯志), 쉬루홍(許如宏)등 여러 강사들에게도 이 자리를 빌려 고마움을 전하고 싶다. 특히 고령에도 불구하고 역자의 번역 소식을 듣고 원서의 오류를 세밀하게 교정하고 격려의 서문까지 써주신 저자 린완촨 선생께 깊은 감사의 말씀을 드리고 싶다. 이외에도 대만의 많은 교수님들과 일관도 관계자분들이 역자의 방문연구에 협조를 해주셨으나 일일이 거명하지 못하는 것에 대해 송구스러울 따름이다. 끝으로 본 한국판 번역서를 끝까지 읽고 성심껏 교정을 봐 주신 쑨리엔천(孫連臣) 점전사와 대학원생 이수현 양 그리고 본서의 출판을 허락해 주신 문사철의 김기창 사장님께도 감사의 인사를 드린다.

2014년 9월 중추절에 왕방산 아래에서

이경원

한국어판 저자 서문

2002년도에 본인이 지은《일관도개요》가 출판되었는데, 본서는 일관도의 각종 서적 및 현대 종교지도자들의 역사 구술(口述)과 방문답사 자료에 근거하여 편찬한 것이다. 그 주된 취지는 일관도의 기본사료를 보다 정확하게 요약 정리해서 일관도 도친 및 학술계, 사회 인사들에게 일관도에 대한 하나의 명확한 지식을 제공함으로써 일관도 연구 입문의 초석으로 삼는데 있다.

재작년(2012년)에 한국의 대진대학교 대순종학과 이경원 교수가 대만에 와서 학술연구교류를 할 때 우리는 운 좋게 서로 알게 되었다. 이교수는 아주 학식이 풍부한 종교학자의 한 사람으로서 그동안 일관도가 한국에 약 100만 정도의 신자가 있는데 반해 유독 한국어로 된 일관도 소개서가 거의 없다는 사실을 알고 이 책의 중요부분을 한국어로 번역할 것을 결정함으로써 학술계의 참고가 되도록 하였다. 현재 번역작업이 이미 완료되었으므로 본인의 간단한 서문을 써서 기념으로 삼고자 한다. 이에 특별히 학술계에 대한 이교수의 열정어린 노력과 공헌에 대해 감사와 존경의 뜻을 표하고자 한다.

2014년 9월

저자 린완촨 삼가 쓰다

본 일관도 총회에서는 민국 77년(서기 1988년) 설립당시에 일반 도친(道親)[1]들과 여러 사회인사분들을 위해 일관도의 전체적인 윤곽에 대하여 간결한 형태로 그 종지와 연혁을 정리하여 입문의 기초로 삼기 위해《일관도소개》를 출판한 바가 있다.

십여 년이 지나면서 각 조선(組線)[2]의 사업이 날로 발전하고 해외 수십 개국으로 전파되면서 중국과 대만에서 새로 발견된 역사적 사료가 크게 증가하게 되었고, 따라서 이 책의 내용이 많이 미비하여 다시 개편해야할 필요성이 생겼다. 개편한 후에는 쪽수가 이미 4백여 쪽에 달하였기 때문에 많은 원로들의 건의에 의해 다시 이름을《일관도개요》라고 하여 실제에 부합되도록 하였다.

이번에 거듭 개편한 주요 내용은 일관도의 정확한 기초문헌자료를 분석하고 완전히 정리함과 동시에 일관도의 역사적 발전과 공익자선사업 및 교화사업을 널리 알리고자 하였다. 이러한 내용은 일관도

1 일관도에서 신자 상호간에 부르는 호칭이다. 교우(教友) 혹은 신도(信徒)라고 번역할 수도 있으나 일관도의 종교적 특색이 담긴 용어이므로 그대로 사용하기로 한다.(역자 주)

2 조선(組線)이라는 용어도 일관도의 특색을 엿볼 수 있는 고유한 단어이다. 하나의 종교조직의 계열을 뜻하는 용어이지만, 오늘날 일관도의 조직과 역사적 발전을 담고 있는 고유한 표현이므로 이 또한 본래의 용어 그대로 사용하기로 한다.(역자 주)

도장에서 널리 필요로 하고 또 학계와 관련해서도 절실한 것이다. 수년에 걸쳐서 도장의 원로 및 각 방면의 학자들의 노력에 의해 관련 자료는 이미 적지 않은 성과를 쌓은 바가 있다. 본서는 미력하지만 다시 한발 더 나아가서 대만의 각 조선의 현황을 알리는데 그치지 않고 다시 각 나라의 발전상황 또한 살펴보고자 하였다. 이것은 매우 어려운 일이며 또한 많은 도전에 부딪히는 일이기도 하다. 현재 1백 개에 달하는 지파(線)와 수십 국가 및 지역구의 개척인원들이 있으며 대부분의 지부들이 아직 자료를 정리하지 못하고 또 많은 원로들이 공개하기를 원하지 않는 상황에서 일일이 방문하여 자문을 구하는 일이 아주 더디게 진행되어 시간을 많이 소비하였으나, 상천(上天)의 자비와 각 방면의 열렬한 원로들의 협조 하에 마침내 하나의 개요를 정리하여 내놓게 되었다.

본서의 지은이 임모우(林慕禹)는 보광건덕(寶光建德)도장의 강사로서 문헌기관의 연구원으로 재직하면서 여러 선배 원로 및 점전사(點傳師)[3]들의 지도하에 그 전문적인 소양으로 십여 년간 일관도의 각종 문헌사료 및 출판물들을 두루 열람하였으며, 아울러 수많은 원로 및 도장 개척자들을 만나면서 대만 전역은 물론 멀리는 홍콩, 마카오, 동남아 싱가포르, 말레이시아, 태국, 미얀마, 인도네시아 및 미국, 뉴질랜드 등의 나라를 답사하며 수년간의 노력을 거쳐서 비로소 이 책을 내게 되었다.

본서를 편찬하면서 엄격한 태도로써 문구를 조심해서 사용하며

3 일관도 조직에서 전도활동의 중추를 담당하고 있는 직책을 말한다.(역자 주)

하나의 연대와 도장명칭 혹은 사료 하나하나에도 신중하게 검증하지 않은 데가 없다. 다만 일관도의 조선(組線)이 복잡하고 개인을 접촉하는데 한계가 있어서 착오나 빠트린 부분이 반드시 있을 것으로 짐작되므로 각 지방의 원로 대인들께서 많이 질정해주시면 다시 출판할 때 수정할 수 있도록 할 것이다. 또한 본서를 통해 각 조선의 원로대인들과 총회 및 성(省)과 시(市)의 분회(分會)와 지회(支會)의 선배 동료수도인 및 전문가 그리고 학자 왕견천(王見川) 교수 등이 자료와 사진을 제공하고 혹은 탐방과 촬영에 협조해 준데 대해서 깊이 감사드리는 바이다.

2001년(민국 90년) 6월

중화민국 일관도 총회 삼가 씀

차 례

일관도 개요

서론

일관도는 선천도(명말청초의 종교)로부터 나왔는데 그 교의 및 수신 이론은 선천도를 계승한 것도 있으나 주요한 것은 15대 왕각일(王覺一) 조사에 의해 창시되었다. 왕각일 조사는 유교사상을 근본으로 하여 선천도의 교의를 천명하였는데, 그 저작《리수합해(理數合解)》가 교의의 정수를 말하고 있다. 그 후에 유청허(劉淸虛) 조사와 노중일(路中一) 조사를 거쳐 18대 장천연(張天然) 조사에 이르러 집대성되면서《일관도의문해답(一貫道疑問解答)》 - 이후《성리제석(性理題釋)》으로 개편 - 과《잠정불규(暫定佛規)》를 제정함으로써 현대 일관도의 이론체계를 세우게 되었다. 본서는 그 교리 및 의례방면에 있어서 앞서 언급한 저작물에 근거를 두고 편찬한 것이다.

역사적 문헌자료 분야에 있어서 본서는 청나라 시대의 것과 중화민국 이후 서로 관련된 문헌이나 각 도장에서 출판한 자료, 각 지부 출판물 및 중국대륙과 대만 사이의 현대 전문가들의 저작 및 논문 외에 개인 답사로 얻은 것까지 총 정리하여 작성하였다.

최근에 중국과 대만의 학자들이 간혹 아직 사용되지 않은 문서자료를 이용하거나 열심히 답사 조사를 하여 일관도 연구가 이전에 비해 월등히 빛나는 성과를 냄으로써 이 또한 일관도의 역사적 사료를 더욱 풍부하게 한 바가 있다. 예를 들면 학자 로요(路遙)는 15대 조사 왕각일의 생애에 대해서 아주 많은 돌발적인 발언을 하기도 했는데, 왕 조사는 광서10년(1884년)에 절대로 사망하지 않았으며 섬서성(陝西省)에 은둔하였다는 것이다. 그리고 다시 자료를 수집하여 왕 조사가 교단을 관리하던 후기에 무고히 청나라 정부에 반대한다는 모함을 받은 적이 있는데 이것은 사실은 산동성(山東省)에 있는 어떤 사람이 청나라에 반대하는 모임에 이름을 올린 소치(所致)라고 해답을 제공하기도 했다. 어느 부분을 인용하는데 있어서는 청나라 조정의 문서 중에 일관도의 경전문구를 변조해서 왕각일 조사가 청나라 조정에 반대하고 정치운동을 의도했다고 판단한 자료도 있는데, 본서는 또한 경전의 원문을 인용해서 올바른 판정을 하고 청나라의 사료를 교정하였다. 또한 어떤 부분의 저작은 비록 새롭게 출토된 많은 자료를 인용하고 있지만 그 작자가 당시 정부의 입장을 견지하고 있거나 혹은 사고방식이 굳어있어서 학술연구의 객관성과 공정한 입장의 저술이라고 볼 수 없으며, 그 저작물 가운데는 간혹 잡다하고 부실한 사료이거나 일관도에 대해 편파적인 입장으로 서술하여 보는 사람으로 하여금 혼란스럽게 한다. 이러한 종류의 저작물에 대해서는 신중한 태도로써 그 사료의 진위와 논리의 정확성 여부를 분별하여 취사선택하였다.

또한 도장의 오래된 전통으로 사존(師尊;장천연)과 사모(師母;손혜명)에 대하여 용천표(龍天表)상의 성호(聖號)를 각각 〈흠가보은(欽加保恩)〉 〈흠가정은(欽加頂恩)〉으로 부르는 의혹에 대해서도 본서는 해답을 제시하여 올바른 안목을 가지도록 하였다. 그리고 일관도의 원류와 관련해서는 또한 하나의 논술을 제공하였으며, 아울러 대승교(大乘教)설의 오류를 반박하여 본래의 순수한 원류를 바로 잡았다. 답사 방면에 있어서는 십여 년간 각 도장의 원로를 찾아 자문을 구하고 수많은 진귀한 자료들을 얻었으며, 조사의 행록방면에 있어서는 다음과 같은 새로운 사실들을 발굴하였다.

첫째, 유청허 조사는 청주지역의 부호로서 땅을 많이 가지고 있었으며 아울러 큰 저택과 농민들의 숙소가 있었다. 둘째, 유청허 조사는 청주에서 불당을 세웠는데, 불당 앞에는 찻집을 만들고 암암리에 여러 선비들을 깨우쳐 주었다. 셋째, 노중일 조사는 도장의 조직을 '궤(櫃)'로 분류하여 명명하였는데, 예를 들면 인궤(仁櫃) 의궤(義櫃)와 같은 것으로 이석기(李錫棋) 원로 전인(前人)은 용궤(蓉櫃)에 속한다. 노중일 조사 문하에는 총 13궤가 있었는데, 이로 말미암아 열 세 사람의 지도자가 조직을 이끌었으며 가장 두드러진 곳으로는 8궤가 있다. 이전에 도장에서는 모두 한결같이 노중일 조사는 글자를 알지 못하였으며, 사망하기 전에 일찍이 '돼지고기를 먹는 것'으로써 각 지도자들과 점전사들을 시험하였다고 하나, 경전을 살펴보면 노 조사는 글자를 잘 알았을 뿐 아니라 또한 필법도 훌륭하여 특히 전서체를 잘 썼다는 것을 알 수 있고, 돼지고기 시험은 결코 삶은 돼지고기를 대표자와 점전사들에게 직접 먹게 한 것은 아니었던 것이다. 그리고 언젠가 노중일 조사가 각 대표자들을 소집하여 갑자기 시험하여 말하기를 "여러분들이 생각하기에 수도가 어렵다고 여기는가? 물론 어렵다. 아무 성과도 보이는 것도 없고 또 누구도 성불하거나 조사가 된 것도 아니다. 여러분들은 수도할 필요가 없다. 당장 재실의 문을 열고 계율을 파기하라. 뭐하려고 수도하는가? 이것도 먹을 수 없고, 저것도 먹을 수 없는데, 그냥 여러분들 하고 싶은 대로 마음대로 하라"고 하였다. 여기에 한두 사람 신심이 깊지 못하고 의지가 약한 자들은 "뭐하려고 수도하느냐, 또 반드시 수도해서 성공하는 것도 아니다"라는 조사의 말을 듣고 어떻게 이런 말을 할 수 있느냐 하고 곧 떠났다고 한다. 이석기 원로 전인은 이 당시에 여기에 있었다. 넷째, 노중일 조사가 사망하기 이전에 일찍이 교대로 장천연 조사와 함께 교단을 관리하였다고 하는데, 다만 장 조사가 도장에서 경력이 제일 오래된 사람이 아니었고 또 당시에 노 조사가 중병에 걸려 어떤 경우에는 정신이 맑지 않았으므로 그 누이동생뿐만 아니라 많은 원로 지도자들의 신임을 필요로 하였다. 노 조사가 사망한 후 천상노모(天上老母)로부터의 천명계시에 의해 누이동생이 9년간(일반적으로는 모두 12년이라고 한다) 교단을 책임지게 되자 장 조사는 노 조사의 영전에 서서 절대적인 사존(師尊)의 원력(願力)하에 10년간 일체의 교단업무를 서약하고 모든 일을 노 조사의 누이동생으로부터 명을 받아서 진행하게 되었다. 이로 인해 민국 19년(1930년) 장 조사는 교단 전반을 책임진 후에 노 조사 당시의 구결(口訣)과 합동(合同)을 채용하였고 공덕비(功德費) 또한 노 조사의 누이동생에게 보여주면서 상호 의논하였다. 이렇게 해서 민국 24년(1935)까지 운영하였다. 다섯째, 점전사(點傳師)라는 호칭은 본래 '대표점전사'라고 불렀는데, 이것은 조사를 대표해서 전도한다는 뜻이다. 노 조사 당시에는 '대표사(代表師)'라고 불렀는데, 민국 25년(1936)에 그 명칭을 고쳐서 '점전사'라고 부르게 되었다. 현재의 구결과 합동은 또한 이 1년 사이에 비로소 고쳐진 것이다. 여섯째, 장천연 사존(師尊)은 당시에 이전의 조사의 물건들을 아주 중요하게 다루었다. 일곱째, 손혜명 사모(師母)는 일찍이 노중일 조사의 문서관리직을 담당하였는데, 그 문장표현이 아주 아름다워서 노 조사와 누이동생으로부터 많은 칭찬을 받았다. 여덟째, 손 사모는 노 조사 당시에 지부 대표를 담당하였다. 이상 첫째, 셋째, 여섯째, 일곱째는 이혜군(李慧君) 전인이 점전사였던 이석기 원로 전인으로부터 전해들은 사실이다. 이석기 전인은 노 조사의 대표사였으며, 노 조사 사망 이후 다시 장 조사와 손 사모의 지도를 따랐다. 둘째, 넷째의 사실은 노홍빈(盧鴻賓) 원로 전인이 친히 장 조사로부터 들었으며 노 전인은 일찍이 사존의 삼재(三才)를 담당하였다. 다섯째는 장문운(張文運) 도장(道長)이 밝힌 것이다. 여덟째는 왕우덕(汪又德) 원로 전인이 친히 사모로부터 전해들은 것이다.

교화 및 공익자선사업 또한 본서의 중점으로 삼고 있다. 중국 대륙의 시기에 이 방면의 사업이 아주 두드러졌으나 다만 관련된 자료의 기록물이 거의 없어서 수집하는 것이 쉽지 않았으며, 그 내용은 대부분 선배 분들의 구술에 따르고 있다. 국공 전쟁 후 30여 년간 대만 정부의 엄중한 감시가 극심하여 각 조선(組線)들은 거의 자료를 남기지 않았다. 이로 인해 본서에 기재한 것은 거의 대부분 근 20년간의 사료를 정리한 것이며, 중요한 부분은 일관도 총회 및 각 조선의 출판물 그리고 소수의 정부출판물 등을 적용하였다. 해외방면의 자료에 있어서 홍콩부분은 명광(明光)조선의 사정방(史定方) 원로 전인이 제공하였으며, 그 외는 각 도장의 서적 및 답사자료를 참고하였다.

도장의 각 경서들과 문헌 사료들을 총 망라하여 본서의 목차를 구성하였으며 일관도의 전반적인 것에 대하여 그 개요를 서술하고자 한다.

1장

일관도의 의미

도(道)라는 것은 하늘의 천리(天理)이며, 사람의 성령(性靈)이니, 하늘 땅 사람 사물이 모두 하나의 리(理)에서 생겨난다. 그러므로 하늘에는 천리(天理)가 있고, 땅에는 지리(地理)가 있으며, 사람에게는 성리(性理)가 있고, 사물에는 물리(物理)가 있으니, 하늘에 리(理)가 없으면 바로 설 수 없고, 땅에 리가 없으면 생명이 탄생할 수 없으며, 사람에게 리가 없으면 활동할 수 없고, 사물에 리가 없으면 생장할 수가 없다. 그러므로 공자는 말하기를 "도(道)라는 것은 잠시라도 떠날 수 없다"라고 하였다. 그래서 사람이 본성을 닦는다는 말은 곧 도(道)를 닦는다는 말이다. 또한 도라는 것은 말하자면 사람이 반드시 가야만 하는 큰 길과 같은 것이다. 대개 모든 행차에는 길이 있는 법이니 길이 없으면 조금도 움직이기 어렵다. 바른 길을 가면 아주 평탄해서 나날이 나아지고 밝아지게 된다. 잘못된 길을 가면 아주 험하고 구덩이가 많아서 반드시 함정에 빠지게 된다. 바꾸어 말하면, 곧 리(理)에 부합하는 것은 광명(光明)대도(大道)가 되고, 리에 위배되는 것은 암흑의 사사로운 길이 된다. 그러므로 공자가 사람을 가르칠 때 "예(禮)가 아니면 보지 말고, 예가 아니면 듣지 말고, 예가 아니면 말하지 말고, 예가 아니면 움직이지 말라"고 하는 것을 수신(修身)의 근본으로 삼았던 것이다. 모든 사람으로 하여금 리(理)를 말하게 하고, 일마다 리를 좇게 할 것이니 이렇게 하면 곧 몸이 닦여질 수 있고, 집안이 가지런해지며, 나라가 다스려지고 천하가 태평해질 수 있다. 그리하여 일체의 동정(動靜)과 언행(言行)이 자연히 지나치고 모자라는 잘못이 없을 것이다. 이로써 보면 도는 만 가지 종류의 생활에 필수요소이며 만물을 지배하는 주재자이니, 일체 생명의 교주(教主)이자 지극히 비고 지극히 고요한 진리요 지극히 성스럽고 지극히 신령한 오묘한 덕(德)이다. 사람은 잠시라도 여기에서 벗어날 수 없는 것이다.

일관도라는 것은 간략히 말하면, '일(一)'은 무극(無極)의 참된 것이요, 선천(先天)의 묘한 것이며, 지극히 신령스럽고 밝아서 또한 이름하기를 '리(理)'라고 부른다. '관(貫)'은 일체의 뜻을 관철한다는 말이니, 무(無)로부터 유(有)를 관철하며, 시작으로부터 끝을 관철하는 한량없는 지극히 성스러운 것을 가리킨다. 이 리(理)로 인하여 천지만물을 관철하며, 천지만물이 각각 이 리를 갖추고 있으므로 '일관'이라고 말한다. 이른바 '도(道)'라는 것은 길이요 또한 리이다. 만가지 일과 만물이 이 길을 갖추지 않은 것이 없고, 또한 이 리를 갖추지 않은 것이 없다. 리에 부합되는 것은 곧 도에 부합되는 것이다. 리를 멀리하는 자는 반드시 도에 위배된다. 그러므로 일관도라는 것은 총합해서 말하면 천지만물과 만사 만류의 한량없는 진리라는 말이다. 또한 이것은 천지 고금을 관통하는 것 외에 중생을 널리 구제하는 광명대도(光明大道)이다. 대도(大道)를 행하면 지선(至善)을 회복할 수 있으나, 사도(邪道)를 행하면 반드시 거듭된 악겁에 빠지게 된다. 총괄하면 천지만물이 하나의 관통하는 도에서 나오지 않은 것이 없다. 그러므로 공자는 말하기를 "누가 능히 문에서 나오지 않을 수 있겠는가? 어떤 것이 이 도에서 나오지 않겠는가!" 라고 하였다.

도가 무극이라는 진리는 성리(性理)의 본체이니, 하늘에 있어서는 리(理)라고 하고, 사람에게 부여된 것을 성(性)이라고 한다. 그러므로 중용에서 말하기를 "하늘이 부여한 것을 성이라고 하고, 그 성을 따르는 것을 도라고 한다"고 하였다. 송나라 주희는 말하기를 "천지가 아직 있기 이전에 반드시 리(理)가 있었으니, 이 리가 있고나서 곧 이 천지가 있게 된다."고 하였고, 또 말하기를 "리(理)라는 것은 형이상(形而上)의 도요, 만물을 생겨나게 하는 근본이다. 기(氣)라는 것은 형이하(形而下)의 기(器)이니 만물이 생겨났을 때 갖추는 형태와 같다. 그러므로 사람과 만물이 생겨날 때는 반드시 이 리(理)를 받은 후에 성(性)이 있고, 반드시 이 기(氣)를 받은 후에 형태가 있는 것이다." 라고 하였다. 이 신령스러운 성은 리의 분체(分體)와도 같으니, 유교에서는 '명덕(明德)'이라고 하고, 불교에서는 '진여(眞如)' '보리심' '본성'이라고 하며, 도교에서는 '현빈(玄牝)의 문' '현규(玄竅)' '현관(玄關)'이라고 하였다. 총괄해서 말하면 곧 불성(佛性)이니 그 명칭은 비록 달라도 실제는 하나인 것이다.

이 성리(性理)는 곧 사람의 근본이요 성명(性命)의 근원이니, 태어날 때는 이미 이와 같은 곳에서 나오고, 죽어서는 마땅히 이와 같은 곳으로 돌아가므로 곧 삶과 죽음이 반드시 말미암는 길과 같다. 고대로부터 유명한 스승들이 구전으로 전하고 마음에 새겨왔던 진리를 교문(教門)에서 단독으로 전하면서 가볍게 누설하지 않았던 '성리(性理)

의 참된 전수'를 삼교(三教)진리의 총괄적 귀결점으로 삼았다. 이 참된 전수를 유교에서는 '일관(一貫)' '천도(天道)'라고 하였으며, 불교에서는 '정법(正法)안장(眼藏)'이라 하고, 도교에서는 '금단(金丹)대도(大道)'라고 하였는데, 명(明)나라 시대에 이르러 신흥종교들을 통칭하여 '선천대도(先天大道)'라고 불렀으므로 그것을 얻은 자는 생사를 초월하고 윤회를 벗어나며 신선이 되거나 부처가 된다고 하였다.

복희씨 이래로 이러한 성리의 참된 전수는 줄곧 교문(教門) 내에 있으면서 성인과 성인이 서로 이어나갔다. 청나라 순치(順治)황제 연간(1644-1661)에 황덕휘(黃德輝)가 계속하여 제 9대조를 맡으면서 이러한 성리의 전수가 비로소 점점 세상에 널리 알려지게 되었다. 세상에서는 당시에 도문에서 사용하고 있는 '선천대도(先天大道)'라는 명칭으로 인해 그것을 일컬어 '선천도(先天道)'라고 불렀다. 광서제 즉위 1년에 이르기까지 15대조 왕각일(王覺一)이 다시 '삼극일관(三極一貫)'의 설을 창시하면서 유교에서의 심법전수를 가지고 선천도의 뜻을 널리 전파하였다. 광서제 12년(1886)에 16대조 유청허(劉淸虛)는 도문의 명칭을 정식으로 개칭하면서 '일관도(一貫道)'라고 하였다. 민국 30년(1941)에 『皇中訓子十誡』가 세상에 나온 후 도장에서는 또한 '천도(天道)'라는 명칭을 사용하기도 하였다. 그 후에 '일관도'와 '천도'라는 두 가지 명칭이 같이 사용되면서 오늘에 이르고 있다.

2장

일관도의 종지

일관도의 종지(宗旨)는 천지(天地)를 공경하며, 신명(神明)에게 예를 갖추고, 나라를 사랑하고 매사에 충성을 다하며, 경(敬)을 돈독히 하여 예(禮)를 숭상할 것이며, 부모에 효도하고 스승을 존중하며, 친구 간에 신의가 있고, 이웃 간에 화목하며, 악을 선으로 고치고, 오륜(五倫)[1]과 팔덕(八德)[2]을 널리 밝히며, 오교(五敎)[3] 성인(聖人)의 심오한 가르침을 천명하고, 사유(四維)[4] 강상(綱常)[5]의 고례(古禮)를 존중하며, 마음을 씻어 근심을 털어내며, 거짓을 버리고 진실을 닦으며, 본성의 본래모습을 회복하고, 양지(良知)양능(良能)[6]의 지극한 선을 계발하며, 자기가 서고자할 때 남을 세우며, 자기가 도달하고자 할 때

---

1 부자유친(父子有親) 군신유의(君臣有義) 부부유별(夫婦有別) 장유유서(長幼有序) 붕우유신(朋友有信)을 말한다.(역자 주)

2 전통적으로 팔덕(八德)은 효(孝), 제(悌), 충(忠), 신(信), 예(禮), 의(義), 염(廉), 치(恥)를 말한다.(역자 주)

3 기독교, 이슬람, 불교, 도교, 유교를 말한다.(역자 주)

4 예(禮), 의(義), 염(廉), 치(恥)를 말한다.(역자 주)

5 삼강(三綱)과 오상(五常)의 준말이다. 삼강은 군위신강(君爲臣綱), 부위부강(夫爲婦綱), 부위자강(父爲子綱)이며, 오상은 유교의 덕목으로서 인(仁), 의(義), 예(禮), 지(智), 신(信)을 말한다.(역자 주)

6 『맹자(孟子)』의 이론으로서 사람이 태어날 때 선천적으로 지니고 있는 덕성을 말한다.(역자 주)

남을 도달케 하여 세계를 맑고 화평하게 만들며, 인심(人心)을 변화시켜 누구나 어진 사람이 되게 하고, 세계가 대동(大同)이 되도록 하는 데 있다.

3장
일관도의 불당(佛堂)

불당(佛堂)은 또한 불단(佛壇)이라고도 하는데, 무극노모(無極老母) 및 하늘의 신선 불 신성들을 모시는 전당으로서 도(道)를 전하고 예불을 올리며 경전을 강의하고 의식을 익히며 도친(道親)들이 서로 모여서 수련하는 장소이다. 이 불당은 천명(天命)의 자애로운 유행으로 인하여 모든 신도들이 근본으로 돌아가게 됨으로써 노모(老母)를 인식하여 설립하게 된 까닭에 또 '법선(法船)'이라는 명칭도 쓴다. 불당을 분류하면 가정불당과 공공불당 그리고 묘우(廟宇)의 세 가지 종류가 있다. 가정불당은 일반 가정에 세운 것을 말하는데, 다만 구도(求道)의식 이후에 도를 믿는 것이 경건하고 성실하며, 오직 채식을 하고, 의지를 세워 하늘을 대신해 교화를 펴는 자는 모두 전현(前賢)의 허가를 거친 이후에 설립할 수 있다. 대개 이때는 유교의 운이 감응하고 도(道)가 속세에 내려와 가정에 불당을 세움으로써 부자 부부가 동시에 수도하고 아울러 가족 친구가 모두 같이 하늘의 은혜를 입어 제도받을 수 있으니 그 의의가 심원하다 하겠다. 공공불당과 묘우 두 가지는 여러 도친들의 기부금을 모아서 세우는 것으로 그 면적은 동일하지 않다. 공공불당 중에 작은 것은 수 십 평되는 것도 있고, 큰 것은 수 백 평에 이른다. 묘우는 작은 것이 수 백 평정도 되고, 큰 것은 종종 천 평 이상이다. 그 건축양식은 서로 차이가 있으니, 간혹 일반 건축양식을 채택한 것도 있고 혹은 묘우(廟宇) 양식을 채택한 것도 있다. 어떤 양식을 막론하고 모두 똑같이 실용적인 것을 원칙으로 하며, 화려하거나 정밀하게 조각하는 것을 숭상하지 않고 다만 장엄하고 청정하여 법을 펴는데 편리하면 된다.

불당의 진설형태는 불위(佛位)와 공탁(供卓)으로 나눈다. 불위를 설치할 때에는 '명명상제무량청허지존지성삼계십방만령진재(明明上帝無量清虛至尊至聖三界十方萬靈眞宰)'라는 성호(聖號)를 쓰거나, 혹은 경건히 하나의 거대한 형태로 '모(毋)'자 혹은 '불(佛)'자 혹은 '남해고불(南海古佛; 관세음보살)' '태상노군(太上老君)' 혹은 공자의 초상을 걸어두기도 한다. 양 옆에는 '삼조보도(三曹普渡)[7]'와 '천도강세(天道降世)'라는 글귀를 중심으로 대구(對句)가 되는 글귀 한 폭 혹은 두 세 폭을 써서 붙인다. 불위에는 또한 하나의 입체적인 불상을 모시기도 하는데, 통상 '미륵불', '남해고불', '제공활불(濟公活佛)', '월혜보살(月慧菩薩)' '관성제군(關聖帝君)' '여동빈(呂洞賓)'등을 위주로 하는데 간혹 한 분 혹은 세 분, 다섯 분을 모시기도 한다. 공탁은 윗 탁자와 아래 탁자로 나눈다. 윗 탁자는 비교적 높게 설치하되 긴 탁자를 사용하고, 아래 탁자는 비교적 낮게 설치하되 네모난 것을 사용한다. 윗 탁자 중앙에는 하나의 불등(佛燈)을 설치하는데 이것을 모등(毋燈) 또는 중등(中燈), 무극등(無極燈)이라고 하며, 아래 탁자에는 향로 하

7 삼계(三界; 天·地·人)구원(救援)을 뜻하는 표현이다.(역자 주)

나를 두고 좌우에 각각 하나의 불등을 설치하는데 이것을 양의등(兩儀燈)[8]이라고 부른다. 아래 탁자에는 과일이나 과자를 공물로 올려두는데 통상 다섯 접시에서 열 두 접시를 원칙으로 하지만 적당한 접시 숫자는 헌공(獻供)하는 당시의 실정에 따라서 정한다.

8 음양(陰陽)을 뜻한다.(역자 주)

4장

일관도에서 신앙하는 선(仙)·불(佛)·신성(神聖)

일관도에서 신앙하고 있는 선(仙)·불(佛)·신성(神聖)은 청(淸)나라 시대의 종교인 선천도(先天道)에서부터 유래되어 전해온 것이다. 최고 주신(主神)에 해당하는 '명명상제(明明上帝)'는 곧 선천도의 '요지금모무극천존(瑤池金母無極天尊)'이다. 원래 선천도에서 신앙하였던 '성모원군(聖母元君)' '보현보살(普賢菩薩)' 등 30여 분의 선불(仙佛)은 모두 합하여 '제천신성(諸天神聖)'으로 고쳐 부르며, 또 원래 신앙의 대상이었던 태상도조(太上道祖; 老子), 석가불(釋迦佛), 지성선사(至聖先師; 孔子)는 모두 합해서 '오교성인(五敎聖人)'에 들어간다. '천지노야(天地老爺)'는 곧 '천지군친사(天地君親師)'로 고쳐 부르고, '부우제군(孚佑帝君; 呂洞賓)' '관성제군(關聖帝君)'은 같이 '각위법률주(各位法律主)'가 된다. 이 외에도 '미륵불(彌勒佛)' '관음고불(觀音古佛)' '구천동주사명(九天東廚司命)'은 시운(時運)에 따라서 분별하여 각각 '미륵조사(彌勒祖師)' '남해고불(南海古佛)' '조군(灶君)'등으로 고쳐 부르며, 이에 더하여 당시에 교단을 관장하였던 '활불사존(活佛師尊; 張天然)'과 '월혜보살(月慧菩薩; 孫慧明) 등을 모심으로써 오늘날 선·불·신성의 체계를 이루고 있다. 이에 각각의 선·불에 대한 간략한 설명을 더하면 다음과 같다.

▪ 명명상제(明明上帝) 삼계(三界) 십방(十方)의 주재자로서 그 지위는 무극에 해당하며, 하늘과 땅을 개벽하고 사람을 낳은 도(道)의 어머니이다. 그러므로 존경하여 부르기를 '무극노모(無極老母)'라고 한다. 무극노모는 곧 유교에서 말하는 '유황상제(維皇上帝)'에 해당하며, 도교의 '요지금모(瑤池金母)', 불교의 '대일여래(大日如來)', 명나라 때 신흥종교의 '무생노모(無生老母)' 혹은 '무극성조(無極聖祖)', 기독교의 '하느님(上帝)', 이슬람교의 '알라(安拉)'와 같다.

▪ 천지군친사(天地君親師) 이는 본래 전통적으로 숭배해 온 오은(五恩)[9]에 대한 신앙을 말한다.

▪ 제천신성(諸天神聖) 삼계 십방의 모든 신선, 불, 신성 등을 광범위하게 가리켜 말한 것이다.

▪ 미륵조사(彌勒祖師) 미륵불을 말한다.

▪ 남해고불(南海古佛) 관세음보살을 말한다.

▪ 오교성인(五教聖人) 오교의 교주, 즉 도교의 교주 노자, 유교의 교주 공자, 불교의 교주 석가모니, 기독교의 교주 예수, 이슬람교의 교주 모하메트를 말한다. 오교의 성인은 모두 하늘을 받들어 운을 받아서 참된 진리(道)를 펼치고, 그 인연에 따라서 교화를 하여 하나의 지방을 구원하였다. 그러므로 불교에서는 '만법귀일(萬法歸一)'이라 하고, 도교에서는 '포원수일(抱元守一)', 유교에서는 '집중관일(執中貫

9 天覆恩, 地載恩, 國家保護恩, 父母養育恩, 師長教導恩 등을 말한다.(역자 주)

一)', 기독교에서는 '묵시친일(黙視親一)', 이슬람교에서는 '청진반일(淸眞返一)'이라고 하였다. 비록 그 방법은 다르지만 다만 그 궁극적인 경지는 모두 다 '하나(一)' 곧 '도(道)'자를 가르치는데 있다. 그리하여 '오교동원(五教同源)'이라고 하며 따라서 천도(天道; 一貫道)에서는 오교성인에 대해 예를 갖추는 것이다.

▪ 활불사존(活佛師尊) 제공활불(濟公活佛; 張天然)을 말한다.

▪ 월혜보살(月慧菩薩) 제공활불과 함께 천명을 받들어 같이 교단을 관장하였다.

▪ 각위법률주(各位法律主) 관성제군(關帝), 여동빈(呂祖), 환후대제(桓侯大帝; 張飛), 악제(岳帝; 岳飛) 등을 말한다.

▪ 장생대제(長生大帝) 남극선옹(南極仙翁)을 말한다.

▪ 조군(灶君) 조신(灶神; 竈王神)에 해당한다.

▪ 금공조사(金公祖師) 일관도의 17대 조사 노중일(路中一)이다. 지금은 존칭으로 노조사(老祖師)라 부른다.

▪ 천연고불(天然古佛) 사존(師尊) 장천연(張天然)을 말한다.

▪ 중화성모(中華聖母) 사모(師母) 손혜명(孫慧明)을 말한다.

▪ 진전원수(鎭殿元帥) 장무맹(張茂猛)대사(大師)로서 장천연 사존이 거두어들인 기천선(氣天仙)의 수양아들이다. 일찍이 도무(道務)를 도운 공적이 있으므로 진전원수로 봉해졌다.

▪ 진전장군(鎭殿將軍) 삼천(三天; 理·氣·象)의 고시(考試)원장(院長) 장무전(張茂田)을 말하며, 삼천주고(三天主考)라고 부르기도 한다. 호는 태수(呆叟)이며, 사존이 거두어들인 기천선(氣天仙)의 수양아들이다. 살아서 도무에 공적이 많았으므로 상천(上天)에서 진전장군으로

봉하였다.

▪ 교화보살(敎化菩薩) 즉 구름을 타고 노는 선녀(雲遊姑娘)인데, 운자반(雲字班)으로서 처음으로 초월하여 여성으로서 기천(氣天)의 신선이 되었다.

▪ 각위대선(各位大仙) 역대 충신열사 효자로서 신선의 반열에 들어가는 자로부터 최근 수십 년 이래 세상에서 수행을 쌓아 공덕이 원만하여 상천(上天)에서 신선의 직위를 받은 자를 말한다.

▪ 자기조선(自己祖先) 각 도친(道親) 집안의 조상을 말한다.

5장

일관도의 경전(經典)

일관도의 경전은 '글자 없는 진리(無字眞理)'와 '글자를 지닌 진리(有字眞理)' 두 종류로 나뉜다. 전자는 역대 명사(明師)들로부터 말로써 전해온 것을 마음으로 새긴 것으로서 어떤 문자적인 접촉도 없는 것을 말한다. 이전에 황덕휘(黃德輝) 9대조 당시에 전수한 '구절내공구결(九節內功口訣)'에서 현대 18대 조사가 전한 '오자진언(五字眞言)'이 이에 해당한다. 후자는 문자로 된 경전에 실려 있는 것을 말한다. 주요한 것으로는 황덕휘 9대조 당시의 『예본(禮本)』, 『원참(愿懺)』, 『뇌암경(雷唵經)』 등이 있고, 원지겸(袁志謙) 12대조의 『금불환(金不換)』, 『무기노조전서(無欺老祖全書)』, 『만년귀종(萬年歸宗)』이 있다. 그리고 수법조(水法祖; 彭德源) 당시의 『귀원보벌(歸原寶筏)』과 「삼원조규(三元條規)」, 「사대조규(四大條規)」, 「십육조규(十六條規)」 등이 있으며, 금비조(金秘祖; 林芳華) 당시의 『태화당서첩(太和堂書帖)』, 「끽긴명잠(喫緊銘箴)」, 「천은팔칙(荐恩八則)」이 있고, 15대조 왕각일(王覺一)의 『대학해(大學解)』, 『중용해(中庸解)』, 『삼역탐원(三易探原)』, 『일관탐원(一貫探原)』, 『이성석의(理性釋疑)』(이상 다섯 종류의 책을 합하여 『이수합해(理數合解)』라고 부른다.), 『조사사십팔훈(祖師四十八訓)』, 『삼교원통

(三教圓通)』, 『담진록(談眞錄)』, 『역년역리(歷年易理)』 등이 있다. 17대조 노중일(路中一) 당시에는 『초학수지(初學須知)』, 『미륵구고진경(彌勒救苦眞經)』, 『혼원포대진경(混元布袋眞經)』, 『금공묘전(金公妙典)』 등이 있고, 현대 18대조 장전연의 『일관도의문해납(一貫道疑問解答)』(후에 개편되어서 『성리제석(性理題釋)』과 『인생보감(人生寶鑑)』으로 되었다) 및 『잠정불규(暫定佛規)』 등이 있다.

6장

일관도의 교의(教義)

1. 리(理)·기(氣)·상(象) 삼천론(三天論)

우주는 리(理)와 기(氣) 그리고 상(象)의 세 가지로 이루어져 있다. 리(理)는 형체가 없고 상(象)도 없으며 지극히 비었고 지극히 신령스러워 천지 만물의 근원이 된다.

『삼역탐원(三易探原)』10에서는 이러한 리에 대하여 다음과 같이 말하고 있다. "형체없는 리(理)가 욕계(欲界)·색계(色界)·무색계(無色界)를 관통하고 있다. 위로는 은하수의 뭇 별들을 관리하면서 오행으로 만물을 순리대로 생성하며, 아래로는 명부시왕과 사자 그리고 아주 깊은 지하에 이르기까지 질서정연하게 만들고, 가운데로는 산하대지와 만 가지 성별을 지닌 창생(蒼生)과 날짐승, 물고기, 동식물, 유정(有情) 무정(無情)의 각각의 만물을 다스리면서 제각기 자기 자리를 잡게 한다. 리(理)는 또한 욕계 색계 무색계를 초월하는 것 외에도 '무극리천(無極理天)' '최상의 리(理)' '무위진령(無爲眞靈)'이 되어서

10 15대 조사 왕각일(王覺一)의 저서이다.

사람이 그것을 얻었을 때 영원토록 자재(自在)하고 상존(常存)할 수 있게 된다. 리(理)라는 것은 해당되지 않는 곳이 없고 제각각 그 이치를 가지고 있으므로 지리(至理)라고도 부른다. 이 리(理)는 곧 강림하시는 상제와도 같고, 성(性)으로 부여된 상천(上天)이며, 무극의 지극함이다. 욕계와 색계 무색계의 가운데에 있게 되면 기와 떨어져 있지 않고 또한 서로 섞이지 않는다. 욕계와 색계 무색계의 밖에 있게 되면 기의 세계 또한 독립하여 있게 된다. '자회(子會)'[11]로부터 하늘이 열려서 술(戌)·해(亥)의 두 회(會)에 이르러 천지가 하나의 순환을 마치고 욕계 색계 무색계가 모두 무(無)로 돌아가더라도 이 리(理)는 다시 천지를 생성한다. 그러므로 이 리(理)를 중국전통에서 높여 부를 때 '상제'라고 하고, 서양에서는 이를 '천주'라 하며, 합하여 말하기를 '도(道)' 혹은 '천지삼계십방만령진재(天地三界十方萬靈眞宰)'라고 부른다. 만물은 통체(統體)로서 하나의 진재(眞宰)이며 만물이 각기 그 하나의 진재를 구비하고 있다. 삼교(三教)에서 마음을 전했다고 하는 것은 곧 이 진재의 마음을 전했다는 말이다."

기(氣)라는 것은 태극에 속하며 기천(氣天)에 해당한다. 이것은 무극의 리천(理天)이 변화된 것이다. 그 공효에 대해서는 『중용해(中庸解)』[12]에 이르기를 "기천(氣天)은 위로는 뭇 별들을 움직이고 아래로는 대지(大地)를 관통한다. 129,600년이 하나의 시작과 끝이 되어 쉬지 않고 유행하며 영원토록 변화하는 천(天)을 말한다."라고 하였다.

---

11 송나라 철학자 소강절의 이론에 따르면 우주의 1년을 129600년으로 보고 이것은 총 12회(會)로 이루어져 있다고 한다. 이것을 다시 간지(干支)로 분류하면 하나의 회(會)는 10,800년이 되고 그 시작은 자(子)회(會)에서 이루어진다.(역자 주)

12 15대 조사 왕각일(王覺一)의 저서이다.

기천은 일명 '종동천(宗動天)'이라고 하는데, 『일관탐원(一貫探原)』[13]에 이르기를 "종동천은 비록 하나의 혼원한 기라고 할 수 있으나 위로는 뭇 별들을 관통하고 아래로는 대지를 관통하며 가운데로는 사람과 만물을 관통하고 있다. 굽히고 펴지며 오고 가면서 묵묵히 사시(四時)를 운행하고 만물의 시작과 끝이 된다."라고 하였다.

상(象)이라는 것은 상천(象天)을 말하는데, 이것은 황극(皇極)에 속하며 태극의 기천이 변화된 것이다. 즉 형형색색으로 이루어져 있어서 실질적으로 볼 수 있는 세계를 말하는데, 하늘에는 일월성신이 있고, 땅에는 산과 강 그리고 동물, 식물, 광물 등이 있다. 그러므로 리(理)는 주재가 되고, 기(氣)는 유행 변화하는 것을 가리키며, 상은 형상이니 곧 나타나 보이는 것을 말한다.

리(理)와 기(氣) 두 가지는 곧 경위(經緯)에 해당한다. 리(理)는 고요함을 위주로 하고 항상 변함이 없으며, 기(氣)는 움직임을 위주로 하므로 변하면서도 항상됨이 있다. 상(象)은 리와 기를 받아서 생겨난 것이다. 《일관탐원(一貫探原)》에서는 말하기를, "리(理)라는 것은 부동천(不動天)이며, 기(氣)라는 것은 종동천(宗動天)이다. 리(理)는 고요하므로 경(經)에 해당하고, 기(氣)는 움직이므로 위(緯)에 해당한다. 경(經)이란 것은 고요하여 움직이지 않지만 항상되고 불변하므로 오상(五常)이라는 말이 있다. 위(緯)라는 것은 무한히 흘러서 그침이 없고 변화하되 항상됨이 있으므로 오행(五行)이라는 말이 있다. 이 두 가지는 모두 우주에 가득 차고 만물을 관통하며, 냄새도 없고 소리도

---

13 15대 조사 왕각일(王覺一)의 저서이다.

없는 상태에서 볼 수도 없고 들을 수도 없는 한 가운데로 들어감으로써 도(道)와 이름을 말할 수 있는 것과 도(道)와 이름을 말할 수 없는 구분이 있게 된다. 도라고 말할 수 있고 이름붙일 수 있는 것은 종동(宗動)의 기(氣)이니 쉼이 없이 변화하되 자취가 있고 찾을 수 있는 것을 말한다. 도라고 말할 수 없고 이름을 붙일 수 없는 것은 부동(不動)의 리(理)이니 고요하면서도 모든 만물을 다스리며 신비하여 측량할 수가 없는 것이다."

천지의 순환은 일원(一元)과 십이회(十二會)로 이루어져 있으니, 이 가운데 육회(六會)는 만물을 낳고 나머지 육회(六會)는 만물을 거둔다. 자회(子會)에서는 양(陽)이 오르고, 오회(午會)에서는 음(陰)이 내린다. 오회는 마치 하루의 정오와도 같고, 자회는 마치 하루 중의 한밤과도 같다. 자회는 만물을 낳는 시점에 해당하고, 오회는 만물을 거두는 시점이다. 자회(子會)로부터 사회(巳會)에 이르고, 무에서 유로 들어가며, 리(理)로부터 기(氣)로 들어가고 기(氣)에서 상(象)으로 들어가는 것은 또한 하나의 근본이 만 가지 갈래로 나누어지는 것과 같다. 오회(午會)로부터 해회(亥會)에 이르고 유(有)에서 다시 무(無)로 들어가며, 상(象)으로부터 기(氣)로 들어가고, 기(氣)에서 다시 리(理)로 들어가는 것은 만 가지 갈래가 하나의 근본으로 돌아가는 것이다. 따라서 오회는 일원 가운데 지극히 큰 관건이 되는 것으로 기(氣)가 두루 유행하여 여기에 이르면 지극한 변화가 있게 되며, 지구상의 문명발전도 오(午)회에서 극치를 이룬다. 그리고 자(子)회에서 하늘이 열리고 축(丑)회에서 땅이 열리며 인(寅)회에서 사람이 태어나니 으뜸가는 원령(原靈)도 무극(無極)의 리천(理天)으로부터 세상에 내려와 또한 반드시 오(午)회 가운데에 존재하면서 근본을 돌이키고 원래의 상태로 돌아가는 활동을 시작한다. 그러므로《일관탐원》에서는 다음과 같이 말하고 있다. "천지의 사람과 사물의 본성은 자(子)회에 리(理)로 들어가고 축(丑)회에 기(氣)로 들어가며 인(寅)회에 상(象)으로 들어가니 묘(卯)·진(辰)·사(巳)의 여섯 회(會)를 거쳐서 만가지 상(象)이 완전히 갖추어진다. 오(午)회에 도(道)를 전하는 것은 유(有)로부터 다시 점점 무(無)로 돌아가기 위한 것이므로 상(象)으로 말미암아 기(氣)를 깨닫고, 기(氣)로부터 다시 리(理)를 돌이키고자 하니 이것이야말로 사람의 도리를 다하여 하늘의 진리에 합치되고자 하는 현인(賢人) 성철(聖哲)들의 가르침의 원리라고 할 수 있다. 대체로 사람의 본성은 모두 무극의 리천으로부터 온 것인데, 리(理)에서 시작하여 기(氣)로 들어가면 곧 기품(氣稟)에 구애되고 기로부터 상으로 들어가면 물욕에 가리어져서 돌아오는 길을 잃어버려서 본래 성품이 혼미해지게 되니, 하늘을 열고 하늘을 거두는 것은 오직 위대한 상제의 일이다. …역대의 여러 성인들은 상제의 명을 받들어 인간세상에 내려와서 각기 종지(宗旨)를 세워 우매한 중생을 교화하였으니, 공자가 '극기복례(克己復禮)'를 중심으로 종교를 세우고, 노자가 '귀근복명(歸根復命)'으로 종교를 세우며, 석가모니가 일체상을 떠나서 한결같이 리(理)의 상에 부합하는 것으로 종교를 세웠다. 노자는 말하기를, '위대한 도는 형체가 없다(大道無形)'라고 하였으며, 공자는 말하기를, '상천(上天)의 진리는 소리도 없고 냄새도 없다'라고 하고, 석가모니는 '무릇 상(相)을 지닌 것은 모두 허망하다'고 하였으니 삼교(三敎)의 궁극은 모두 사람들로 하여금 상(象)으로 말미암아 기(氣)

를 돌이키고, 기(氣)로부터 다시 리(理)로 되돌아가게 하는 것이다."

총괄하면 리(理)는 곧 도(道)이니, 무극 노모의 불성체(佛性體)에 해당한다. 이 리(理)는 천지만물에 두루 걸쳐 있으며, 만물은 또한 하나의 리(理)로 통일된다. 사사물물이 각각 하나의 리(理)를 갖추고 있으므로 하늘에 대해서는 천리(天理)라고 하며, 땅에 있어서는 지리(地理)라고 하고, 사물에 있어서는 물리(物理)라고 하고, 사람에게 부여된 것은 성리(性理)라고 부른다. 기(氣)는 곧 태극(太極)과 음양(陰陽)이므로 태극 기천(氣天)이라고 부르고, 상(象)은 실질세계이므로 황극(皇極)의 상천(象天)이라고 부른다. 생성될 때에는 리로 말미암아 기를 낳고, 다시 기로 말미암아 상(象)을 낳는다. 소멸될 때에는 상(象)이 먼저 없어지고 기(氣)는 그 다음이 되니 리(理)는 곧 영원불변이다. 그러므로 리(理)가 본체가 되고 기(氣)와 상(象)은 외적인 작용이라고 할 수 있다.

2. 삼기말겁(三期末劫)

하늘이 열리고 땅이 열린 뒤 다시 하늘과 땅이 닫히기까지 그 사이의 기간을 일원(一元)이라고 한다. 일원은 모두 자(子)·축(丑)·인(寅)·묘(卯)·진(辰)·사(巳)·오(午)·미(未)·신(辛)·유(酉)·술(戌)·해(亥)의 열두 회(會)가 있다. 일 회는 10,800년이다. 매 회는 기(氣)와 상(象)의 변화로 인해 여러 번의 겁재가 있게 된다. 현재는 오회(午會)가 끝나고 미회(未會)가 시작하는 시기이다. 하늘이 열린 이래로 모두 6만 여년

이 지났으며, 이미 세 가지의 시기적 구분(三期)이 가능하다. 제 1기를 청양기(青陽期)라고 하며, 이때는 복희(伏羲)시대에 해당한다. 연등고불(燃燈古佛)이 천반(天盤)을 관장하며 총 아홉 가지의 겁재가 있다. 제 2기는 홍양기(紅陽期)라고 하며 문왕(文王)시대에 해당한다. 석가모니불이 천반을 관장하며 총 열 여덟 가지의 겁재가 있다. 제 3기는 백양기(白陽期)라고 하며 오(午)·미(未)회의 교체시기로서, 즉 중화민국의 시기에 해당한다. 이때는 미륵불(彌勒佛)이 천반을 관장하고 총 팔십 한가지의 겁재가 밀어닥치면서 장차 모든 중생(九六原人)을 구제하게 된다. 매 시기마다 도(道)와 겁재가 같이 내려오면서 선량한 사람들을 제도하여 진리 가운데에 들어가게 하며, 악한 무리들은 모두 겁재에 빠지게 한다. 인회(寅會)에 도달하여 사람이 태어난 이후에 현재에 이르기까지 수많은 중생들이 나고 죽는 것을 반복하며 온갖 세속적인 거짓 모습에 탐닉하면서 본래 심성을 잃어버리게 되었고, 이미 어디로부터 왔는지를 몰라서 다시 돌아갈 길을 알지 못하니 세속에 탐닉하면 할수록 더욱 혼미해지고 혼미해질수록 더욱 심성이 파괴되어 세상 풍속이 위험하고 타락된 정도가 이미 극치에 도달하였다. 이로 인하여 이전에 볼 수 없었던 대 겁재가 발생하므로 삼기말겁(三期末劫)이라고 한다.[14] (참고: 일원은 곧 지구의 대빙하기에 해당한다.)

14 삼기말겁(三期末劫)에 대한 구체적인 시기구분은 일관도 관련도서『性理題釋』에 다음과 같은 설명이 나오므로 소개하기로 한다. '청양기(青陽期)는 기원전 B.C.3043년에 시작되었으며 이로부터 총 1816년간이 여기에 해당한다. 이 때의 겁재를 용한수겁(龍漢水劫)이라고 부르며 주로 수재(水災)가 많았다. 칠불(七佛)치세(治世) 이후 이 시기에 연등부처가 제도(濟度)를 담당하였던 기간은 1500년이다. 홍양기(紅陽期)는 주(周)나라 문왕(文王) 때 시작되어 중화민국 초년까지에 해당하는데, 총 3140년간이 여기에 해당한다. 이 때의 겁재를 적명화겁(赤明火劫)

3. 삼조보도(三曹普度)

무릇 도(道)란 은미하고 드러남이 있으니 이로 인하여 예전에 아직 때가 이르지 않았을 때는 바로 은미한 시기에 해당하므로 도를 아는 자가 적었다. 하지만 지금 이 때는 삼기말겁의 회(會)에 놓여 있으므로 크게 널리 중생을 제도하게 된다. 현재 널리 중생을 제도하는 까닭은 근래 세상 풍속이 쇠퇴하고 인심이 예전 같지 않으며 교화가 행해지지 않고 도덕이 타락하여 경쟁이 더욱 심해지고 악(惡)이 더욱 융성하니 이로 인해 이전에 볼 수 없었던 큰 겁재가 생겨나게 되었는데, 수재와 화재, 전쟁, 질병 등의 재난이 번갈아 발생하며 전 지구상을 뒤덮고 있는 현상이 이를 말해주고 있다. 이것은 본래 겁재의 수가 그러한 것이라서 실은 모두 악한 기운이 만들어낸 것이다. 그러나 사람은 모두 다 악할 수가 없고 그 가운데 선한 근기를 지니고 미혹되지 않는 사람도 있으니 결코 옥석(玉石)이 함께 멸망할 수는 없다. 그러므로 천상의 모든 신선과 부처 성인들이 자비심을 품고 상천(上天)의 상제께서 자비를 베풀어 도(道)를 내려 선량한 자를 제도할 수 있도록 간절히 애원하였다. 다행히도 상제께서 은혜롭게 허락하시어 비로소 이 도(道)를 내려서 널리 중생을 제도하게 하니, 각처에 비란(飛鸞)[15]으로 말씀을 전하고 신명과 인간이 서로 접하여 같이 대도(大道)

이라 부르며 주로 화재(火災) 혹은 전쟁이 많았다. 이 시기에 석가모니불이 제도를 담당한 기간은 총 3,000년이다. 백양기(白陽期)는 중화민국 초년(1911)이후에 해당하며, 미륵불이 제도하여 총 10,800년이 걸린다. 이때의 겁재는 수(水)화(火)풍(風)이 뒤섞이고 주로 핵무기로 인한 겁재가 닥친다고 한다.(역자 주)

15 일관도의 종교의례 가운데 '삼재(三才)'라고 하는 특수한 직위를 가진 사람이 일

를 천명하게 되었다. 그 목적은 나무 붓을 빌려 모래판위에 쓰는 것으로 사람의 마음을 일깨워 바꾸고 겁재를 물리치며 선량한 사람으로 하여금 모두 같이 깨달음의 길로 들어서서 속히 피안에 이르러 사바세계를 극락으로 만드는데 지나지 않으니, 이것은 곧 선불(仙佛)이 세상을 구하고자 하는 간절한 마음이요 도(道)를 내려 널리 제도하게 된 유래이다.

대도(大道)가 널리 제도하는 성령(性靈)의 범위는 지극히 넓다. 위로는 은하수와 뭇 별들 그리고 기천(氣天)에 머물러 있는 여러 신선들을 제도할 수 있으며, 가운데로는 인간과 뭇 중생들을 제도하며, 아래로는 땅 속에 있는 어두운 귀혼(鬼魂)들을 제도할 수 있다. 따라서 이것을 삼조보도(三曹普渡)라고 한다.

은하수와 뭇 별들을 제도한다는 것은 과거 수행자나 기(氣)를 연마하는 선비와 인연이 있으나 상천(上天)의 은혜로 제도될 기회를 만나지 못하다가 리천(理天)으로 넘어 들어가는 자도 있고, 충신·효자·열녀·절부가 죽은 후에도 사라지지 않다가 비록 올라가 기천의 신선이 될 수도 있으나 간혹 귀신세계의 신도 있기 때문에 만약 천도를 얻지 못하면 윤회의 고통으로부터 벗어나지 못하여 능히 근본의 본래자리로 돌아갈 수 없다. 현재 삼기말겁의 때를 만나서 천도가 널리 제도하고 있으므로 이러한 기천의 여러 신선들은 항상 신불(神佛)을 따

종의 영매(靈媒)자격으로써 선불(仙佛)의 뜻과 말씀을 전하는 활동을 가리킨다. 여기에는 3인 1조가 되어 천재(天才) 지재(地才) 인재(人才)로 나뉘며, 천재(天才)가 강령(降靈)받아서 나무 붓으로 쓰는 글을 지재(地才)가 읽고 이것을 인재(人才)가 받아쓰는 것으로 진행한다. 일관도의 초기역사에서는 일반적이었으나 현재는 일관도의 일부 조선에서만 행해지고 있고 대부분 행하지 않고 있다.(역자 주)

라서 불단에 오고 있으며 혹은 도처에 나타나서 전생에 인연있는 사람들을 찾아 인보사(引保師)의 책임 하에 천도를 구하여 얻게 되므로 리천(理天)으로 돌아가 영원히 윤회로부터 벗어나는 것이다. 이렇게 은하수와 뭇별들을 제도하는 법은 비교적 사람에게는 복잡한 일이라고 할 수 있다.

아래로 어두운 지하의 귀혼(鬼魂)을 제도하는 데에 이르면 실제로는 사람이 이 세상에 나서 효도와 공경을 근본으로 삼고 있다는 데에 기인하고 있다. 『효경(孝經)』에 이르기를 "자신의 지위를 갖추고 도를 행하여 그 이름을 후세에 떨침으로써 부모의 은덕을 빛내는 것이 효(孝)의 최종이다." 라고 하였다. 우리 사람이 만약 효도를 해서 흠이 없다 한다면, 부모 살아생전에는 본래 진정으로 효경(孝敬)의 정성을 다해야 할 것이며, 돌아가신 후에는 모름지기 죽은 영혼을 어두운 곳으로부터 이끌어내는 노력을 함으로써 영원히 윤회의 고통으로부터 벗어나 리천(理天)의 복록을 누리도록 해야 할 것이다. 무릇 자손된 자가 만약 구현(九玄) 칠조(七祖)의 귀혼(鬼魂)을 어두운 땅으로부터 이끌어내고자 한다면 반드시 모름지기 수도를 하여 공을 쌓고 덕이 모여서 대도에 이름이 드러남으로써 능히 조상들을 구원할 수 있을 것이다. 이것을 일러 "한 자손이 입도(入道)하면 모든 조상이 영광을 얻을 것이요, 한 자손이 성도하면 모든 조상이 구원될 것이다"라고 한다.

4. 성리심법(性理心法)

심법(心法)이란 하늘과 사람이 서로 합일하기 위한 교량이요, 생사를 초월하는 법이니, 이에 근거하여 능히 윤회를 끊고 근본의 본래 자리로 돌아간다. 그러므로 《성리제석(性理題釋)》에 이르기를, "만약 명사(明師)[16]를 만나면 직접 대도를 받게 되고 지하로부터 이름을 빼내고 천당에 이름을 걸게 된다."고 하였다.

예전에는 아직 천시(天時)가 이르지 않았으므로 대도(大道)는 일대일(一對一)로 전하든지 혹은 극소수의 사람에게만 전해질 수 있었다. 지금은 삼기말겁의 시대로 인하여 참된 도가 널리 전해지게 되었으니, 상천에서는 뭇 중생들을 구원하고 제도하기 위해 특별히 명사(明師)로 하여금 세상에 내려가도록 명하여 '현관(玄關)·수인(手印)·구결(口訣)'의 성리심법을 전하게 하였다. 즉 사람의 영성(靈性)이 있는 곳을 지점(指點)하여 우리의 인생이 어디에서 왔고 죽으면 어디로 가는지 심성(心性)과 운명(運命)을 같이 닦는 법을 명확히 보여주는 것이다. 만약 능히 이 법에 의지해서 성실히 수도하여 내성외왕(內聖外王)의 경지에 이르게 되면 반드시 생사를 초월하고 무극(無極)의 경지를 증득(證得)하게 될 것이다.

16 여기서 명사(明師)란 직접적으로는 장천연(張天然) 조사(祖師)를 일컫는 말이나, 현재 일관도에서는 점전사(點傳師)로서 조사의 천명을 대신하고 있으므로 점전사를 가리키기도 한다. (역자 주)

5. 삼교합일(三敎合一)

삼교(三敎)는 원래 하나의 진리에서 생겨난 것이다. 비록 나뉘어져 별도의 단체를 이루고 그 교설이 각기 같지 않으나 그 실제를 탐구해보면 대개 하나의 진리에 속하고 있다. 그러므로 송나라 때 전진도(全眞道)의 왕중양(王重陽)[17]은 말하기를, "유교와 불교 그리고 도교는 서로 통하는 바가 있으니 삼교는 본래 하나의 근본에서 나왔다."라고 하고, 또 말하기를, "삼교는 진정한 도(道)와 분리될 수 없으니 비유해서 말하면 마치 하나의 뿌리를 가진 나무에서 세 가지 가지가 뻗어 나온 것과 같다."라고 하였다. 이것은 삼교가 각각 그 때에 따라서 발생하고 운세에 부합하여 흥기한 것이니 모두 상천을 대신해서 사람의 마음을 일깨우고 악한 자를 선하게 바꾸고 나쁜 것을 좋게 변화시키고자 한 것일 따름이다. 예를 들면 도교(道敎)에서는 '허무(虛無)'를 근본으로 삼아서 허령(虛靈)을 기르고 보존하는데 치중하여 다시 무극(無極)으로 돌아가고자 하며, 불교에서는 적정(寂靜)을 근본으로 삼아서 이 적정을 돌이켜 관찰하는데 치중하며 어떤 잡다한 욕구도 소멸하고자 한다. 유교(儒敎)에서의 명명덕(明明德)은 사사로운 욕심을 깨끗이 정화하여 천리(天理)가 순수하게 보전되는 것을 말한다. 여기서 천리(天理)란 곧 지극히 선한 것이니 또한 적정(寂靜)하다고도 할 수 있고, 적정은 또한 무극이며, 무극은 곧 진리이니 삼교의 종파가

17 본명은 중부(中孚)이고 자는 윤경(允卿) 혹은 세웅(世雄)이라고도 한다. 도교의 중요 일파인 전진교(全眞敎)의 창시자이다. 북송말기 경조 함양(지금의 산서성 함양) 대위촌 사람이다. 송나라 휘종 정화 2년(1112년)에 태어나서 송 효종 건도 6년(1170)에 사망했다. (역자 주)

모두 무극의 한 가지 진리로 말미암아 생겨난 것이다. 또 불교에서 설법할 때 '만법귀일(萬法歸一)' '명심견성(明心見性)'이라 하고, 도교에서는 '포원수일(抱元守一)' '수심연성(修心煉性)'이라 하며, 유교에서는 '집중관일(執中貫一)' '존심양성(存心養性)'이라고 한다. 비록 삼교를 전하는 법은 다 다르다할지라도 모두가 다 '하나'를 근본으로 삼고 있고 모두가 '심성'을 위주로 하여 수도하므로 이 때문에 하나의 진리가 변하여 삼교가 되었다고 하며, 마치 사람에게 하나의 몸이 있으면서 나뉘어져서 정(精)·기(氣)·신(神)이 되는 것과 같다. 현재 삼교합일이라 함은 곧 중생을 제도하는 형상이 마치 근본으로 돌아가서 어둡지 않은 신령한 영성을 갖추는 것과 같으므로 곧 합해서 하나가 된다고 하는 것이다.

삼교의 대도(大道)는 이미 성리(性理)를 종지로 삼고 있으므로 그 강상(綱常)윤리는 모두 성(性)의 하늘로부터 흘러나온 것이니 성(性)의 본체가 이미 밝은데 그 윤리도덕은 당연히 스스로 바른 것이니, 이른바 '본체를 밝히고 실제에 통달한다(明體達用)'든가 '뿌리가 튼튼하면 가지가 무성하다(本固枝榮)'는 것 등은 자연의 이치이다. 오직 지금의 삼교는 옛날에 이미 그 진정한 전수가 이루어지지 못하고 거의 왜곡되다시피 하였으므로 심법을 바르게 전하는데 있어서는 반드시 삼교를 가지런히 수행해야 하고 어디에도 치우치지 않아야 한다. 즉 유교의 예의를 행할 줄 알아야 하며, 도교의 수련공부를 할 줄 알아야 하고, 불교의 계율을 지킬 줄 알아야 하는데, 이렇게 삼교의 정수를 취해야만 비로소 성공할 수 있는 것이다.

일관도 의례는 주로 유교식 예법을 현저하게 갖추고 있고, 그 종교의식에는 불교나 도교에서 행하듯이 목탁을 두드리며 염불을 하고 부적을 써서 주문을 외우며 삿된 것을 물리치고 복을 비는 의례와 같이 신비적 색채를 띤 것은 조금도 찾아볼 수 없다. 복식면에서 보면, 불교와 도교 두 종교에서는 모두 법복(法服)이나 가사(袈裟) 혹은 도포(道袍)가 있으나 일관도는 중국 전통의 예복에 해당하는 장포(長袍)나 마괘(馬褂)를 채택하고 있다. 종교의식을 살펴보면 과거 유교에서 공자 및 천지 그리고 조상에 제사지내는 의식을 모방하여 장엄하고 융성하게 진행하고 있다. 제단에 설치되어 있는 불등(佛燈)은 또한 유교의 역리(易理)를 연역한 것이라 할 수 있는데, 가운데 주등(主燈)은 노모(老𦮔)의 성광(性光)을 상징하고 무극을 대표한다. 좌우의 두 개 등(燈)은 태극과 음양 양의(兩儀)를 나타낸다. 다섯 가지 색깔의 과일을 올리는 것은 오행(五行)을 나타낸다. 불단 앞에서 공손하게 말을 하며 절을 올리는 것은 중국의 고례(古禮)를 준수하여 향을 태우고 땅에 엎드려 머리를 조아리는 예법을 채택한 것이다. 이 외에도 일관도는 세속에서 활동하는 교단으로서 도친(道親)들은 삭발하지 않고 출가하지 않으며 직장에서 생업을 하면서 일반인의 모습과 다를 바 없이 성(聖)과 평범(凡)을 고루 갖추고 내성외왕(內聖外王)하므로 유교의 강상윤리를 인간사회 처세의 준칙으로 삼고 있다.

도교 공부를 하는 것은 곧 현관을 지키는 공부를 말하는데, 그 요지는 수련을 통하여 삼화(三華)를 모아서 오기(五氣; 五行)가 근원으로 돌아가게 하는 것이다. 삼화라는 것은 정·기·신(精氣神)을 말한다. 사람의 몸이 화로가 되고 현관이 솥이 된다고 할 수 있는데, 도가에서는 화로를 설치하고 솥을 올리는 것이 곧 삼화 취정의 공부이니 그 요지는 정(精)을 단련하여 기(氣)가 되고, 기(氣)를 단련하여 신(神)으로 되며, 신(神)을 단련하여 허(虛)로 돌아가는데 있다. 오기(五氣)가 근원으로 돌아간다는 것은 곧 수련을 통해 오장(五臟)의 기로 하여금 선천(先天)의 하나의 기로 돌아가게 한다는 것이다. 우리 도는 예전에 아직 천시(天時)가 이르지 않았을 때 겨우 현관(玄關) 부위를 가리키기도 하였으나 제대로 현관을 드러내지는 못했으므로 '구절내공(九節內功)'을 전수하여 금단(金丹)을 수련하게 하였다. 광서제 3년(1877년)에 이르러 15대조 왕각일(王覺一)이 도를 맡았을 때는 이미 천시가 이르렀으므로 하나의 지점을 전수하고 현관을 가리켜 열어주게 되었으니 왕각일 조사가 말한 '일지선(一指禪)'이 그것이다. 그 수련공부란 곧 잃어버린 마음을 구하는데 있으니 사사로운 욕심을 깨끗이 정화하여 천리가 통하도록 하는 것이다. 만약 움직이거나 가만히 있을 때나 앉고 누울 때 항상 청정함을 유지하고 현관이 있는 부분을 지켜서 오래되면 정·기·신이 자연히 합일되어 선천의 도체(道體)로 돌아가 지극한 도의 경지를 누릴 것이다.

불교의 계율을 지킨다는 것은 곧 살생을 금하고, 도둑질을 하지 않으며, 음란한 행위를 하지 않으며, 술과 고기를 먹지 않고, 망령된 말을 하지 않는 것을 말한다. 대체로 사람은 오랜 옛날부터 죄악을 지은 것이 너무 많아서 사생(四生)과 육도(六道) 윤회를 끊임없이 반복하였으니 모두가 살생, 음란, 삿됨에 따라서 발생하였으므로 불가에서는 이 다섯 가지 계율을 세워 수행의 첫걸음으로 삼아 소극적으로는 사람이 이를 준수함으로써 어떤 나쁜 짓을 저지르지 않게 하고, 나아가서 적극적으로는 여러 선한 일을 봉행할 수 있도록 하였다. 이로 인해 오계(五戒)는 악업(惡業)을 끊고 선한 덕을 배양하는 출발점으로서 수행의 기본계율이 되고 있으므로 일관도에서는 이것을 계율로 삼고 있다.

6. 행공론(行功論)

일관도의 행공(行功)은 내공(內功)과 외공(外功)의 두 방면으로 나누어진다. 내공은 즉 격물치지(格物致知)와 성의(誠意) 정심(正心) 수신(修身)하는 공부를 말하며, 이것은 또한 극기복례(克己復禮)와 청심과욕(淸心寡慾), 구기방심(求其放心)의 공부에 해당한다. 외공은 곧 사람을 구제하고 사물을 이롭게 하는 활동인데, 마땅히 재앙으로부터 세상을 구하고자 하는 마음을 품고 삼교(三教)성인(聖人)의 가르침을 준수하며 온 힘을 다해 몸소 실천하고 널리 좋은 책을 펴내고 불당을 세우며 윤리교육을 확대하며 여러 곳을 개척하여 도의(道義)를 선양하며 사람들의 지혜를 계발하는 것 등을 말한다. 한 사람을 변화시켜 성도(成道)시키면 그 공덕이 실로 적지 않을 것이니 외공이 원만하면 내공도 자연히 이에 따라 원만해지게 된다. 대체로 급난(急難)한 상황에서 사람을 구제하고 재앙으로부터 건져내는 일을 살펴보면, 작게는 혼자 힘으로도 할 수 있는 일이 있고 큰일은 공동으로 힘을 모아야 할 수 있는 일이 있으니 지역과 사람과 때와 일에 따라서 여러 방면으로 유리하게 일을 해나가야 한다. 그 다음으로 부모에 대해서는 자애(慈愛)를 가르치고, 자식에게는 효도(孝道)를 가르치며, 형에게는 우애(友愛)를 가르치고, 동생에게는 공손(恭遜)을 가르치며, 부부에게는 화목을 가르치고, 친구사이에게는 신실(信實)을 가르치며, 관료들에게는 충정(忠正)을 가르쳐서, 악(惡)을 선(善)으로 변화시키고, 우매한 자를 현명한 자로 변화시키게 되면 이것이 진정한 행공(行功)이 된다. 명예를 추구하는 마음을 갖지 않고, 욕을 하거나 화난 듯한 표현을 하지 않아야 하는데, 만약 어떤 명예를 추구한다면 그것을 공(功)이라 말할 수 없을 것이다. 또한 성질이 조급하고 흥분한 상태에서 사람들에게 강권한다면 이 역시 수도하는 사람이라 할 수 없을 것이다.

7장

일관도의 직급

현대 일관도의 직급은 17대조 노중일 조사 시기에 불리어졌던 영장(領長), 대표사(代表師), 단주(壇主), 판사원(辦事員), 도자(道子)의 명칭에서 유래하여 변형되어 나온 것으로 대략 분류하면 다음과 같은 직급들로 나뉜다.

① 조사(祖師)

조사란 장천연(張天然) 사존(師尊) 및 손혜명(孫慧明) 사모(師母)를 가리켜서 말한 것이다. 이 두 어른은 하늘의 천운을 받들어 도반(道盤)을 운영하며 중생을 구제하는 사명을 맡는다.

② 도장(道長)

이 직위를 가진 사람들은 모두 도장(道場)의 원로로서 일관도 교의를 널리 알리고 도장 내에서 큰 공을 세운 자를 일컫는다. 그 직위는 조사로부터 부여받았으며, 장천연 조사가 도반을 운영할 때 총 일곱 사람의 도장(道長)을 임명했다. 즉 제녕(濟寧)의 장진충(張振忠), 천진(天津)의 호계금(胡桂金), 북평(北平)의 장오복(張五福), 제남(濟

南)의 서형보(徐衡甫) 및 제명주(齊銘周), 청도(青島)의 동옥천(董玉泉), 남경(南京)의 손석곤(孫錫堃) 등이다. 이 외에도 각 성(省)이나 시(市)의 총단(總壇)의 책임자도 도친들로부터 존경의 대상이 되면서 도장으로 불리어진 사람들도 있다. 수원(綏遠) 총단의 유몽영(劉夢榮), 상해(上海) 총단의 반화령(潘華齡) 및 산서(山西) 총단의 설홍(薛洪) 등이 이에 해당한다. 그리고 이전에 대만의 두 분 노전인(老前人) 장문운(張文運), 한우림(韓雨霖) 역시 존경을 받으면서 도장이 되었으며 정신적 지도자로 여겨졌다.

③ 노전인(老前人)

전인(前人)으로서 인격적 자질이 깊은 사람을 가리킨다. 이 사람들은 모두 연령이 높고 덕이 아름다우며, 여러 해에 걸쳐 도장에 공헌이 큰 사람으로서 홍콩의 왕창덕(王彰德,여성), 왕유덕(王有德), 대만의 장문운(張文運), 한우림(韓雨霖), 하종호(何宗浩), 진문상(陳文祥), 장배성(張培成) 등등이 있다.

④ 전인(前人)

인격적 자질이 깊은 점전사(點傳師)를 가리킨다. 이 사람들은 모두 일생 전도에 헌신하면서 따르는 도친(道親)들이 아주 많고, 여러 사람 이상의 점전사를 관리하는 영도자에 해당한다. 전인은 조사(祖師)로부터 권한을 부여받은 뒤에 핵심적인 일정한 수만큼의 점전사를 임명할 수 있는데, 다만 그 위에 만약 노전인이 있으면 간혹 노전인이 직접 점전사를 임명하기도 한다. 관습적으로 보면 중국대륙에서 대만으로 건너와 개황(開荒)활동을 한 점전사들은 모두 전인으로 불리어진다. 또한 지선(支線)계열에서 도친 숫자가 많은 자는 개황활동을 하는 지구(地區)에서 인격적 자질이 비교적 깊은 점전사를 선정하여 지빙 진인 혹은 영도(領導) 점전사로 임명하기도 한다.

⑤ 점전사(點傳師)

전도사에 해당하며 조사를 대표하여 점도(點道)하고 법을 전하는 역할을 한다. 점전사는 '대표점전사'의 약칭으로서 예전에는 대표사(代表師)로 불리어졌는데, 민국 25년(1936)이후에 지금 이름으로 개칭되었으며 현재는 경리(經理)로 통칭한다.

⑥ 단주(壇主)

또는 당주(堂主)로 불리어지며 불당(佛堂)의 책임자를 말한다.

⑦ 강사(講師)

불당 내에서 전도 책임을 맡은 사람을 가리킨다. 규정에 따르면 강사 이상의 직급을 가진 사람은 반드시 청구(淸口; 素食을 하는 것) 서원(誓願)을 세운 사람이라야 한다.

⑧ 판사원(辦事員; 직원)

불당 내에서 도무(道務)를 도와서 일을 하는 사람을 가리킨다.

⑨ 삼재(三才)

부란(扶鸞)[18]을 행할 때 삼재를 쓰는데, 즉 천재(天才) 지재(地才) 인재(人才)를 일컫는다. 천명을 받는 붓을 붙잡은 사람이 천재가 되고, 글씨를 옮겨 적는 사람이 지재이며, 글자를 읽어주는 사람이 인재가 된다. 삼재가 되는 사람은 모름지기 근기(根基)가 깊고 후덕(厚德)하며 품성이 단정하고 정욕(情欲)이 담백하며, 공경하고 정성스러운 자라야 비로소 그 책임을 맡을 수 있다. 천재는 대체로 아동 중에서 택하여 책임을 맡긴다.

⑩ 도친(道親)

같은 수도의 길을 가는 사람에 대한 칭호이다.

---

18 비란(飛鸞)이라고도 한다. 각주 18번 참조바람.(역자 주)

8장

일관도의 원류(源流)

청정경(淸靜經)에 이르기를 "대도(大道)는 형체가 없으나 천지를 기른다."고 하였다. 천지의 근원을 따져보면 모두 도(道)에서 나왔으며, 천지가 없을 때에도 이미 이 도는 존재하였다. 복희(伏羲)씨가 세상에 나왔을 때 우러러 하늘을 보고 아래로 땅을 살피면서 천지의 이치를 탐구하여 선천(先天) 팔괘(八卦)를 긋고 천지의 오묘한 이치를 드러내었으니, 이것이 대도(大道)가 세상에 내려온 시초가 된다. 헌원(軒轅)씨가 이를 계승하여 다시 광성자(廣成子)를 만나 가르침을 얻은 뒤에 비로소 대도(大道)가 드러나게 되었다. 이후에 요(堯), 순(舜), 우(禹), 탕(湯), 문(文), 무(武), 주공(周公)이 계속 도통(道統)을 이어가면서 심법(心法)을 가르치고 하나의 관통하는 진리가 서로 전해졌다. 주(周)나라 시대의 도조(道祖)인 노자(老子)가 태어나서는 도의 종지(宗旨)를 밝히고 동쪽으로 가서 공자(孔子)를 제도하였으며, 이후에 공자는 그것을 증자(曾子)에게 전하고 다시 자사(子思)와 맹자(孟子)에게 전하였다.

맹자 이후에 도맥(道脈)은 서쪽으로 건너가면서 심법이 없어지고 유도(儒道)의 도맥이 사라지면서 마침내 도통(道統)을 계속 이어갈 수 없게 되는데, 확실히 공자시기에 그 신성한 진리의 과업이 서역(西域)으로 전해져서 석가모니 문하가 이를 널리 접하였으니 석가모니 득도 후에 그 진법이 수제자인 마하가섭(摩訶迦葉)에게 전해져 불교 선종(禪宗)의 초대 조사(祖師)가 되고, 계속해서 28대 달마대사(達磨大師)에게까지 전해졌다. 양무제(梁武帝)때에 달마대사가 중국 땅에 이르러 진리의 묘법을 중국에 다시 돌려주게 되는데, 이것을 일러 "오랜 강물이 돌아 흘러온다(老水還潮)"고 한다. 달마대사가 중국에 들어온 이후부터 참된 진리의 한 맥이 서로 전해지게 되는데, 달마가 초대 조사가 되어 이를 2대 조사 신광(神光)에게 전하고 이후에 3대 조사 승찬(僧燦), 4대 조사 도신(道信), 5대 조사 홍인(弘忍), 6대 조사 혜능(慧能)이 서로 계승하게 되었다. 육조(六祖) 혜능이 귀공(歸空)한 후에는 청나라 초기의 황덕휘(黃德輝) 9대 조사에 직접 이르게 되는데, 천년동안 오직 7대 조사와 8대 조사만이 세상에 머물렀을 뿐이다. 그동안 성리심법(性理心法)은 불교 선종의 고승(高僧)과 도교 전진도(全眞道)[19]의 명사(明師)에 힘입어 계승되고 전수되었다. 송대(宋代)에 이르러 신유가(新儒家)가 출현하면서 성리(性理)의 학문이 천하에 두루 펼쳐지게 되었으니 비록 도통(道統)은 돌이킬 수 없으나 다만 참된 진

19 여동빈(呂洞賓) 조사는 오대(五代) 시기(A.D.907-960)에 유해섬(劉海蟾)을 제도하여 남종(南宗)도교 일곱 명의 진인(眞人)을 배출하였고, 다시 남송(南宋) 시대에 왕중양(王重陽)을 제도하여 북종(北宗) 일곱 명의 진인을 배출하면서 전진도를 창립하였다. 여동빈 조사는 당나라 말기 진사(進士)벼슬을 한 사람으로서 그 관직으로 현령까지 지냈다고 한다. 이후에 관료의 습성을 버리고 종리권(鍾離權) 대신선을 좇아 스승으로 모셨으며, 또 불교 선종(禪宗)의 육조(六祖)법을 계승한 청원(靑原)의 제 7세 황룡회기(黃龍誨機)선사의 법회에 참여하여 절하고 가르침을 청했다고 한다. 이로써 전진도와 불교 선종 사이에 심법(心法)상의 전승관계가 있음을 알 수 있다.

리의 종지는 이로 인해 부흥하게 되었다. 후대에 이르러 명대(明代)에는 또 라교(羅敎), 황천도(黃天道)같은 신흥종교가 발생하면서 '무생노모(無生老中)' '용화삼회(龍華三會)' 신앙을 제창하기도 하였는데 이는 대도(大道)의 정밀한 뜻을 널리 밝히고 다시 이후에 천도(天道)가 널리 중생을 구제하는 기초를 놓았다.

청나라 순치(順治; 1643-1661)년간에 이르러 하늘이 정한 때가 이미 도달하였으니, 원시천존(元始天尊)의 화신(化身)인 황덕휘(黃德輝)가 강서성(江西省) 노산(盧山)지역에서 천명을 받고 멀리 8조를 이어 비로소 제 9대 조사가 됨으로써 '선천도(先天道)'를 개창하게 되었다. 황덕휘 9대 조사는 천명(天命)심법(心法) 및 신·구(新舊) 종교사상을 두루 통달하고, 유·불·도(儒佛道) '삼교합일(三敎合一)'[20] 및 전진도(全眞道)의 '금단(金丹)수련(修煉)'[21]교의를 핵심으로 삼아 신흥종교

---

20 삼교합일(三敎合一)이란 곧 유교의 예절을 행하고 도교의 공부를 수련하며 불교의 계율을 지키는 것을 말한다.

21 선천도와 전진도 금단수련의 아홉 단계의 내공(九節內功)을 비교하면 다음과 같다.

구 분		단 계								
		1	2	3	4	5	6	7	8	9
선천도 先天道		축기 築基	연기 煉己	채약 採藥	득약 得藥	진화 進火	내팽 內烹	온양 溫養	목욕 沐浴	퇴부 退符
전진도 全眞道	북종	연기 煉己	조약 調藥	연정 煉精	환단 還丹	결태 結胎	탈태 脫胎	유포 乳哺	면벽 面壁	비승 飛昇
	남종	축기 築基	득약 得藥	결단 結丹	연기 煉己	환단 還丹	온양 溫養	탈태 脫胎	현주 玄珠	비승 飛昇
비 고		선천도의 9단계 내공 가운데 1-4단계는 약을 채취하는 공부이고, 5-9단계는 각각 단계별 정도(火候)를 나타내는 공부이다.								

이로써 선천도의 내공은 전진도 남·북종의 금단 수련법을 회통했다는 것을 알 수 있으며, 합동(合同)은 모두 '자오합동(子午合同)'이 되었다. 또한 선천도에서는 전진교의 교주 구장춘(邱長春)을 '고교조관장춘조사(考校曹官長春祖師)'로 섬겼으므로 그 관계의 밀접함을 보여주고 있다.

의 '무생노모(無生老母)'[22]와 '용화삼회(龍華三會)'[23]교의를 융합하여 강희(康熙) 6년(1667)에 『예본(禮本)』, 『원참(愿懺)』, 『뇌음경(雷唵經)』 등의 3경을 써서 도(道)를 천명하는 경전으로 삼았다. 황덕휘 9조 이전에는 도통(道統)과 접하긴 했으나 각 조사의 도맥이 유·불·도 삼교에 있었고, 이 가운데 천도(天道)는 삼교의 교문(教門) 내에서 서로 전한 진수(眞髓) 가운데 있었다. 황덕휘 9조가 세상에 태어난 이후에는 '도통(道統)을 개창'하고, 삼기말겁(三期末劫)의 시대에 처한 모든 인류가 본원의 자리로 돌아갈 수 있도록 특별히 최상의 진리를 정하여 오로지 인류 중생을 구제하는 도문을 전담하게 되었으니 이것이 바로 천도(天道)를 행하는 단체가 결성된 시초이다.

황덕휘 9조가 도반(道盤)을 개창한 후에 널리 중생을 제도하는 것이 용이하지 않고 도(道)를 쉽게 전할 수가 없게 되자 당시의 종교적 정세를 고려하여 '표면적으로는 그 시대의 유행하는 종교(教)를 전하고, 내면적으로는 일관의 도(道)를 전하는(明傳教,暗傳道)'[24] 방식을

22 무생노모(無生老母)란 중국 고대 유교의 '천(天)' '상제(上帝)' 및 도교의 '원시천왕(元始天王)' '요지금모(瑤池金母)'신앙이 탈바꿈된 것이다. 그 명칭은 일찍이 '무생부모(無生父母)' 혹은 '무극성조(無極聖祖)'로 불리어졌으며, 가장 먼저 이 명칭이 출현하는 곳은 명나라 무종(武宗) 정덕(正德) 4년(1509)에 발간된 라교(羅教)의『라조오부육책(羅祖五部六冊)』에서 처음 나온다.

23 용화삼회(龍華三會)란 청양기(青陽期) 홍양기(紅陽期) 백양기(白陽期) 삼회에 걸쳐 연등불(練燈佛) 석가불(釋迦佛) 미륵불(彌勒佛)이 각각 나누어 천반(天盤)을 맡아서 널리 중생을 구제하는 일을 말한다. 이 이야기가 가장 먼저 실려 있는 곳은 명나라 가정(嘉靖) 37년(1558) 시기에 황천도(黃天道)의『보명여래무위료의보권(普明如來無爲了義寶卷)』이다. 또한 삼회(三會)에 대해서는 '무극회(無極會)' '태극회(太極會)' '황극회(皇極會)'로 칭하는 경우도 있다.

24 '명전교(明傳教)암전도(暗傳道)'란 당시의 성행하는 종교를 가장하여 전도하는 것을 말한다. 또한 '호도방문(護道榜文)'이라는 것이 있어서 당시 대승교의 이름을 옹호하면서 각지 사람들로 하여금 입교하게 하였으며, 무생노모에게 귀의하고 덕을 닦아 선(善)을 행한 이후에 계속 따라오는 사람들에 대해서는 그 신앙이 독실

채택하여 전도하게 되었다. 황덕휘 조사가 수십 년의 고난을 겪으면서 파양(鄱陽) 등지를 개황하고 도(道)를 천명하면서 교단이 한 때 아주 흥성하였으나, 다만 강희(康熙) 황제 중기 때에 귀공(歸空)한 후로부터 교세가 점점 약해졌다. 약 반세기를 지나 건륭(乾隆)황제 연간에 이르러 오자상(吳紫祥)이 출현하여 천명을 받아서 제 10대 조사가 되었으니, 광신부(廣信府) 등지의 일대를 전도하면서 다시 선천도의 도맥을 부흥시켰다. 건륭황제 49년(1784)에 오자상이 귀공한 후에 하약(何若)이 도맥을 계승하여 제 11대 조사가 되었으며, 계속하여 홍도(洪都; 南昌지역에 해당)지방에 전도하면서 진리의 정신이 전승되었다. 건륭황제 55년(1790)에 하약 11대 조사가 정부의 탄압을 겪으면서 귀주성(貴州省) 용리현(龍里縣)의 군대에 징집되었는데, 이때 대도

하고 능히 '소식(素食)'을 하며 나아가 '욕정을 끊고(絶慾)' 수련하는 사람들을 선택하여 선천도의 심법을 전수하였다. 이렇게 상황에 따라 변하는 전도방식은 황덕휘 9조 이래로 원지겸 12대 조사의 전반기까지 줄곧 이어져왔다. 가경(嘉慶) 25년(1820)에 원지겸 12대 조사의 형 원지례(袁志禮)는 귀주성에서 정부 탄압을 받을 때 관군에 붙잡혀서 경서들을 빼앗겼다. 당시에 사건을 담당한 운남 귀주성 총독 백린주(伯麟奏)는 책을 덮으며 말하기를 "경서내용을 상세하게 읽어보니 결코 대승경(大乘經)이라는 이름은 없었다. 이 안에는 유교, 불교, 도교의 경서 및 충(忠)과 효(孝)를 권하는 격언들이 많이 모여 있었고 또한 세간의 시가(詩歌)들이 있으며, 특별히 도리에 어긋나는 어구를 찾아볼 수 없었다. 이 때문에 어떻게 대승경이라는 이름을 붙일 수 있으며, 원지례에게 문초를 해도 또한 알지 못한다고 굳게 말하였다." 명백히도 관아에서는 이미 원지겸 12대 조사가 전한 경서를 발각하였으나 결코 대승교는 아니었다. 도광(道光) 연간에 이르러서야 선천도는 이러한 전도방식을 버리게 되었다. 어떤 학자는 이 때문에 명확하지는 않지만 이 시기를 일컬어 '대승교시기'라고 하였으며, 심지어 선천도는 대승교에서 나왔다고까지 오인하고 있다. 이것은 두 종교의 심법(心法)이 전혀 다르다는 것을 모르고 하는 말이다. 선천도는 향으로 현관(玄關)을 지점하는 의식을 가지고 있는데, 대승교는 이것이 없다. 선천도의 합동(合同)은 '자오합동(子午合同)'이지만 대승교는 '손을 모아서 가리키는 합동'이다. 또한 대승교는 '구절내공'의 전수가 없으며, '욕정을 끊는' 계율도 없다.

(大道)가 처음으로 검성(黔省; 귀주성)에 들어가게 된다. 가경(嘉慶)황제 5년(1800)에 하약 조사가 귀공하고 원지겸(袁志謙)이 뒤를 이어 12대 조사를 맡게 되는데, 가경 15년(1810)에 이르러 검성에서 전성(滇省; 운남성)으로 들어가니 이로부터 대도(大道)가 운남성(雲南省)에 있게 되었다. 도광(道光)황제 2년(1822)에 원지겸 조사가 운남성으로부터 사천성에 들어가 전도하게 되니 그 다음해 성도(成都)지역에 서건당(西乾堂)이라는 불당을 설립하고 이곳을 중심으로 하여 각지의 도무(道務)를 전개하기 시작했다. 도광 6년(1826)에 양수일(楊守一)과 서길남(徐吉南)이 도맥을 계승하여 제 13대 조사를 맡았는데 도광 8년(1828)에 이르러 사명을 다하고 귀공하자 원지겸 조사가 다시 나와서 도무를 관장하게 되니 연로하여 일을 담당하기 어려웠다. 이에 진빈(陳彬)이라는 자를 내세워 도무를 대리하게 하였는데, 3년 후에 진빈이 정부의 탄압을 받아 군대에 끌려가게 되자 원지겸 조사는 더 이상 다시 나와서 도무를 담당할 수 없게 되어 퇴안노인(退安老人)으로 불려졌다. 도광 14년(1834)에 원지겸 조사는 귀공하였다. 도광 23년(1843)에 노모(老𣅀) 상제께서 호북성(湖北省) 한양(漢陽)의 자미단(紫微壇)에서 구름 성을 만들고 선천(先天)의 근기로서 거듭 오행을 배출하게 되는데, 팽의법(彭依法), 진의정(陳依精), 안의성(安依成), 임의비(林依秘), 송의도(宋依道)가 각각 내오행(內五行)이 되고, 이의미(李依微), 서의원(徐依元), 주의전(朱依專), 범의과(范依果), 등의진(鄧依眞)이 외오행(外五行)이 되었으며, 이 밖에 하치온(夏致溫), 사치량(謝致良), 황치공(黃致恭), 장치검(張致儉), 장치양(張致讓)이 오덕(五德)이 되었다. 내오행은 도무를 총괄하며, 외오행과 오덕은 십지(十地)가 되

어 각 성(省)으로 나누어 파견되어 전도활동을 하였다. 도광 25년(1845) 을사년에 이르러 내오행의 화행(火行)에 해당하는 진의정(陳依精)과 목행(木行)에 해당하는 안의성(安依成), 토행(土行)에 해당하는 송의도(宋依道)가 호북성 한양지역에서 사명을 다하고 순교하였으며 십지(十地)또한 차례로 순교하게 되자 도장(道場)의 운영이 아주 긴박한 위기에 처하게 되었다. 수많은 고난이 몰아닥치는 가운데 다행히도 팽덕원(彭德源; 依法)이 위기상황에 천명을 받아 도반을 운영하게 되었다. 팽덕원 수행(水行) 조사는 도반을 운영하면서 도장을 새로 건립하였으며, 조례와 규칙을 제정하고 신자의 강령을 엄격히 세우게 되니 수년이 지난 후에 쇠퇴하던 도장이 다시 흥성하게 되었다. 함풍(咸豊)황제 8년(1858) 12월에 팽덕원 조사가 귀공하자 금행(金行)의 비조(秘祖)에 해당하는 임방화(林芳華)가 그 뒤를 이었다. 임방화 조사는 재질(才質)이 고상하고 마음이 세심하며, 의리가 있고 재물을 나누어주면서 오직 중생구제를 마음에 품고 결집을 염원하니 선천도가 크게 확산되고 흥성하는 모습이 다시 나타났다. 동치(同治)황제 12년(1873)에 임방화 조사가 귀공하게 되는데, 그는 귀공 전에 도반(道盤) 운영을 의붓딸 장소옥(蔣素玉)과 장소양(蔣素陽) 두 자매에게 맡겨서 운영하게 하였으며, 아울러 서건당(西乾堂)의 제자를 깨우쳐 계승하게 한 후에는 '조사(祖)라고 칭하지 않고 스승(師)으로 칭함'으로써 이로부터 서건당의 도맥이 옮겨가게 되었다. 다행스럽게도 동치황제 연간에 노모 상제께서 이미 14대 조사 지위를 비밀리에 산서성(山西省)의 요학천(姚鶴天)에게 전수하여 도반을 관장하게 하였으니 동치 13년(1874)에 요학천 조사는 귀공하였다.

광서(光緖)황제 3년(1877) 노모 상제께서는 산동성(山東省) 청주(青州)지역의 동진당(東震堂)에 강림하여 왕각일(王覺一)에게 15대 조사를 계승하여 맡을 것을 명령하였다. 왕각일 조사가 도반을 관장한 이후에 천명을 받들어 진유(眞儒)로서 선천도(先天道)의 교의를 드러내 밝혔으니, 입도(入道)할 때 '욕구를 끊는' 규정을 없애는 것뿐만 아니라 비교적 높은 경지에 해당하는 '이천법(理天法)'으로써 '기천법(氣天法)'을 대체하였으며, 선천도의 '현관을 암시(指出玄關)' 하는 가르침을 고쳐서 '현관을 지점하여 열어주는(點開玄關)'것으로 고쳤다. 또 황덕휘 9대조사가 도단을 개창한 이래 창안한 '구절내공(九節內功)'을 폐지하고 다시는 금단수련(金丹修煉)을 하지 않으며 다만 사람들에게 격물치지(格物致知)와 심성 함양만을 가르치는 것으로 천도를 닦고 지니게끔 하였으니 이전에 전진교(全眞教)와 같은 도교적인 수련법이 전향되어 유교화가 되었다. 광서 10년(1884)에 이르러 왕각일 조사가 은둔할 때 그 가르침은 이미 중국의 강남과 강북에 두루 전해졌으며, 그 후에 16대 조사 유청허(劉淸虛)가 도반을 계승하였다. 중화민국 8년(1919)에 유청허 조사가 귀공하자 계속하여 노중일(路中一)이 도반을 운영하면서 17대 조사로 칭해졌다. 중화민국 14년(1925)에 노중일 조사가 귀공하자 그 누이동생 노중절(路中節)이 대신하여 도반을 운영하였다. 중화민국 19년(1930)에 이르러 비로소 장천연(張天然)이 계승하여 18대 조사가 되었으며 최종적이면서 유일한 삼조(三曹)의 중생구제를 담당하게 되었다. 중화민국 36년(1947)에 장천연 조사가 귀공하자 계속하여 손혜명(孫慧明) 사모(師母)[25]가 도반을 운영하였으며 중생구제와 결집의 대임(大任)을 맡게 되었다.

25 손혜명사모가 도반을 운영한 이후부터 스스로 이름을 '흠가정은(欽加頂恩)'으로 부르고 중생구제의 대사업을 진행하였다. 이 연원은 노중일 조사가 도반을 운영할 때로 거슬러 올라가는데, 이 때 직급은 조사(祖師)와 영장(領長), 대표사(代表師), 단주(壇主), 판사원(辦事員), 도자(道子)등으로 나누었다. 당시에 선천노의 식급에 해당하는 십지(十地), 정항(頂航), 보은(保恩), 인은(引恩), 증은(證恩), 천은(天恩), 집사(執事), 중생(衆生) 등을 보존하기 위해 오직 '정항'을 '정은(頂恩)'으로 고쳐 부르고, 그 외에 대표사(즉 점전사)이상은 수도의 연륜이나 맡은 바 책임의 경중에 따라 천은(天恩)이상의 직급을 부여하였다. 즉 대표사와 영장 외에도 부수적으로 십지, 정은, 보은, 인은, 증은, 천은 등의 직급을 가지는 특수현상을 형성하게 되었던 것이다. 그런데 당시 노중일 조사가 도반을 담당한 시기가 오래되지 않았기 때문에 이로 인해 영장이하 십지에 해당하는 자들이 없었으며, 오직 가장 신심이 두터운 손덕박(孫德博) 및 담임(擔任)인원 그리고 노중일 조사를 대표하여 각 지방을 순회하면서 일을 보던 진홍룡(陳興龍)이 있을 뿐이었으며 이들은 정은(頂恩)이라는 직급을 가졌다. 그 외에 11명의 영장이 있었는데, 학보산(郝寶山), 장천연(張天然), 손소진(孫素眞,여성)등은 다만 보은(保恩)의 직급을 가졌다. 도단의 직급 중에서 비교적 특수한 것은 장천연 조사가 사용한 '흠가보은(欽加保恩)'인데, 이것은 노모상제께서 직접 하사하셨다는 뜻이며, 그 나머지는 조사가 수여한 '정령보은(正令保恩)'이라는 것이다. 노중일 조사가 귀공한 이후에 연로한 여동생(路中節)이 대리로 도반을 운영하면서 장천연 사존과 손소진 사모는 직위가 승급하여 '정은(頂恩)'이 되었다. 당시에 장천연 사존은 노중일 조사의 여동생이 도반을 임시로 맡은 것이라고 여겼으므로 18대 조사로 취임한 이후에 '정은(頂恩)'이라는 직급을 사용하지 않고 다만 '흠가보은(欽加保恩)'이라는 직위만을 사용했다. 장천연 사존이 귀공한 이후에 손소진 사모는 계속하여 도반을 담당하면서 곧 '흠가정은(欽加頂恩)'이라는 직위를 사용하였다.

장천연조사가 도반을 담당한 이후에 '흠가보은' '흠가정은'은 이미 도단의 직급이 전해오는 과정에서 그것과 다른 특별한 함의를 가진 것으로 변하게 되었다. 용천표 상에 적혀있는「欽加保恩張○○率引○○○保○○○」및「保你萬人無恙」에서 알 수 있듯이 장천연 조사는 중생이 입도할 때의 큰 인·보사(引保師)이며, 또한 참된 도(道眞), 참된 이치(理眞), 참된 천명(天命眞)으로 득도하여 영생을 얻을 수 있으며 수 만 가지의 행복을 누릴 수 있음을 보증한다는 것이다. 한편 '정은(頂恩)'이라는 것은 곧 정재(頂災; 재앙의 극치), 정겁(頂劫; 위협의 극치)을 뜻한다. 민국 36년(1947) 중추절에 사모는 도반을 인수하여 운영하게 되었다. 그 당시에 국공(國共)내전(內戰)이 심할 때 각 도장의 원로들은 지속적으로 극심한 위협과 탄압에 시달렸다. 민국 38년(1949)에 이르러 중국대륙이 공산당에 점령당하자 상황은 더욱 악화되었다. 그러나 손혜명 사모는 자기 신변의 위협을 생각지 않고 각 지방을 다니면서 참회반(懺悔班)을 운영하면서 겁난을 물리쳤다. 중국이 완전히 공산화된 이후에도 사모는 의연히 각지에서 도장을 안정시켰다. 대만에 건너온 이후에는 줄곧 스스로를 가두는 방식으로 뭇 겁액을 견뎌내면서 정부탄압을 무마시켰다. 이로 인하여 '흠가보은' 및 '흠가정은'은 서로 다른 두 시기에 각각 그 도장의 특색을 실제로 보여주고 있다.

9장
일관도의 역대조사

일관도의 도통(道統)은 유(儒)·불(佛)·도(道) 삼교의 도맥(道脈)과 맞닿아있으므로 그 조사는 멀리는 팔괘를 그은 복희 및 신농, 황제, 노자, 맹자 등 유도(儒道)의 옛 성현과 불교 선종(禪宗)의 육조혜능이상의 역대 조사로 거슬러 올라간다. 다만 하나의 도문에서 단체를 조직하여 실제로 종교를 창시한 것은 황덕휘 9조에서부터 시작한다. 이에 9대조사 이래로 내려온 각 조사들의 사적(事蹟)을 기술해보면 다음과 같다.

▪ 제9대 조사 황덕휘(黃德輝)

도호(道號)는 교만선사(橋灣仙師)이며 중국 강서성(江西省) 요주부(饒州府) 파양현(鄱陽縣)사람이다. 황덕휘조사는 원시천존의 화신으로서 명나라 말기에 태어났으며 어렸을 때부터 덕행과 지혜가 뛰어났다. 불성(佛性)이 깊고 도(道)를 좋아하며 마음이 절실하여 당시 전진도(全眞道)에 들어가 수도하였다. 순치(順治)연간에 강서성 노산(盧山)에서 상천(上天)이 지선(地仙)에게 위탁하는 명령을 받아 제 9대 조사가 되었으며, 정식으로 '선천도(先天道)'를 개창하였다. 조사가 되어 중생을 구제하는 초창기에 황덕휘 조사는 대승교(大乘敎)와 같은 신흥종교를 참방하여 그 교의의 정수를 취득하였으며, 이어서 강희(康熙) 6년(1667)에 『예본(禮本)』, 『원참(愿懺)』, 『뇌음경(雷唵經)』의 삼경(三經)을 제정하여 도(道)를 천명하는 경전으로 삼았다. 황덕휘 9조는 파양(鄱陽)일대를 전도하였으며 온갖 고난을 겪고 강희(康熙) 연간(年間) 중엽에 귀공(歸空)하였다.

▪ 제10대 조사 오자상(吳紫祥)

호(號)는 정림(靜林)이며, 강서성 광신부(廣信府) 귀계현(貴溪縣) 사람이다. 청나라 강희 연간 음력 7월 13일에 탄강하였다. 본래 문창제군(文昌帝君)의 화신으로서 일찍이 대승교에 귀의하였으나 후일에 선천도에 입도하여 황덕휘 9조로부터 제자 수업을 받게 되었다. 건륭 연간에 도통(道統)을 계승하고, 광신부의 귀계현, 익양현(弋陽縣), 연산현(鉛山縣) 등지와 무주부(撫州府)의 임천현(臨川縣), 요주부(饒州府)의 안인현(安仁縣) 등지에서 중생을 제도하고 전도하였다. 건륭 48년(1783)에 정부로부터 구금당하였으나 후에 석방되었다. 건륭 49년(1784) 음력 8월 18일 귀공하였다.

▪ 제11대 조사 하약(何若)

이름은 약위(若爲), 약우(若愚), 약수(若遂)라고도 하며, 자(字)는 료고(了苦)이다. 강서성 광신부 귀계현 사람이다. 건륭 연간 음력 3월 9일생이며, 구천두모(九天斗母)의 화신이다. 나이가 들어서야 학교에 입학했으며, 공무원(生員)직위에 해당하는 생원(生員; 원문은 庠生) 보

(補)를 지냈다. 이후에 공명(功名)을 버리고 도(道)를 배워서 건륭 30년대에 오자상 조사로부터 심법을 받았다. 초창기 선천도는 약(藥)은 전했으나(採取) 그 약을 어떻게 만드는지(火候)에 대해서는 전하지 않았다. 하약 조사 이후에야 비로소 약과 제조법을 같이 전하게 되었다. 하약 조사는 홍도(洪都; 南昌)일대에 전도하였으며, 건륭 54년(1789)에 정부 탄압을 받아 관아에 구속되었다가 다음해 귀주성 용리현으로 추방되었다. 그 이후에 원지례(袁志禮), 원지겸(袁志謙) 형제를 제도하고 용리현 일대에서 전도활동을 하였다. 가경5년(1800)에 귀공하였다.

■ 제12대 조사 원지겸(袁志謙)

이름을 퇴안(退安)이라고도 하며, 호는 무기(無欺), 혹은 무전(無顚)이다. 집안의 형제 중에 열 번째에 해당하였으므로 원십공(袁十公)으로 불리어지기도 했다. 귀주성 용리현 사람으로서 건륭 25년(1760) 음력 5월 13일에 탄강하였다. 원시천존의 화신으로서 생원의 직위에 있을 때 불교에 귀의하였으며, 가경 5년(1800)에 선천도의 도통을 계승하였다. 가경 15년(1810)에 귀주성(黔)에서 운남성(滇)으로 들어갔고, 도광 2년(1822)에 다시 운남성에서 사천성(川)으로 들어갔으며, 도광 3년에 성도(成都)에서 서건당(西乾堂)을 건립하였다. 원지겸 조사가 처음 사천성으로 들어갔을 때 자금이 바닥났으므로 낮에는 사람들에게 점을 쳐주면서 생계를 유지하고 밤에는 연극무대 뒤편에서 휴식을 취하였다. 고달픈 마음과 굳건한 의지로써 고구마로만 끼니 때우기를 3개월 동안 지속하다가 그 후에 서길남(徐吉南)과 양수일(楊守一)을 제도하였다. 도광 6년(1826)에 도반을 이 두 사람이 맡도록 전수하고 도광 14년(1834) 음력 12월 15일에 귀공하였다. 저서로는 『만년귀종(萬年歸宗)』, 『금불환(金不換)』, 『무기노조전서(無欺老祖全書)』 등이 있다.

■ 제13대 조사 서길남(徐吉南)

호는 환무(還無)이다. 사천성 성도부 신번현(新繁縣) 사람이다. 미륵고불(彌勒古佛)의 화신으로서 건륭연간 음력 8월 7일에 탄강하였다. 조상 대대로 공덕이 깊었으며, 선행과 효심이 모두 뛰어났다. 어려서부터 불성(佛性)이 남달랐으며, 도광 3년(1823)에 원지겸 조사에게서 지명을 받았다. 도광 6년(1826) 음력 1월 27일에 양수일과 함께 13대 조사가 되어 같이 도반을 운영할 것을 명령받고 도장 내부를 관리하며, 서촉(西蜀)에 전도하고 계속해서 섬서성(陝西省)에서도 제도하였다. 도광 8년(1826) 음력 8월 29일에 임무를 다하고 귀공하였다.

■ 제13대 조사 양수일(楊守一)

이름을 경수(敬修)라고도 하며, 호는 환허(還虛)이다. 사천성 성도부 신도현(新都縣) 사람이다. 가경 연간 음력 7월 23일에 탄강하였으며, 관세음보살의 화신이다. 양수일 조사의 집안은 선근(善根)이 깊고 후덕하며 가정이 부유하여 여러 곳에 농지를 소유하였다. 어려서부터 시와 책읽기를 좋아했고, 학교에 입학해서는 감생(監生) 자격을 얻었으며, 관리로서는 '직원(職員)'의 직위를 가졌다. 도광 2년(1822)에 직접 원지겸 조사로부터 심법을 전해 받고 열심히 수행에 정진한 결과 도광 6년(1826) 음력 1월 27일에 이르러 서길남과 함께 명을 받아 13대 조사가 되었으며, 주로 도장의 외부적인 활동을 담당하였다. 성도(成都)지역과 신도(新都)일대에 불당을 설치하고 사람들을 제도하였으며, 또 가양(嘉陽) 일대를 개척하였다. 도광 7년(1827)에 화양(華陽) 지역에서 중생을 제도하다가 관아에 구금되었으며, 변방지역 군부대로 끌려갔으나 공적을 세워 곧 석방되었다. 그 후에 다시 정부탄압이 발생하자 많은 도친과 집안사람을 구하기 위하여 중경(重慶)으로부터 성도(成都)로 돌아와 정부에 건의안을 올렸으며, 도광 8년(1828) 음력 4월 29일에 순교했다.

▪ 화정(火精)조사 진문해(陳汶海)

이름을 옥현(玉賢)이라고도 하며, 도호는 의정(依精) 혹은 화정(火精)이다. 사천성 성도부 신도현(新都縣) 사람이다. 가경 연간 음력 2월 27일에 탄강하였으며, 선천오로(先天五老) 가운데 적정고불(赤精古佛)의 화신이다. 도광 23년(1843)에 오행의 화부(火部)에 해당하는 일을 담당하였으며, 널리 중생을 제도하면서 허다한 겁액을 겪었으나 고행을 마다하지 않고 참고 견디며 강한 책임감을 보였다. 도광 25년(1845) 을사년에 호북(湖北)지방에서 정부탄압을 받아 구금되었으며, 음력 9월 8일에 순교하였다.

▪ 목성(木成)조사 안첨작(安添爵)

도호는 의성(依成)이고, 호남성 상담현(湘潭縣) 사람이다. 가경 연간에 탄강하였으며, 선천오로 가운데 목공고불(木公古佛)의 화신이다. 도광 23년(1843)에 오행의 목부(木部)영역을 담당했으며, 원지겸 조사 귀공 후에 진옥현(陳玉賢) 조사를 보필하여 중생 제도를 수행했다. 자기 이익을 버리고 명예를 구하지 않으며 생사를 두려워하지 않았다. 도광 25년(1845) 음력 3월 15일에 정부탄압을 받아 구금되었으며, 음력 11월 2일에 순교하였다.

▪ 토도(土道)조사 송조진(宋潮眞)

도호는 의도(依道)이며, 호남성 장사부(長沙府) 영향현(寧鄕縣) 사람이다. 가경 연간에 탄강하였으며, 선천오로 가운데 황노고불(黃老古佛)의 화신이다. 도광 23년(1843)에 오행의 토부(土部)일을 담당할 것을 명받았으며, 원지겸 조사 귀공 후에 진옥현 조사를 도와 도반을 운영하였다. 가정을 돌보지 않고 재산을 기부하였으며, 노고를 마다하지 않았고, 각종 규정을 제정하였으며 부단한 노력을 하였다. 도광 25년(1845) 음력 3월 15일에 정부탄압을 받아 구금되어 음력 11월 2일에 순교하였다.

▪ 수법(水法)조사 팽덕원(彭德源)

자(字)는 초범(超凡)이며 도호는 의법(依法) 혹은 호연(浩然), 창주자(滄州子), 유동노인(儒童老人), 소일노인(素一老人), 수일노인(水一老人), 광야노인(廣野老人)으로 불리어졌다. 호북성 면양주(沔陽州) 사람이다. 가경 19년 음력 12월 8일에 탄강하였으며, 선천오로 가운데 수정고불(水精古佛)의 화신이다. 원지겸 12대 조사 시기에 취임하였다.

도광 23년(1843)에 원지겸 조사의 계시 명령에 따라 수행(水行)으로 승급되었다. 위기에 처한 시기에 명령을 받들었으며, 그 후에 화행(火行) 진옥현(陳玉賢)의 뒤를 이어서 선천도 도장을 재건하고, 불규(佛規)를 엄격히 세웠다. 저서로는 『파미종지(破迷宗旨)』, 『파미종지편(破迷宗旨篇)』, 『팔자각원(八字覺源)』, 『역년서첩(歷年書帖)』, 「육자최문(六字催文)」, 「삼원조규(三元條規)」, 「사대조규(四大條規)」, 「십육조규(十六條規)」, 「천은조규(天恩調規)」, 「증은조규(證恩調規)」, 「불당집사조규(佛堂執事調規)」, 「십육년사장(十六年詞章)」, 「공과격(功過格)」, 『경축표문(慶祝表文)』, 『과의잡표(科儀雜表)』, 『종고표문(鐘鼓表文)』 등이 있어서 널리 세상에 전함으로써 교세를 크게 떨쳤다. 함풍 8년(1858) 음력 12월 1일에 귀공하였다.

▪ 금비(金秘)조사 임방화(林芳華)

이름을 축관(祝官)이라고도 하며, 도호는 의비(依秘) 혹은 전원(全元), 옥산(玉山), 곤포(崑圃)이다. 일각에서는 그 본래의 성이 린(藺)씨라고도 하는데, 정부탄압을 피하기 위해 임(林)씨로 고쳤다는 말이 있다. 사천성 서주부(敍州府) 융창현(隆昌縣) 사람인데 그 조상의 원적은 강서성 감주부(贛州府) 용남현(龍南縣)이다. 가경 9년(1804) 음력 6월 25일에 탄강하였는데, 선천오로 가운데 금모(金母)의 화신이다. 원지겸 12대 조사 시기에 금행을 맡았다. 함풍 8년(1858)에 수법조사가 귀공하자 도반을 계승하였으며, 도장 내부를 관리하고 인재를 선발하여 능력에 맞게 임명하였다. 정당한 도리에 따라 재물을 관리하며 외국으로 개황(開荒)함으로써 중생제도와 결집을 사명으로 여겼다.

저서에는 『태화당서첩(太和堂書帖)』(이 책은 「역년서첩(歷年書帖)」, 「조현가음(調賢佳音)」, 「성인조도월조(惺人助道月調)」, 「금석잠촉(金石箴囑)」, 「옥산강론(玉山講論)」등을 포함한다), 『과의잡속표(科儀雜續表)』 등이 있으며, 「천은팔칙(天恩八則)」 및 「끽긴명잠(喫緊銘箴)」을 공포하여 도를 천명하는 표준으로 삼았다. 동치(同治) 12년(1873) 음력 4월 10일에 한구(漢口) 지방에서 세상을 떠났으며, 돌아가 융창(隆昌)에서 장사지냈다.

▪ 제14대 조사 요학천(姚鶴天)

호는 명지(明池)이며, 산서성 태원부(太原府) 사람이다. 요지금모(瑤池金母)의 화신으로서 곧 서건당(西乾堂)의 제자이다. 그 집안이 본래 선행이 깊고 수행을 하여 7대 조상 때부터 재계(齋戒)를 하고 선(善)을 즐기고 보시하기를 좋아했다. 서길남, 양수일 13대 조사 귀공 후에 요학천 조사는 동치 연간에 조사 지위를 계승하였다. 조사가 되고 난 이후에 총 네 지역을 개황 전도하였다. 동치 13년(1874)에 귀공하였다.

▪ 제15대 조사 왕희맹(王希孟)

자(字)는 학맹(學孟), 양호(養浩)이며, 도호는 각일(覺一) 또는 북해노인(北海老人)이다. 산동성(山東省) 청주부(青州府) 익도현(益都縣) 안정향(安定鄉) 사람이다. 도광 12년(1832)에 탄강했으며, 수정자(水精子)의 화신이다. 천성이 총명하고 지혜로웠으나 가계가 곤란하여 학비를 충당할 수 없었으므로 이 때문에 스스로 힘들여 독학하였다.

평생 도(道)를 좋아하고 손에서 책을 놓지 않으며 삼교(三教)의 심오한 뜻을 깊이 음미하였다. 12세시에는 다른 사람의 양을 기르는 일을 하면서 「탄오경(嘆五更)」이라는 절묘한 시를 지어 세상에 전하였다. 27세시에 운남성 이동현(洱東縣)의 유만춘(劉萬春)의 인도하에 요학천 조사를 스승으로 삼았다. 도문에 들어온 이후에 다시 청주로 다시 돌아와 스스로 수행에 정진했으며 도를 알리고 중생을 제도하며 아울러 한 방면의 지도자가 되었다. 광서 3년(1877)에 이르러 무생노모 상제께서 동진당(東震堂)에 강림하여 왕희맹으로 하여금 15대 조사가 되게 하고 계속하여 중생제도와 결집을 담당하게 하였다. 왕희맹 조사가 도반을 담당한 기간 동안 온 정성을 다하고 끊임없이 도를 위해 분주하게 노력한 결과 그 족적(足跡)이 화북(華北) 및 장강(長江) 유역 십여 성에 두루 미치게 되고 이로 인해 입도한 사람이 무수하게 많았다. 그 도는 '삼극일관(三極一貫)'을 강령으로 삼고 특별히 '말후일착(末後一著)'의 심법전수를 중시하였는데, 이는 곧 "이 사람, 이때가 아니면 전수를 허락하지 않는다"는 것을 말한다. 또 말하기를 "최후의 대도는 삼교를 회통하여 하나로 돌아간다, 만법을 합하되 둘이 아니다, 이 도를 얻는 자는 신선이 될 것이요, 이 도를 보는 자는 부처가 될 것이며, 이 도를 닦는 자는 성인이 될 것이다."라고 하였다.[26] 그러므로 당시에 세상에서는 이 도문을 '말후일착교(末後一著教)'라고 불렀다.

왕희맹 조사가 초창기 전도활동을 할 때 비교적 순탄하게 발전하

26 『조사사십팔훈(祖師四十八訓)』, 제12조, "末後大道, 會三教而歸一, 合萬法而不二, 得者成仙, 見者成佛, 修者成聖"

였으며, 당시의 종교계에서도 명망을 얻었다. 특히 광서 7년(1881) 북경 도교 삼청궁(三清宮)에서 큰 종을 제작할 때 재상 이홍장(李鴻章)으로부터 총애를 얻었으므로 당시에 이름이 널리 알려졌다. 그 당시에 일찍이 수많은 문무 관료들을 제도함으로써 많은 사람들이 입도하였다. 하지만 당시 생각지 못하게 그 사이 어떤 사람이 왕희맹 조사의 이름을 빌려서 청나라 정부에 항쟁하였는데,[27] 이 때문에 사건에 연루되어 광서 9년(1883) 반청인사가 무진(武進)지역에서 의병을 일으킬 때 해를 입었으며, 같은 해 강소성(江蘇省) 해주(海州) 및 호북성 무한(武漢) 지역의 전도활동 또한 반청활동 하는 것으로 무고를 받아 출동한 군대에 포위당하면서 맏아들 왕계태(王繼汰)가 이 때 순교하였다.[28] 왕희맹 조사는 관군을 피해 달아나서 천진(天津), 양유(楊柳),

27 路遙 著, 『산동민간비밀교문(山東民間秘密教門)』, 北京, 當代中國出版社, 2000, 385쪽 참조.

28 청나라 정부문서에 실려 있는 내용을 참고해보면, 왕각일 조사 사람들이 해주(海州), 무한(武漢) 등지에 이르러 전도한 것은 겨우 한 두 차례이고 또 머무른 시간 또한 극히 짧았는데 어찌 그런 짧은 시간의 접촉이 사람들로 하여금 청나라에 반항하는 것으로 비쳐질 수 있으며, 하물며 또 조정에 반항하는 것이 당시에 죽을 죄가 되는가. 또한 청나라 조정은 수차례에 걸쳐서 왕각일 조사의 행동을 취조하였으나 어떤 무기도 발견되지 않았으며, 또한 그 지역에서 접촉한 사람들 중에 호응한 사람도 없었다고 하니 이미 증명할 사람도 물증도 없다고 말할 수 있다. 그러므로 당시에 반청 죄명은 모함을 받은 것임을 알 수 있다. 또한 『중국민간종교사(中國民間宗教史)』 및 『중국회도문(中國會道門)』에서 인용한 청나라 조정 문서에 이르기를, 왕각일 조사의 경진서첩(庚辰書帖)에는 다음과 같은 문장이 실려 있다고 한다. 즉 "손에 일월(日月)의 문양이 그려진 사람을 만나면 큰일을 이룰 수 있다."고 하고, "금계(金雞)가 세 번 울며 새벽을 깨울 때를 홀로 기다려 40마리의 용(龍)이 중원(中原)에 들어간다."고 한 것은 반청의 정치적 기도가 있다고 하였다. 그 전에 잠깐 『역년역리(歷年易理)』를 살펴보면 경진서첩 원문에는 다음과 같이 되어있다. "황칙(皇勅)이 없이 옥황상제가 선택하면 도통(道統)의 명은 스스로 계승함이 마땅하다. 이후에 어떤 사람이 있어 손에 쓰인 명암(明暗)의 글자가 반드시 같을 것이다. 이는 부처의 인(印)이며 일월의 표시이니 명백히 옥황상제와 부합되어 이루어진 것이다. 내가 먼저 들어가고 그가 뒤에 들어오니 스승과 제자가

청진(靑鎭) 등지에 머물렀으며, 광서 10년(1884)에 거짓으로 사망한 것으로 위장함으로써 정부탄압을 그치게 하였다. 또한 도맥을 연속하기 위해 광서 12년(1886)에 도반을 유청허(劉淸虛)에게 맡겨 운영하게 하였다. 그 후에 왕 조사는 부인 왕이씨(王李氏)와 차남 왕제화(王際和)와 함께 섬서성 삼원리(三原里)에 은거하면서 굉선당(宏善堂)을 설립하고 '동진수원문(東震收圓門)'을 개창하였다. 이 때 섬서성, 감숙성, 사천성 등지에서 암암리에 어진 사람들을 제도하였으며, 중화민국 초년에 이르러서야 귀공하였다.

왕희맹 조사는 평생 수행과 전도활동을 하는 것 외에도 저술에 힘

모두 한 집안에 있다. 그 시절 도가 밝을 때 하늘이 건곤을 합하는 것이 번갯불처럼 밝으리라." 이 뜻은 노모 상제께서 왕각일 조사에게 명하여 도통을 계승하는 조사가 되게 하였으며, 아울러 미래에 그 제자 가운데 '해'와 '달'로써 표징이 되는 사람으로 하여금 백양기(白陽期) 조사를 맡게 해서 도통을 계승하고, 그때에 이르러 대도가 비로소 크게 발전할 것을 예언한 것이다. 이 예언에서 가리키고 있는 조사는 곧 만국(萬國)구주(九州)를 개황하는 사존과 사모이며, 두 스승은 모두 화정자(火精子; 日) 및 수정자(水精子; 月) 계열의 화신이다. 포리(埔里)지역에 있는 일관도 도장 천원불원(天元佛院)에서는 일광보탑(日光寶塔) 및 월광보탑(月光寶塔)을 세워 사존 사모를 기념하고 있으며, 대향산(大香山) 자음암(慈音巖)과 같은 일관도 도장에서는 사존 사모의 본존상에 해당하는 제공활불(濟公活佛)과 월혜보살(月慧菩薩)의 손에 각각 일월을 상징하는 둥근 구슬을 잡고 있는 것을 보아도 증명할 수 있다. 서첩에서 말한 바는 미래에 세계 중생을 구제하는 일을 가리킨 것이요 결코 반청의 일을 말한 것이 아니다. 그 다음 뒤의 원문은 신사서첩(辛巳書帖; 광서 7년)에 기재되어 있는바, 원문기록은 다음과 같다. "다만 금계(金雞)가 새벽에 세 번 울기를 기다려 48조(祖)가 중원에 들어가니 각각의 사람이 능력을 지니고 각자 나타난다. 물고기 눈이 어찌 능히 밝은 구슬을 어지럽힐 수 있겠는가" 이 구절에서 보면 분명히 상소문 가운데 '조(祖)'자를 '용(龍)'자로 바꾸어 왕각일 조사를 모함했음을 알 수 있다. 이 예언에서 말하는 금계(金雞)삼창(三唱)은 노중일 조사(미륵조사)가 세 번째로 널리 중생을 제도할 때 허다한 사람들이 조사를 가장하여 출현하고 그 사람들은 모두 각기 신통력을 보이며 수도인들을 미혹하게 하는데 마치 물고기 눈처럼 혼탁한 구슬의 현상을 만들게 된다는 것이다. 이것은 결코 상소문 및 그 두 책에서 말한바 "각각의 영웅이 중원에 있어 반역하는 일을 일으킨다"는 뜻이 아니다.

을 기울였다. 그 저서에는 『이수합해(理數合解)』, 『담진록(談眞錄)』, 『조사사십팔훈(祖師四十八訓)』, 『삼교원통(三教圓通)』 및 『역년역리(歷年易理)』 등이 세상에 전한다.

■ 제16대 조사 유세창(劉世昌)

자(字)는 화보(化普)이며, 도호는 청허(淸虛)이다. 산동성 청주부(青州府) 익도현(益都縣) 사람이다. 구천두모(九天斗母)의 화신으로서 도광 연간에 탄강하였다. 그 부친은 일찍이 조정에서 관료를 지냈으며, 가정환경이 부유하여 큰 저택 및 많은 토지 그리고 농가집 및 소작농들이 있다. 젊은 시절에 일찍이 왕각일 조사를 따라서 전도사업을 하였으며, 왕각일 조사가 은둔한 이후에 광서 12년(1886)부터 도반 운영을 담당하였다. 아울러 '선천도'라는 도문의 이름을 개칭하여 '일관도'라고 부르게 되었다. 청나라 광서 초기에 도장에 대한 정부 탄압이 빈번하였으므로 유세창 조사가 도반을 담당한 초기에 여러 번 은도(隱道)상태에 처하기도 하였다. 익도현 성내(城內)에 불당을 설치하면서 아울러 찻집을 경영하기도 하였는데, 이때 암암리에 어진 선비들을 제도하였고 수년이 지난 후에 도무(道務)가 점점 발전하였다. 유세창 조사는 중화민국 8년(1919)에 귀공하였으며, 그 주요한 도장들은 산동성, 하북성, 하남성 일대에 분포하였다.

■ 제17대 조사 노중일(路中一)

호는 통리자(通理子)이며, 산동성 제녕(濟寧) 동향(東鄉) 오리(五里) 영장(營莊) 사람이다. 미륵고불(彌勒古佛)의 화신으로서 함풍 3년

(1853) 음력 4월 24일에 탄강하였다. 어려서 사숙(私塾)에 들어가 공부하면서 서예에 능하였는데 특히 전서(篆書) 글씨를 아주 잘 썼으며, 장년이 되어서는 농사에 종사하였다. 광서 6년(1880)에 천진(天津)의 작은 부대에 입대하여 처음에는 기마병이 되었는데 그 후에 시험을 쳐서 선발되는 직책에 충원되었다. 광서 21년(1895)에 꿈에 노모상제의 계시를 받아 곧 군직을 사임하고 청주에 있는 유청허 조사를 찾아가서 스승으로 모셨다. 노중일은 유청허 조사의 불당 및 찻집에서 도를 익히면서 여러 가지 잡무를 도맡았다. 광서 26년(1900)에 명을 받아서 대표사가 되었으며 청주 일대에서 중생들을 제도하였다. 선통(宣統) 원년(1909)에는 하남성 공현(鞏縣) 지방에 들어가서 전도활동을 벌였다. 중화민국 7년(1918)에 다시 제녕(濟寧)으로 돌아와 친지들을 찾아갔으며, 이때 그 여동생 노중절(路中節)과 그 아들 진흥룡(陳興龍; 陳化清) 및 친구들을 입도시켰다. 중화민국 8년(1919)에 유세창 조사가 귀공하면서 17대 조사를 계승하여 맡았다. 중화민국 14년(1925) 음력 2월 2일에 이르러 노중일 조사가 귀공할 때 일관도는 이미 산동성, 하남성, 산서성, 섬서성의 네 성에 전해졌으며, 도친 숫자는 약 1만 여명이었다. 그 문하에 13명의 대영수(領長)가 있었으니 진흥룡(陳興龍), 손덕박(孫德博), 호유행(胡維杏; 胡桂金 道長의 父), 정진창(鄭振昌), 학보산(郝寶山), 우위림(于爲林), 왕승빈(王承斌), 고방진(高方震), 장광벽(張光璧), 손소진(孫素眞;女), 양조공(梁兆功), 주보월(朱步月), 저경복(褚敬福) 등이 있다.

■ 제18대 조사 장규생(張奎生)

자(字)는 광벽(光璧)이며 도호는 천연(天然) 혹은 천연자(天然子)라고 한다. 산동성 제녕현(濟寧縣) 성외남향(城外南鄕) 대류점촌(大流店村) 사람이다. 제공활불(濟公活佛)의 화신으로서 광서 15년(1889) 음력 7월 19일 탄강하였다. 사존(師尊)은 태어나면서부터 관상이 남달랐으며 천성이 총명하고 성품이 후덕하였다. 그 집안은 대대로 선행을 해 오고 글공부를 많이 하였다. 부친은 영청공(永清公; 호는 玉璽 즉 太師公)이며, 모친은 교태부인(喬太夫人; 太師母), 부인은 유솔진(劉率眞; 劉師母), 누이동생은 금화(金花; 師姑), 은화(銀花), 옥화(玉花)이고, 딸은 단진(端珍 혹은 茂金; 師姊), 아들은 영예(英譽, 혹은 茂明, 孝騫; 師兄)이다. 장규생 조사는 이른 시기에 학업을 마치고 중화민국 2년(1913)에 일찍이 상해 북양(北洋)의 군마(軍馬)부대에서 군직을 맡았다. 중화민국 4년(1915)에 부친의 병환이 위독해지자 군직을 사퇴하고 모친을 따라 가정을 돌보았으며 그 후에 다시 가업을 계승하여 제남 광명덕(光明德)에서 잡화점을 경영하였다.

중화민국 5년(1916) 28세시에 저사서(褚思恕 즉 褚善) 선생(산동 사람)의 인도로 제녕 안거진(安居鎭)에 있는 저씨(褚氏) 불당에서 노중일 조사의 지점(指點) 하에 입도하였다. 장규생 조사는 입도 후에 분발하여 경건한 마음으로 수도하였으며, 부친의 초발(超拔)을 위하여 수년간 64명의 중생을 제도하여 그 효심에 감동된바 마침내 상천(上天)의 은혜로운 인정을 받고 또한 노중일 조사로부터도 신임을 얻게 되었다. 중화민국 9년(1920)에 천명을 받들어 대표사가 되었으며, 그 후에 다시 승급하여 영장(領長)이 되었는데 노중일 조사 초기의 8

대 영수(領袖) 가운데 한사람으로서 산동성 서남부 지역의 단현(單縣), 조현(曹縣), 운성(鄆城), 등현(滕縣) 일대를 전도했다. 중화민국 19년(1930) 음력 6월 15일에 천명을 받들어 18대 조사가 되었으며, 제일 먼저 제남을 개척하고, 다음으로 천진, 청도, 북평(北平) 등지를 제도하였다. 화북(華北)지역에서 시작하여 이어서 화동(華東), 화중(華中), 동북(東北), 서북(西北), 화남(華南), 서남(西南) 등지로 널리 도단을 설치하였으며 많은 중생을 제도하였다. 상천(上天)의 자비를 얻고 수많은 선불(仙佛)의 도움 하에 중화민국 34년(1945) 항일전쟁에 승리하였을 당시 이미 대도는 중국 전역에 두루 전해졌다.

장규생 조사가 수많은 중생을 제도할 때 잠시도 쉬지 않고 전도하면서 강남 강북 전역을 두루 다니며 아주 활발하게 활동하였으며, 생사를 넘나드는 수많은 곤란을 겪었다. 더욱이 중화민국 25년(1936)에는 정부탄압을 받으면서 최장 근 1년 동안이나 구금당하기도 했다. 오직 활불(活佛)이 세상을 구제하겠다는 마음 하나로써 어떤 두려운 마음도 없이 불굴의 의지로 각종 곤경을 헤쳐 나갔으며, 이로써 널리 중생을 제도하여 고난을 뚫고 피안으로 가는 것을 직무로 삼았다. 중화민국 35년(1946)에 다시 정부 탄압이 생기자 사모와 함께 사천성으로 들어가 성도(成都) 지역에서 종풍(宗風)을 크게 일으키며 중생을 제도하였다. 중화민국 36년(1947) 중추절에 이르러 모든 공덕이 원만하여 회천(回天)하라는 명을 받드니 향년 59세였다. 노모상제께서는 칙령을 내려 장 조사를 천연고불(天然古佛)에 봉하였다.

■ 第18代 조사 손소진(孫素眞)

자(字)는 명선(明善)이고 도호는 혜명(慧明)이다. 산동성 단현(單縣) 사람이다. 월혜보살(月慧菩薩)의 화신으로서 광서 21년(1895) 음력 8월 28일에 태어났다. 어려서부터 총명하고 어질고 선량하여 선불(仙佛)을 좋아했으며, 아울러 가정의 교육을 잘 받아서 단아하고 정숙하였다. 중화민국 7년(1918)에 노중일 조사를 만나서 대도를 전수받고 곧 그 문하에 들어갔으며, 저(褚)대표사의 인도로 지점(指點)받고 입도하였다. 자비심과 원력이 넓고 깊으며, 게으름 없이 오직 수도에 정진하여 일찍이 노중일 조사의 문서자료를 관리하는 일을 담당하였다. 일을 처리함에 있어 항상 경건하고 신중하였으며 조리가 정연하여 노중일 조사 및 그 여동생으로부터 깊은 신뢰와 칭찬을 받았다. 더욱이 그 자비심이 넓어서 단현 지역 일대의 중생을 무수히 제도하였으며, 곧 명을 받들어 대표사가 되고 이후에 다시 승격하여 영장(領長)이 되어 노중일 조사의 13대 영수 중의 한사람이 되었다.

중화민국 19년(1930) 장천연 조사가 도반을 계승하여 운영할 때 천명을 받들어 천도(天道)로써 사모(師母)신분으로 사존(師尊)을 보좌하여 삼조보도(三曹普渡)를 수행하였다. 10여 년간 중생제도를 위하여 고난을 마다않고 남북으로 다니며 인욕(忍辱)의 세월로 온갖 재난을 겪었다. 중화민국 36년(1947) 중추절 장천연 조사가 귀공하자 천명을 받들어 도반을 운영하게 되었다. 이 당시에 정국이 문란하여 내전이 발생하고 정부로부터의 탄압이 심해지자 도반이 불안정해졌다. 손혜명 조사는 이 모든 겁난을 소멸하기 위해 도장을 거듭 정리하고, 중화민국 37년 2월에 성도지역과 중경지역을 필두로 전국 대도시에서 참회반을 거행하기 시작했다. 중화민국 38년(1949) 음력 3월에 홍콩에 도착하여 참회반을 개설하였는데, 당시에 공산당 부대가 곧 강을 건너 남하하였으나 도리어 험난한 위기를 피하지 않고 다시 대륙으로 돌아가 여러 제자들과 더불어 생사를 같이하고자 하였다. 아울러 상해로부터 시작하여 중경, 성도 등지의 지역으로 깊이 들어갔다. 중국 대륙이 공산화 된 이후에도 오히려 각지로 돌아다니면서 암암리에 각 지방의 영도를 만나고 직접 활발하게 응대하면서 당시의 시국에 맞추어 도장을 안정시켰다. 중화민국 40년 정월달에 상해를 출발하여 광주와 마카오를 거쳐 홍콩에 이르렀다. 중화민국 40년(1951)에는 말레이시아에 이르러 전도를 하고 동남아시아 중생을 제도하였다. 하지만 당시에 외국의 물이나 토질이 적합지 않아서 중화민국 41년(1952)에 다시 홍콩으로 돌아왔다. 중화민국 43년(1954) 8월에 대만으로 이주하여 타이중(台中) 시내에 머물면서 스스로를 수감하고 극한의 고난을 겪었으며, 각 지방의 영도들에게 수도의 방향을 지시함으로써 도장들이 반석과 같이 견고해지도록 하였다.

사모가 대만에 머무는 기간 동안 정부의 지속적인 탄압소식을 듣게 되었는데, 수많은 도친들과 도장이 수난과 박해를 겪는 것을 차마 보지 못하여 곧 극한의 고행을 받을 것을 발원하며 종신토록 문밖으로 나가지 않고 자신의 몸을 가두어 대중의 죄를 대속하게 되자 정부의 탄압이 점점 줄어들게 되었으며 이로 인하여 각종의 병고(病苦)를 겪게 되었다. 중화민국 52년(1963)에 정부의 대 탄압이 다시 발생하자 도장이 아주 위험한 상황에 처하게 되었는데, 곧 만 번의 절을 올리면서 노모상제의 대자비와 겁난소멸을 구하고 스스로 겁난을 대속하여 받을 것을 서원하였으니 이것은 보살이 중생을 고통과 재난에서 구하고자 하는 자비의 마음을 발휘하였던 것이다. 이로부터 정부탄압이 점차 줄어들게 되었다. 하지만 중화민국 50년대 후기에 이르러 각 지방의 도장이 점점 소생하고 크게 발전할 때쯤에 사모 스스로는 허다한 병고와 극한의 겁난에 시달려 몸이 점점 더 안 좋아졌으며, 마침내 중화민국 64년(1975) 음력 2월 23일에 비바람이 몰아치는 가운데 모든 공덕을 원만하게 이루었으니 회천(回天)하라는 교지를 받들게 되었다. 이어서 노모상제께서는 손혜명 조사를 중화성모(中華聖母)로 임명하였다.

10장

일관도의 교화기능 및 공익자선사업

천도(天道)는 자비로써 세상을 구제하는 것을 본령으로 삼고 있으므로, 중생의 생로병사(生老病死) 사대(四大) 고난을 해결하는 길을 모색하고 중생들의 이익과 즐거움을 위하여 사회에 봉사하는 것은 천도를 수행하는 제자들이 마땅히 해야 할 일이다. 장천연 사존의 가르침에 따르면 "수도하는 과정에는 본래 뭇 사람을 제도하고 법을 설하며 타지에서 개척하고 불당을 세우는 여러 일들이 있다. 하지만 또한 사회가 처한 고난에 대하여 세상을 맑게 하고 사람을 구제하는 실질적인 관심과 활동을 망각해서는 안된다"라고 하였으므로 교육사업, 교화사업, 공익자선사업과 같은 세상에 대한 넓은 관심이 도장의 주요한 업무가 된다. 이에 분야별로 나누어 살펴보면 다음과 같다.

1. 교육사업

교육은 인재를 기르는 백년대계(百年大計)이다. 중화민국 20-30년대에 전국 각 대도시에 해당하는 천진(天津), 북경(北京), 제남(濟南), 무진(武進), 상해(上海), 남경(南京), 서안(西安), 중경(重慶), 성도(成都) 등지에서 십 여 군데의 의무 소학교를 세워서 교육사업을 추진하였는데, 제남의 충서(忠恕)소학, 항주(杭州)의 중화(中和)소학, 천진의 충서소학, 천연(天然)소학, 상주(常州)의 문창(文昌)소학, 상해의 충서(忠恕), 덕민(德民), 덕신(德新), 덕창(德彰)의 사(四)소학, 남경의 육민(育民)소학, 서안의 배영(培英)소학, 성도의 충서소학, 영명(英明)소학 등이 그것이다.

미얀마의 도기단(道基壇)은 민국 50년대(1960년대)에 꾸이가이(貴概)와 쟈오마이(皎脈)지역에 각각 초등학교와 중학교가 연계된 숭화(崇華)학교를 설립하였다. 그리고 천덕단(闡德壇)에서는 다시 라시오(臘戍; Lashio)지역에서 규모가 아주 큰 명덕(明德)학교를 세우고, 아울러 미얀마 국경지역에 있는 만달레이(曼德勒; Mandalay) 같은 각 대도시 등지에 열네 군데의 분교를 설립하였는데 학생수가 7천여 명에 이르러 전 미얀마 지역 중국인 학교 학생수의 9분의 1을 점유하였다. 대만의 보광원덕(寶光元德) 도장의 빤챠오(板橋) 천원보궁(天元寶宮)에서는 민국 87년(1998)에 시작, 타이베이 현(縣)정부 교육국과 합작하여 해당 도장 내에 노인대학(松年大學) 및 여성학교 분교를 설립하여 지역 노인 및 부녀자들에게 재교육의 기회를 제공하였는데, 이 때 참가한 노인 및 부녀자들은 각각 270여 명과 170여 명에 이르렀다. 또 발일숭덕(發一崇德) 계열 도장의 숭덕문교기금회 도장에서는 다시 민국 88년(1999)에 타이베이 시정부 교육국 평가에 선정되어 타이베이시 쓰린(士林) 지역대학을 유치함으로써 평생학습을 주도하게 되었다. 또 대만의 각 조선(組線)에서는 민국 70년대(1980년대)에 시작, 전도 및 중화문화 선양을 위하여 세계 각지에 널리 중국어학교를 설립함으로써 각국의 화교 자제들을 가르쳤다. 비교적 규모가 큰 곳으로 미국 샌프란시스코의 선천도원(先天道院) 중국어학교(1987-1998)같은 곳은 학생 수가 가장 많을 때에 300명 정도였으며, 호주 시드니의 천품불당(天品佛堂)에서 세운 건덕(建德) 중국어학교에는 150여명의 학생이 있었다. 미국 로스앤젤레스에 있는 전진도원(全眞道院)에서는 자은(慈恩) 중국어학교를 세워 학생이 50명 정도 되었으며, 브라질 상파울로에 있는 전진도원 및 필리핀 세부 지역의 선천성도원(先天聖道院)에서는 모두 중국어 학교를 세워 운영하였다. 그리고 대만 지역의 일관도 도친들은 1백여 군데에 걸쳐 유치원을 설립하였다. 이러한 일들은 모두 고유문화를 보존하고 인재를 기르며 각 지방 문화 및 중국인 자제들 교육을 촉진하는 것인데 다 같이 아주 큰 성과를 거두고 있다.

2. 교화활동

교화(敎化)란 스스로 깨달은 속에서 마음의 정화를 얻고, 타인을 깨닫게 하는 속에서 세상 인심을 바르게 이끌어감으로써 윤리도덕을 거듭 바르게 하며, 사회풍습을 개선하고 삶의 질을 올리는 것이니 그 주요한 취지는 널리 중생을 교화하여 어질고 성스러운 세상에 살게 하는데 있다. 각 도장의 중요한 교화활동에는 다음과 같은 것들이 있다.

① 대도의 진리를 드러내어 중생을 널리 제도하는 일 - 이는 성리심법(性理心法)을 전수하여 성스러운 말씀과 진리로써 중생을 널리 교화하여 윤택하게 하며, 그 지혜를 열어주어서 마음의 고난을 해결하게 하고, 나아가서 중생들로 하여금 성현(聖賢) 선불(仙佛)의 본심을 터득하여 몸과 마음으로 수도함으로써 피안에 오르게 하는 것이다.

② 교학 및 예능 연수반 운영 - 각 공공불당 및 도장 내에서는 일관도의 교의나, 사서(四書), 노장(老莊), 선학(禪學), 성경(聖經) 등과 같은 오교(五教)경전을 강의하고 있으며, 아울러 중국 전통 침뜸술, 태극권, 내외(內外) 단공(丹功) 및 서예, 도가(道歌), 회화(繪畵), 연극, 꽃꽂이, 요리 등을 강습하여 전통문화를 널리 확산하고 도학의 기초를 깊이 심으며 일관도를 운영하는 인재를 양성한다. 최근 몇 년 사이에 인재양성을 강화하기 위하여 이전의 5년제 연수반을 확대 개편하여 학교 및 학원을 설립하게 되었는데, 숭덕(崇德)학원, 일관(一貫)서원, 충서(忠恕)학원, 천도(天道)학원 순양(純陽)학원, 숭정(崇正)학원 및 한국 충남 부여의 일관도 교육원과 같은 곳을 설립하여 여러 도친들의 연수 및 강사자질 향상의 기회를 제공하고 있다.

③ 국학수련회 및 해외중화문화연수 수련회 개최 - 일관도 각 도장에서는 여름기간 중에 청년 및 청소년 수련회를 개최하여 놀이와 교육을 병행한 프로그램으로 인격을 배양하고 충실하게 문화를 함양하게 한다. 민국 72년(1983)부터 이러한 행사를 개최한 이래로 지금 각 도장에 참가한 인원수는 이미 20만이 넘었다. 발일영은(發一靈隱)

계열 도장에서는 민국 73년(1984)부터 싱가폴, 말레이시아, 인도네시아 등지의 도장에서 장기간 문화연수회를 개최하였다. 그리고 태국 방콕(曼谷)의 승양(承揚)불당에서는 현지에서 각 대학, 고등학교와 합작으로 '학교수련회'를 공동 개최하여 '수신(修身)' '자선(慈善)' '도덕(道德)' '환경보호'등의 과정을 강의하였으며, 민국 88년(1999)에만 8차(매 회 1백여 명)에 걸쳐 1천여 명의 학생들이 참가하였다. 민국 89년(2000)에도 또한 5차에 걸쳐 운영함으로써 천도(天道)의 형상을 드러낼 뿐 아니라 수많은 구도인들이 생겨났다.

④ 역경(易經)연구반 개설 - 민국 64년과 65년 사이에 타이베이의 선천도원(先天道院)과 같은 곳에서는 약 2천명이 참가한 역경강좌를 개설하였다. 민국 70년대에 상주(常州)도장의 '사립 대만성(臺灣省) 중국국학연구회(中國國學研究會)'에서 개최한 '역경반(易經班)'은 타이난시에서 처음 시작하여 점점 각 지역으로 확산 개최함으로써 지금까지 과정을 수료한 사람들이 사회 각계에 분포되어 이미 수만 명에 이르고 있다.

⑤ 마음을 정화하는 강좌 및 원유회(園遊會) 개최 - 일관도총회 성립 후 각 도장에서는 연합하여 대규모 행사를 개최하여 당시 정부가 추진하는 국민대화합운동에 부합하고, 민국 80년 이래로 항상 각 현(縣)과 시(市) 문화센터 혹은 사찰 등지에서 마음을 정화하는 강좌를 9회에 걸쳐 개최하였다. 이외에도 수차에 걸쳐 마음을 정화하는 원유회를 개최하였는데, 민국 80년(1991) 광복절에 대만정부 사회처와

합동으로 '국민대화합원유회' 행사의 규모가 가장 커서 약 10만 여명이 참가하였다. 그 외에 민국 82년(1993) 기초충서(基礎忠恕) 도장에서는 쓰린(士林) 상업고등학교에서 '천혜정화인심원유회(天惠淨化人心園遊會)'를 개최하여 대략 5만 여명의 사람들이 참가하였다.

⑥ 정신순화 및 금연, 마약퇴치 운동 - 민국 82년(1993)에 모두 4회에 걸쳐 진행하였으며, 타오위엔(桃園)현 체육관에서 거행한 '심중유애(心中有愛), 미화인심(美化人心)'행사는 참가 인원수가 가장 많아서 1만 5천명 이상이 참가하였다.

⑦ '인심정화운동'을 지속적으로 전개하여 윤리생활 정착과 사회의 새로운 질서를 개선함 - 이것은 숭덕문교기금회가 중화문화부흥운동 총회의 위탁을 받아서 전국 성(省) 각지에서 개최한 행사를 말하는데, 민국 82년(1993)에 거행되었다.

⑧ '심령환보원유회(心靈環保園遊會)'를 개최하여 환경보호사업에 부응하고 지역사회의 문화발전에 기여함 - 민국 86년 타이베이 현 지회가 빤챠오(板橋) 씨베이(溪北)공원에서 개최한 원유회의 경우에는 5천여 명 이상이 참가했다.

⑨ '세계가정의 해'와 관련된 행사를 개최하여 유가(儒家)사상을 생활화하고, 사회화하며, 가정화하여 행복이 충만 된 가정을 만드는 활동 - 숭덕문교기금회에서는 민국 83년(1994)에 타이난 시립 '중정(中正)

도서관' 등지에서 총 4회에 걸쳐 개최하였다. 한편 일관도 총회에서도 인원을 파견하여 타이베이 시정부가 중산당(中山堂)에서 주관한 '종교 세계 가정의 해' 강좌를 개최하는데 임무를 담당하게 하였다.

⑩ 생명 중시 관련 행사를 주관하여 생명존중과 생명보호정신을 선양함 - 숭덕문교기금회에서는 민국 82년과 83년 사이에 대만 북부, 중부, 남부 각 지역에서 총 10회에 걸친 행사를 주관하였다.

⑪ 음악회를 개최하여 예악(禮樂)교화를 확산함 - 일관도 각 도장에서는 모두 합창단 및 국악단을 조직하였는데, 숭덕(崇德)합창단, 숭덕국악단, 미국 전진도원합창단, 천뢰(天籟)국악단, 천대성궁(天臺聖宮)성악단, 숭의(崇義)성악단, 숭정(崇正)합창단, 숭정(崇正)국악단, 보광원덕(寶光元德)천원(天元)국악단, 문화금운(文化琴韻)국악단, 옥산보광(玉山寶光)성악단, 대향산(大香山)국악사, 흥의순양성도원(興毅純陽聖道院)국악단 등과 같은 곳이 있다. 이들은 도장의 정기적인 행사 외에도 항상 대도시 관청 및 현, 시 단위 문화센터 혹은 외국공연 초청에 응하여 아주 좋은 호평을 받고 있다.

⑫ 장학금을 조성하여 청소년들의 학업을 장려하고 학문에 매진하게 함 - 일관도 각 도장의 기금회에서는 매년 다 같이 이를 운영하고 있다.

⑬ 그림 및 서예대회를 개최 - 함으로써 미적 감성을 계발하고 심성을 연마하며 전통문화의 진수를 발휘한다. 각 도장에서는 이와 같

은 행사를 자주 개최하였는데, 민국 87년(1998) 천대성궁(天臺聖宮)에서 거행한 전국서예대회의 규모가 가장 컸다.

⑭ 일관도 서적 및 소식지를 출판하여 도를 선양하고 세속을 교화함 – 일관도 관련 출판서적은 천여 종에 이르며, 소식지 또한 수십 종에 이른다.

⑮ 자력갱생운동을 주관하여 국민 개인의 능력향상 및 국가사회에 보답함 – 발일숭덕(發一崇德), 발일동의(發一同義), 보광건덕(寶光建德) 등의 도장에서는 모두 정기적으로 행사를 주최하고 있으며 언제나 만 명 이상의 사람들이 참가한다.

⑯ 아동독경반(兒童讀經班)을 개설하여 국학 및 경전의 기초를 육성함 - 민국 83년(1994)부터 현재에 이르기까지 일관도 각 도장에서는 이미 10만 명 이상의 아동들이 경전 암송행사에 참가하였다. 그리고 민국 87년(1998)에 숭덕문교기금회와 대만유교부흥문교학회, 지아이(嘉義)자선당(慈善堂) 등이 연이어 타이난시, 타이중시, 타이동시, 타이베이시 등 네 군데 지역의 공묘(孔廟)에서 북부, 중부, 남부, 동부 사(四)지구의 '어린이 장원 선발대회-아동독경성과평가회'를 개최하여 전례없는 성과를 거두었으며 지속적으로 좋은 반응을 얻고 있다. 대만 외에도 아울러 해외의 홍콩, 마카오, 싱가폴, 말레이시아, 태국, 인도네시아, 미국 등의 나라에도 확산되고 있다. 민국 89년(2000) 11월 말레이시아의 알로르스타(Alor Star)지역 숭덕문교연수회에서는

알로르스타 골프구장 공원을 빌려 '알로르스타 제1회 어린이 장원 선발대회'를 개최하였는데 말레이시아 북부지역에서 참가한 아동만 319명으로서 대단한 호평을 받았다. 각 지부에서도 꾸준히 지역 사회에서 활동하면서 아동들의 경전암송을 지도하였는데, 점점 사회 각계 인사들로부터 긍정적인 평가를 받게 되었다.

독경운동을 확산하기 위하여 일관도 각 도장에서는 독자적으로 주관하거나 혹은 사회기관 인사들과 연대하여 공동으로 주관하면서 민국 87년부터 시작하여 타이난현, 의란현, 타이중현, 까오슝현, 창화현(민국 89년), 지룽시, 핑동현 및 타이베이현(민국 90년) 총 여덟 군데 현과 시에서 독경협회를 설립하여 독경운동을 추진하고 있다. 최근 들어서는 각 독경협회들이 각 현 및 시정부와 함께 경전 암송대회를 개최하면서 탁월한 효과를 거두고 있는데, 민국 90년 10월에 타이베이현 독경협회가 개최한 대회에는 1천백 명 이상의 아동들이 참가하였다. 그리고 동년 12월에 창화현 독경협회가 베이또우(北斗)상업고등학교에서 개최한 '제4회 경전암송대회'에서는 더욱 많은 5천 명 이상의 아동들이 참가하였다.

최근 1, 2년 이래에 독경운동은 다시 아동들에게서 성인으로 확산되었으며, 일관도 도장에서는 더욱 많은 회수로 '성인 장원 선발대회'를 개최하고 있으며 그 성과 또한 탁월하여 이미 전국적인 분위기로 독경운동이 대성황을 이루고 있다.

⑰ 모범 어머니 아버지에 대한 표창, 3대가족 동거 장려 및 경로행사를 거행하여 효도사상을 강조하고 가정윤리관계를 강화함 – 민국 70년

대부터 시작하여 일관도 각 도장에서 자주 행사를 주관하였다.

⑱ 가정화목 행사를 개최하여 부모 자식 간의 정을 돈독히 하고 윤리를 강화함 – 최근 각 도장에서 행사를 자주 개최하고 있다.

⑲ 논문발표회를 개최하여 교학연구를 증진하고 글을 쓰는 인재를 길러냄.

⑳ 성년례 거행 – 청소년들로 하여금 '성인(成人)'이란 곧 '성인(成仁)'하는 것임을 인식시켜서 장차 국가의 동량이 되도록 하는데 있다. 일관도 총회 및 각 도장에서 항상 개최하고 있다.

㉑ '유가사상연수회'개최 – 발일숭덕도장에서는 유가사상의 정수를 위주로 하여 동남아시아 싱가폴, 말레이시아, 태국, 인도네시아 등지에서 강좌를 개설함으로써 현지의 중국인 화교계로부터 환영을 받았다.

㉒ 학술세미나를 개최하여 일관도 도장의 학술수준을 향상함 – 일관도 총회 타이베이시 분회에서는 일찍이 민국 78년(1989) 및 민국 79년(1990)에 2차에 걸쳐서 교리관련 논문세미나를 개최하였다. 천대성궁(天臺聖宮)과 일관도 총회 그리고 중화민국민간문학학회에서는 민국 85년(1996)부터 시작하여 연속적으로 3회에 걸쳐 '전통문화와 현대사회 학술세미나'를 개최하였다.

㉓ 소년보호관찰소 및 가석방자에 대한 지도 - 안동도장 및 기초충서도장의 경우 씬주(新竹)지역 소년보호관찰소에서 지도활동을 하였으며, 발일숭덕도장의 경우 타이중 보호관찰소에서 지도활동을 하고, 보광건덕도장의 대향산 자음암(慈音巖)에서는 타이베이현 보호관찰소에서 지도활동을 하면서 민국 89년(2000)에는 해당 보호관찰소에 컴퓨터 20대를 기증하였다. 자음암의 주지 임지향(林枝鄉)은 타이베이시 지방법원의 관찰보호인 협회의 위원으로 활동하였으며, 민국 89년(2000)에 다시 이사장으로 승진, 장기간 가석방 인사에 대한 지도활동을 담당하였다.

㉔ 소년보호관찰소 강연을 통해 자비심과 선심을 계발하여 청소년 범죄 재발을 방지함 - 보광원덕도장의 반치아오(板橋)지역 천원보궁(天元寶宮)에서는 민국 86년(1997)부터 시작하여 반치아오, 투청(土城) 두 지역의 지방법원과 협력하여 매월 가석방된 청소년에 대한 지도강좌를 1차씩 거행하였으며 참가인원은 대략 6-70명 정도였다.

㉕ 소년원 하계수련회 주관 - 일관도총회와 타이베이 시정부가 무짜(木柵)지역의 천은궁(天恩宮)에서 공동 주관한 중학생 하계수련회와, 발일숭덕도장이 창화현에 있는 소년원과 타이중 소년보호관찰소 및 타오위엔 현정부로부터 위탁받아서 타오위엔 노동교육센터에서 거행한 성광(星光)하계수련회 등과 같은 것이 있다.

㉖ 도서관을 설립하여 사회교육을 확산함 - 일관도 각 도장에서 설

립한 도서관이 꽤 많다. 창화(彰化)현에 있는 복산영원(福山榮園) 도장에서는 광명(光明)국학(國學)도서관을 세웠고, 타이중의 용정(龍井)지역에 문화도원(文化道院)도서관을 세웠으며, 그 외에 숭수당(崇修堂), 천대성궁(天臺聖宮), 대향산 자음암, 향광성당(香光聖堂) 등에서 모두 도서관을 세웠다.

㉗ 도의(道義)전파 및 마음강좌 프로그램을 제작하여 교리를 홍보하고 사람들의 심성을 맑게 고양함 – 민국 85년(1996)에 일관도총회는 유선케이블방송 채널에서 '지혜의 불을 밝히다'라는 프로그램을 방송하였으며, 숭정보궁(崇正寶宮)도장에서도 '마음을 여는 열쇠'라는 프로그램을 제작하여 광범위하게 방송함으로써 자못 사회 일반인들로부터 좋은 반응을 얻었다.

3. 공익자선사업

이것은 본래 타인의 배고픔을 나의 배고픔으로 여기고 타인의 고난을 나의 고난으로 여기는 정신을 가지고 자비(慈悲)희사(喜捨)의 큰 사랑으로 재산 기증을 통해 가난하고 병든 자 그리고 고난에 빠진 중생에게 기꺼이 은혜를 베푸는 것을 말한다. 중국 대륙에 있을 때 일관도 각지의 불당에서 행한 공익자선사업은 꽤나 많아서, 죽이나 차 혹은 약을 제공하거나 장례를 도우고 가난과 재난으로부터 구제하는 등 선행을 베푼 사례가 아주 많다. 비교적 유명한 것으로는 강소성(江蘇省)

무진(武進) 지역에 설립한 재력이 탄탄한 '숭화당(崇華堂)자선회(慈善會)'가 있는데, 자선사업분야의 실적과 효과가 탁월하였으며, 더욱이 전쟁당시 부상병 치료 및 난민구조 활동이 아주 컸으므로 정부 당국으로부터의 여러 차례의 장려를 받았다. 남경, 상해, 천진 등지에 설립한 것으로 규모가 아주 큰 '중화자선도덕회(中華慈善道德會)'의 경우 각 분야의 자선활동에 최선을 다한 결과 일찍이 국민당정부 사회부로부터 금상훈장을 수여받았다. 성도(成都)지역에 설립한 무료병원으로서 금성의원(錦城醫院)은 빈민층 의료봉사에 적극 협조하였으며, 아울러 무료 묘원(墓園)을 설립하여 빈민층의 장례매장문제를 해결하였다. 전쟁 후에 대만 및 해외 도장의 공익자선사업을 분류해보면 다음과 같다.

1) 자선기관의 설립

① 고아원 설립 – 핑동(屛東) 남부지역에 있는 정충(精忠)고아원과 씨루오(西螺)지역에 있는 신의(信義)고아원 및 타이난시 유영구(柳營區)에 있는 불산(佛山)고아원 세 군데가 있다. 이외에도 미얀마 라시오지역의 용화궁(龍華宮)에도 고아원을 세워 20여명의 무의탁 아동을 수용하였다.

② 양로원 설치 – 치산(旗山)지역의 화천산장(華川山莊), 난토우 푸리(埔里)지역의 '광명인애(光明仁愛)의 집', 한국 전남 장성지역의 진덕(進德)수양원, 상주(常州)도장의 홍콩 죽림명당(竹林明堂) 부설 양로원, 태국 수라탄(素叻; Suratthan)에 있는 '광명인애의 집 경로원', 미얀마 라시오 지역 용화궁 및 핀우린(미묘; Pyin Oo Lwin) 지역 천

연궁(天然宮)에서는 똑같이 양로원을 세우고 각각 20여명과 30여명의 독거노인을 수용하였다.

2) 의료서비스지원

민국 71년(1982) 대향산 자음암에서 타이베이 시립 인애(仁愛)병원 등 세군데 병원에 마련한 '의료긴급구조금'이 이에 해당한다. 천대성궁(天臺聖宮)은 민국 74년(1985)부터 시작하여 매주 중의(中醫), 양의(洋醫) 무료진료를 실시하였으며 이후에 천대(天臺)중서의원(中西醫院)을 세우고 장기간 빈민들에게 의료봉사활동을 하였다. 미얀마의 용화궁과 천연궁, 무극궁 등 십여 군데의 큰 도장에서는 모두 중의(中醫)진료소를 마련하고 30년 이상을 줄곧 현지의 빈민들에게 의료봉사를 하고 있다. 인도네시아 수라바야(泗水; Surabaya) 지역의 신광불당(新光佛堂)부설 진료소에서는 1980년부터 시작하여 빈민층에 대한 무료의료봉사를 실시하고 있다. 발일숭덕도장에서는 10여년 이래로 장기간동안 파라과이(巴拉圭) 보제당(普濟堂) 및 브라질 보화당(普化堂)에서 중의무료진료소를 운영하고 있다. 보광건덕도장에서도 수년동안 또한 부정기적으로 필리핀 및 태국 등지에서 중의무료진료소를 운영하고 있다. 타이베이시 사대로(師大路)에 있는 흥일성당(興一聖堂)에서는 민국 82년(1993)에 자선기금회를 설립하여 전 국민건강보험이 실시되기 전까지 역시 전임의사를 두고 정기적으로 빈민층 무료의료봉사를 하였다. 남아프리카공화국에 있는 천태불당(天泰佛堂)은 민국 84년(1995)부터 시작하여 정기적으로 매월 이틀간 빈민층을 위한 중의진료소를 운영하고 있다. 필리핀의 세부(宿務; Cebu)지역에 있는 선천성도원(先天聖道院)은 민국 88년(1999) 1월부터 채신휘(蔡新輝)기념 진료소를 개설하여 아주 적은 비용만 부담하는 양의진료소를 운영하였는데, 내과와 치과로 구분하였다. 이외에도 일관도총회 성립이후에 각 분회 및 지회에서도 항상 무료 진료소를 운영하였는데, 비교적 규모가 큰 것으로는 민국 83년(1994) 창화현 지회가 이림(二林)초등학교에서 무료진료소를 개설한 것이 있으며 총 30여 명의 중의 양의 의사들이 참여하고 수혜를 받은 주민들이 7백여 명에 달하였다.

3) 사회복지활동

일관도 각 도장의 사회복지활동은 이른 시기에 빈미구제를 위주로 하였다. 대만의 또우리우(斗六)지역의 숭수당(崇修堂)같은 곳은 민국 40년대부터 시작하여 현지의 빈민구제활동에 종사하였다. 또한 타이베이의 선천도원에서는 민국 56년(1967)부터 시작하여 매년 쌍위엔(雙園)지역에서 4-5백호에 달하는 빈민들의 월동구제활동을 하였다. 민국 70년대에 이르러 대항산 자음암, 지롱의 불심관음암(佛心觀音巖), 타이베이의 천진총단(天眞總壇), 반챠오의 천원보궁(天元寶宮), 우구(五股)지역의 조성궁(朝聖宮), 타오위엔의 육덕강당(育德講堂), 무짜의 천은궁(天恩宮), 따리(大里)의 천일궁(天一宮), 꾸이산(龜山)의 전진도원(全眞道院), 신의불당(信義佛堂), 난후와(南化)지역의 보광성당(寶光聖堂), 타이난의 향광성당(香光聖堂), 또우리우의 제화궁(濟化宮), 또우리우의 회춘사(回春寺), 까오슝의 천대성궁(天臺聖宮)등의 수십 군데의 도장에서는 빈민층과 환자구제 외에도 동시에 장애인을 위한 의료보조활동 혹은 시설기증을 하거나 고아원, 장애인기관과 양로원 등지에 위문하여 청소봉사, 소방기자재, 응급차 등을 기증하였다. 각 공공불당 및 도장에서는 문화기자재 기증 및 지방공공사업 즉 도로, 제방, 정류장, 등산로 건설에서 지역 환경미화운동과 같은 일은 물론이며, 춘원(春元)지역 수비대를 건설하여 지방안보 및 상조체계를 갖추며, 혹은 납골당을 설치하여 빈민층들에게 무료로 사용할 수 있게 하며, 혹은 작업봉사단을 조직하여 공공서비스에 기여하거나, 혹은 환경보호를 위한 재활용품 수거활동, 산림정화, 거리정화 및 헌혈운동 등의 활동이 있다. 최근 들어서는 또한 각 지역사회의 기증 문화센타와 노인회 및 각 지역 아동놀이시설 운용에 부합하는 활동을 통하여 주민들에게 혜택을 주고 있다. 1999년 9월21일 대지진이후 및 경제 불경기시기에는 수많은 도장들이 모두 가난한 학생들의 학비를 보조해주고 영양점심을 제공하고 있다.

해외에서 사회복지활동은 빈민, 장애인에 대한 지원, 의료봉사, 고아원, 양로원 등지에서의 봉사 서비스를 위주로 하여 학교 내 저소득층 학생을 위한 장학금 지급 등이 있다. 홍콩의 도덕선당(道德善堂)은 민국 55년(1966)에 성립된 후 매년 균등하게 홍콩 화폐 수만 달러를 지출하여 공익자선활동을 하였으며, 그 중에 가장 큰 것은 민국 81년(1992)에 사회복지처와 합작으로 홍콩 화폐 193만 달러를 출자하여 인제의원(仁濟醫院)양로원 등 네 군데 양로원에 기부하였다. 다음으로 필리핀 세부지역의 선천성도원에서는 매년 성탄절에 현지의 수백 호에 달하는 저소득층 가정에 물품을 전달하고 있다. 남아프리카 서북지역의 마디디(瑪蒂蒂)에 있는 천태불당은 민국 83년(1994)에 성립된 후 연이어 현지에 두 군데의 우물을 설치해서 1천 가구 이상의 주민들에게 식수를 제공하였으며, 아울러 중학교 한군데에 지하수를 개발하여 식수문제를 해결하였다. 그리고 현지 학교에 빈곤 학생 장학기금을 설치, 현지 빈곤층 중에 우수학생을 선발하여 학업을 도우며, 매년 미화 1만 달러이상을 써서 현지 여섯 군데의 대학 및 고등학교에 약간 명의 장학금을 설치하고 아울러 현지 빈곤층 아동의 취학을 위해 자금을 지원하여 2000년도에만 250명의 아동들에게 원조를 제공하였다. 또한 매년 불당 개원기념일에는 현지 빈민층들에게 식품과 의복을 제공하고 있다. 이외에도 필리핀과 싱가포르의 공맹성도원(孔孟聖道院), 싱가포르의 숭덕문교회(崇德文敎會), 말레이시아 이포(怡保; Ipoh) 지역의 종심불당(宗心佛堂), 말레이시아의 보광건덕도장, 흥의(興毅)도장, 발일천원(發一天元)도장, 호연육덕(浩然育德)도장, 발일숭덕 쿠알라룸푸르 도장 및 알로르스타 도장, 태국 방콕의 승양불당, 하타이(河艾)의 원근불당(圓勤佛堂), 태국의 흥의도장, 태국의 발일천원도장, 호주 시드니(雪梨; Sydney)의 천품불당(天品佛堂), 멜버른(墨爾本; Melbourne)의 천제불당(天帝佛堂), 인도네시아 자카르타(雅加達; Jakarta)의 묘광불원(妙光佛院), 발일숭덕 자카르타도장 및 수라바야도장, 수라바야 천평불당(天平佛堂), 수라바야 천인불당(天印佛堂), 수라바야 목덕불원(穆德佛院), 람풍(楠榜; Lampung)지역의 화천보궁(和天寶宮) 등지에서 장기간 양로원 혹은 고아원에 금전이나 물품을 제공하거나 혹은 청소 기타 잡무 등의 활동을 하였다. 발일숭덕 쿠알라룸푸르 도장에서는 민국 83년(1994)부터 현지 중앙의원의 혈액은행 요청에 응하여 연이어 5차에 걸쳐서 단체 헌혈운동을 벌였다.

방콕의 승양불당에서도 민국 88년(1999)에 코랏(柯叻; Korat)부(府)에 있는 초등학교 도서관에 태국 화폐 12만 달러에 달하는 도서를 기증하였으며, 아울러 현지 고등학교에 빈곤층 학생 10여 명을 위한 장학금을 설치하여 학생당 3-4천 태국달러를 지급하였다. 다음으로 파라과이 수도 아순시온(亞松森; Asuncion) 서부 공맹성도원에서는 현지 인디언촌 등지의 빈민구제활동을 하였다. 대향산 자음암에서는 민국 87년(1998)부터 3년간 연속으로 베트남 호치민 시에서 무료 자선병원 및 빈곤층환자 지원 기금회를 조직하여 200개의 지팡이와 408개의 휠체어를 제공함으로써 현지 장애인을 도왔다. 말레이시아의 보광건덕도장은 매년 일정하게 쿠알라룸푸르 중앙의원에 협력하여 단체 헌혈운동을 주관하여 현지 혈액사정을 해결하였다. 동시에 매년 현지의 여러 군데의 중국어학교에 말레이시아 화폐 2만 달러씩을 지원하였다. 인도네시아 수라바야의 천평불당도 민국 85년(1996)에 현지 장애인에게 휠체어 10개를 기증하였다. 이 방면의 활동에 있어서 비교적 걸출하였던 곳은 아마도 싱가포르 숭화도덕회(崇華道德會; 현지에서는 天國佛堂을 세웠다)일 것이다. 여기서는 평소에 4백여 명의 독거노인들을 돌보면서 매주 일요일마다 1-2백 명의 사람을 파견하여 현지 다섯 군데의 양로원에서 봉사활동을 하였으며 매년 노인절(樂齡節)마다 오백여명이 나서서 천명의 노인들에게 봉사를 하고, 민국 87년(1998)부터 두 군데의 노인센터를 위탁받아 운영하면서 노인봉사 활동을 확대하였다. 이외에도 정기적으로 결핵방지협회 등 자선기관에 원조를 하며 매년 수백 명의 헌혈운동을 하고 있다. 또한 여기 숭화도덕회는 숭덕문교회와 함께 매년 8월 9일 싱가포르 국경일의 공연 및 자선 공익 바자회에 참여하고 있다. 그리고 태국 북부 및 캄보디아(柬埔寨) 난민구조 또한 각 도장의 지속적인 활동에 속하는데, 발일천원도장의 경우에 민국 70년대(1980년대)부터 10여 년 이래 장기간 태국 북부 난민촌에 물질적인 원조를 제공하였으며 이 외에도 캄보디아, 베트남, 라오스(寮國)에서도 부정기적으로 빈민구제활동을 벌이고 있다. 발일영은(發一靈隱)과 발일숭덕(發一崇德)도장에서는 오랜 기간 동안 지속적으로 태국 북부 난민에 대한 원조활동을 해왔으며, 아울러 태국 남부지역의 빈민구제활동을 벌여왔다. 민국 83년(1994) 보광숭정(寶光崇正)도장에서는 식품, 물품, 의료기자재 등을 동부 캄보디아정부에 지원하였으며, 아울러 수도 프놈펜(金邊; Phnom Penh)의 모링왕도로(莫靈望大道) 건설에 자본을 원조하였다. 민국 85년(1996)에 동캄보디아 일관도총회 성립때 보광건덕 도장에서는 50톤의 쌀과 산업기자재, 학교설립기금 미화 5만 달러 외에도 도로보수기금 미화 25,000달러를 기증하였다. 민국 86년(1997) 일관도총회에서는 태국북부 치앙라이(清萊; Chiang Rai)주 치앙사엔(昌盛)현 메엡(密額; Mae Eb)촌에 대만 화폐 215만 원을 기부하여 총 43채의 벽돌 기와집을 지어 현지의 난민들이 거주할 수 있도록 하였다. 보광건덕도장에서도 집짓기 봉사에 부응하여 현지 빈곤 난민층들의 원조 자금으로 수만원을 기부하였다. 안동도장의 굉도자선기금회(宏道慈善基金會)에서는 수년동안 한결같이 사람들을 태국 북부지방으로 파견하여 구호사업을 벌이고 한편으로 현지 빈민들에게 구호품을 보냈다. 민국 88년(1999)에는 다시 태국 화폐 10여만 원을 치앙마이(清邁; Chiang Mai)주 팡(範; Fang)현에 기부하여 현지에 저수지를 건설하여 부락 사람들의 식수문제를 해결하였다.

4) 재난구조활동

민국 48년(1959) 8월7일 수재(水災) 당시에 발일(發一)계열과 보광(寶光)계열의 많은 도장들은 모두가 난민구제에 적극 참여하였다. 민국 73년(1984)에 대만의 각 도장들은 연합해서 타이베이 하이산(海山) 지역의 탄광촌 난민 및 가난한 퇴역군인들이 고향으로 돌아가 친지를 방문하는 비용으로 각각 대만 화폐 1백만 원씩을 기부하였다. 외국의 사례로는 민국 70년대(1980)부터 시작하여 필리핀의 기초(基礎), 흥의(興毅), 발일(發一), 보광(寶光) 등의 여러 도장에서 장기간 해당 국가의 화산폭발, 태풍 등의 재해를 당한 이재민들에게 물품이나 금전적인 지원을 하였다. 또한 민국 77년(1988)에 브라질 상파울로 수재 때 보광건덕 등의 도장에서도 식량 및 의복 등의 구호품을 지원하였다. 민국 78년(1989)에 대향산 자음암에서는 기업체를 운영하는 도친들을 동원하여 재단법인 춘휘지능계발센타(春暉啓能中心)에 대만 화폐 525만 원을 기부함으로써 해당 센터의 지적장애아동 기숙사 건립에 협조하였다. 동년(1989)에 태국 남부 춤퐁(春蓬; Changwat Chumphon)과 쁘라주압(巴蜀; Prachuap Khiri Khan) 등의 8개 주의 풍재(風災)에 발일도장 등에서 태국 화폐 10여 만 원과 물품 등을 지원하여 이재민 원조를 하였다.

민국 80년(1991)에는 중국대륙 수재(水災)당시 일관도 총회에서 1천만 원의 기금을 원조하였다. 민국 81년(1992)에 화동(華東)지역 수재 때는 홍콩 기초도장 소속계열의 보선도덕회(寶善道德會)에서 홍콩 화폐 1백만 원을 원조하였으며, 민국 83년(1994) 화남(華南)지역 수재 때는 또 광동성(廣東省) 봉개현(封開縣)에 사람들을 파견하고 홍콩 화폐 1백만 원을 원조함으로써 부락 사람들의 집을 재건하는데 원조하였다. 또 홍콩 명광(明光)조(組)의 인광선당(仁光善堂)에서는 평소에 또한 폭넓은 선행을 해왔었는데, 화동지역 수재와 화남지역 수재 및 이후 터키(土耳其)지역 지진과 대만의 9·21지진 등에서 역시 70만 홍콩달러를 자제공덕회 및 적십자회를 거쳐 재난지역에 전달하였다. 민국 83년(1994) 대만 중남부 수재 때에 일관도총회에서는 1,700만원을 성(省)정부에 이재민 구호자금으로 기부하였으며, 이외에 홍의(興毅)사회복지자선사업기금회에서도 370만원을 대만 성(省)정부 및 까오슝(高雄)현 정부에 기부하였고, 까오슝의 천대성궁(天臺聖宮)에서도 5백만 원을 꺄오슝 시정부에 이재민 구호자금으로 제공하였다. 민국 85년(1996)에 허브태풍(賀伯: Typhoon Herb)이 대만에 몰아닥쳤을 때 일관도총회에서는 5백만 원을 대만 성(省)정부에, 그리고 1,250만원을 국가 내정부(內政部)에 기탁하여 상호 관련기관의 재난구호자금으로 쓸 수 있도록 하였다. 발일영은 도장에서도 50만 원을 난토우(南投) 쉐이리(水理)지역의 이재민들을 위해 원조를 하였다. 같은 해 태국에서도 수재(水災)가 발생하였는데, 태국의 숭덕자선기금회에서도 태국 화폐 50만 달러를 구호자금으로 기부하였다. 동년 중국대륙 운남성의 려강(麗江)지역에 지진이 발생함으로써 기초충서도장에서도 미화 10만 달러를 기부하고, 미화 4만 달러 상당의 의료기자재와 솜이불 3천 채를 기증하였다. 민국 86년(1997)부터 시작하여 대향산 자음암에서는 해양구조협회(海浪救生協會)와 합작, 휴

가철 해수욕시기에 신디엔(新店)계곡, 북해안 백사장 및 단쉐이(淡水)강 지역에 구조대를 설치하여 여행객들의 사고 구조 활동을 하였다.

민국 87년(1998)에 중국 하북성 장가구(張家口)지역에 지진이 나서 발일숭덕 도장이 솜이불 1,500채를 기증하였으며, 티벳의 나취(那曲; Nagqu)지구에 눈사태가 났을 때 기초충서 도장에서는 솜이불 4,000채를 구호물품으로 기증하였다. 민국 88년(1999) 터키 대지진 때 일관도총회에서도 이 나라에 미화 3만 달러 상당의 물자를 지원하였다. 동년 8월에 캄보디아 수재 때 보광건덕 도장에서는 프놈펜 천진불당(天振佛堂)에서 재난지역 캄폿(貢布; Kampot)성에 사람들을 보내어 이재민들을 위로하였으며, 아울러 1천 톤의 쌀을 지원하였다. 보광원덕 도장에서도 대만 화폐 10여 만 원 상당의 쌀과 구호약품을 보냈다. 동년 대만 9·21 지지(集集)지역 지진 때 일관도총회에서는 국내·외 각 도장으로부터 4,600여만 원을 모금하여 재난지역 지방정부 구호활동 및 재난지역 학교재건에 원조하였다. 이외에 수많은 사람들을 동원하여 타이중현, 난토우현, 창화현, 윈린현 등의 재난지역에 36군데에 걸쳐 음식을 제공하는 부스를 설치하여 매 식사 때마다 4만 여명의 이재민들에게 식사를 제공하였으며 아울러 33군데의 이재민 구호물품 공급처를 설치하여 구호물품을 조달하였다. 또 재난지역 안에 아홉 군데의 의료서비스단(태국의료단 포함)과 22군데의 심리상담소 및 학생수업보조단을 설치하고 조립식주택에 머무르면서 장기간 이재민 도우미, 기타서비스, 구호품제공 등의 활동을 하였다. 우퐁(霧峰)지역 금릉산(金陵山) 공동묘지 및 유영불산(柳營佛山) 납골당에서도 6백여 구의 무료 묘역을 제공하여 이재민들이 사용할 수 있도록 하였다. 이상의 활동으로 자금을 소모한 것만 모두 대만 화폐 약 2억 원에 달한다. 또 각 도장 및 불당 그리고 개인 개별적으로 이재민 구호에 원조한 것도 역시 1억5천만 원에 달하는데, 대향산 자음암에서 현금 및 물품 5백만 원, 흥의의화(興毅義和)도장 250만 원, 안동도장 1백만 원, 보광숭정도장 2백만 원, 보광옥산도장 5백여만 원 등이 있으며, 흥의자선기금회가 푸리등지 지역 22군데의 학교시설과 생활용품 및 이재민구호금, 식품 등을 지원한 것은 1천여만 원에 달하며, 보광건덕도장 중남부지역 까오슝 천대성궁(天臺聖宮)등 여러 군데 불당에서 기부한 것이 또한 1천여만 원에 달한다. 발일숭덕도장 역시 1천여만 원을 기부하였다. 기초충서도장의 기초도덕문교기금회에서 인수한 쭝랴오(中寮)지역의 광복(廣福)초등학교, 또우리우(斗六)의 매림(梅林)초등학교, 난토우의 난토우초등학교, 쉐이리의 영흥(永興)초등학교 네 군데 학교의 교사재건축비용 및 개인이 현(縣)정부와 이재민가구에 기부한 것 등은 더욱이 1억여 원에 달한다. 총합해서 보면 이 대지진 때 일관도총회 및 국내외 각 조선(組線)이 모두 기부한 금액은 거의 3억5천만 원에 달한다. 그리고 총회에 속해있지 않은 조선(組線)에서 기부한 금액은 더욱 많아서 흥의(興毅)조의 창롱(長榮)그룹 같은 곳에서 기부한 금전 및 물품은 거의 4억5천만 원에 달한다. 산씨아(三峽)의 영은사(靈隱寺)의 경우에는 기금 백만 원 및 수십만 원 상당의 물품을 구호품으로 보냈고, 발일덕화(發一德化)도장 역시 7백만 원의 기금을 기부하였다.

민국 89년(2000) 5월, 인도네시아 뱅쿠루(萌姑露; Bengkulu) 대지진때 인도네시아 일관도총회에서는 현지화폐 3백만 원을 기부하였으며, 발일숭덕도장에서는 인도네시아 화폐 1천2백만 원을 기부하여 이재민 구호활동을 하였다. 그리고 각 조선(組線)의 불당과 도친들이 곧바로 재난지역으로 달려가서 이재민들에게 금전과 물품을 제공한 것은 이보다 더욱 많은 수배에 이른다. 6월에 대만 숭정기금회와 인도네시아 람풍의 화천보궁에서는 각각 인도네시아 화폐로 6천만 원과 1천만 원을 기부하여 람풍 시정부가 뱅쿠루 지진 구조활동을 하는데 쓰도록 하였다. 7월에 수라바야(泗水)지역의 천평불당 역시 1천만 원의 구호자금을 기부하였다. 수라바야 지역의 목덕불원은 더욱 일찍이 인도네시아에서 1994년과 1997년에 반위왕기(外南夢; Banyuwangi) 지역과 2000년도의 재해 때 재난지역에 물품을 원조하거나 혹은 기금을 제공하여 구호활동을 하기도 하였다. 10월에 인도네시아 일관도이사회가 성립되자 또한 3천6백만 원의 기금을 인도네시아 정부의 구호활동비용으로 전달하였다.

민국 89년(2000) 11월에 쌍세인 태풍(象神; Typhoon Xangsane)이 대만에 몰아닥쳤을 때 일관도총회에서는 도시락 등 식품 4천 인분과 음료수, 생활용품 등을 타이베이시내 호구(湖區) 동부지역의 이재민들에게 전달하였다. 일관도 대만성(臺灣省) 분회(分會)와 발일숭덕도장에서는 솜이불과 생활용품을 북부 재난지구 이재민들에게 지급하였으며, 성(省) 분회와 타이중 현(縣)과 시(市)지회(支會)에서도 연합하여 대만 화폐 30만 원을 타이중시 풍경구(風景區) 재해대책협회의 구호활동에 협조하는 자금으로 지원하였다. 무짜지역의 천은궁에서도 재해가 발생한 그 다음날 곧바로 연속해서 8일간을 매일 2,800 인분의 채식도시락과 3,000여 병의 생수를 제공하여 타이베이의 시쯔(汐止)지역과 북 우두(五堵)지역의 이재민을 구조하였다. 민국 90년(2001) 1월 중앙아메리카(中美州) 엘살바도르(薩爾瓦多; El Salvador) 지진과 인도 구자라트(古茶拉底; Gujarat)지진 때에 일관도총회에서는 각각 대만 화폐 1백만 원을 원조하였다. 8월 도라지태풍(桃芝; Typhoon Toraji)이 대만에 불었을 때 일관도총회에서는 재난을 당한 타이중현과 시 등 네 군데 현과 시의 정부에 대만 화폐 607만 원을 기부하였으며, 각 지부 개별로 금전과 물품을 전달하고, 시설자금 역시 수백만 원을 기부하며 아울러 천명이 넘는 도친들이 재난지역에 가서 복구하는데 협조하였다. 그리고 총회의 소속 회원들은 재난 지역의 학생 250여 명을 입양하여(학생당 매년 12,000원씩) 지원하였다. 9월에 나리태풍(納莉; Typhoon Nari)이 왔을 때 각 지부 역시 구호활동에 나섰으며, 기초충서, 발일천은, 보광건덕 등의 도장에서는 대만북부지역에 5만여 인분의 채식 도시락과 생수를 공급하였다. 뉴욕 9·11 테러사건 때 일관도 세계총회의 각 조선(組線)에서는 공동으로 미화 51,090달러를 구호자금으로 기부하였으며, 아울러 5백여 명의 도친들이 헌혈에 참가하였다. 이외에도 뉴욕 플러싱(Flushing)에 있는 협제도원(協濟道院)의 도친들 역시 2천여 만 달러를 구호자금으로 기부하였다.

5) 원유회와 사랑의 봉사활동 개최로 온유 원만한 인간육성

일관도 도장에서 운영하는 이와 같은 사업 활동은 이미 10여년의 역사를 가지고 있으며, 근년이래로 점점 증가하고 또 확대되는 추세이다. 비교적 대표적인 것으로는 민국 77년(1988) 대향산 자음암 도장이 빤챠오에 있는 종합체육관에서 거행한 거광(炬光)장애인 원유회가 있는데, 여기에 1천여 명의 장애청소년이 참가하였다. 최근에 들어서는 매년 타이베이 완리(萬里)지구에 있는 '타이베이 현(縣) 설립 인애(仁愛)의 집'을 위해 원유회를 개최하여 채식장터를 설치하거나 선물을 증정하는 것으로 노인들을 위문하고 있다. 다음으로는 민국 80년(1991)에 일관도총회 대만성(臺灣省) 분회가 타이중 민속공원에서 거행한 사랑의 봉사 원유회가 있는데, 여기서는 200여 군데의 노점상을 설치하여 600여 명의 양로원 노인들과 고아원 아동을 초대하였으며, 참가한 도친들의 숫자는 3만 여명에 이른다. 또 다시 민국 84년(1995) 숭덕문교기금회에서는 타이중 중흥대학(中興大學) 혜손당(惠蓀堂)에서 '척수장애자를 위한 사랑의 봉사 잔치'를 개최하여 장애인기구를 위해 모금한 것이 1,600만 원이었다. 민국 87년(1998) 일관도총회 까오슝시 분회에서는 까오슝시 삼민구(三民區)지역을 빌려서 '동한기(冬寒期) 온정의 손길보내기 원유회'를 개최하여 1만여 명이 참가하였다. 민국 88년(1999) 10월에도 흥의(興毅)자선사회복지기금회에서는 지진피해 이재민들을 위로하기 위하여 푸리(埔里)지역에서 '푸리주민 연꽃 정(情)의 밤'행사를 개최하여 근 1만 명이 참가하였다. 동년 11월 기초충서도장 천혜도덕문교기금회에서는 종랴오(中寮)지역의 상문(爽文)초등학교를 빌려서 '난토우현(縣) 종랴오향(鄉) 기복법회'를 개최, 이재민들을 위해 위문법회를 하고 아울러 재해를 당한 집안에 위로금을 전달하였다. 같은 달, 일관도총회 대만성 분회에서는 타이중시에서 "햇살을 향해 달려가고, 광명을 향해 나아가는 곳에 몸과 마음, 영혼의 건강이 약속된다"라는 표어로 마약퇴치를 위한 사회교육 원유회를 개최하여 175개의 부스를 설치하고 약 5만 명이 참가하였다. 이 달 분회에서는 또 타이중시 중산당(中山堂)을 빌려서 '월금(月琴)의 정, 월금의 사랑, 9·21 재난구제 음악회'를 열어 구호자금을 모금하였는데 약 1천6백여 명이 참가하였다. 12월에 분회에서는 난토우현 루구(鹿谷)향의 수봉(秀峰)초등학교를 빌려서 '청수(淸水), 수봉(秀峰) 양 지역 새천년맞이 재난지역탈출 연회'를 개최하여 이재민들을 위로하였다. 민국 89년(2000) 10월에는 일관도 총회가 주최하여 대만성 분회 주관으로 '사회적 관심, 온정이 가득 찬 세상 - 손에 손잡고 다시 9·21구호를 위한 자선 사회교육 원유회' 행사를 타이중 시의 문심로(文心路)와 향상로(向上路)가 서로 만나는 지점 광장에서 거행하였는데, 230개 부스를 설치하고 아울러 재난지역 부스제공 및 바자회를 열고 동시에 이재민을 위한 모금운동을 하였다. 민국 90년(2001) 9월 말에는 또 동일한 지점에서 '마음의 큰 사랑, 따뜻한 사회, 자원봉사단 원유회'를 개최하여 130개 부스를 설치하고 사회공익자선활동, 경로, 아동사랑, 출소인 및 청소년에 대한 관심, 9·21지진과 태풍재난지역 이재민 협조 등 각 항목의 실천활동을 전시함으로써 봉사활동의 이념을 홍보하고 아울러 참여방법 및 기부하는 창구를 제공하고 봉사자를 모집하여 지속적으로 운영함으로써 5만여 명의 시민 및 도친들이 참가하게 되었다.

6) 천연소식(天然素食)과 살생금지 및 생명보호를 통한 선심(善心)발휘 및 인류광명 찾기

일관도 도친들은 본래 한결같이 자비심을 가지고 있어서 불가(佛

家)의 불살생(不殺生) 계율을 철저히 지킬 뿐 아니라 또한 소식(素食)을 주도하고 있어서 도장의 강사급 이상의 인원들은 모두 소식을 하고 있다. 이러한 소식을 확산하기 위하여 대만 및 세계 각지에 소식식당을 보급하고 있다. 현재 각지의 소식 식당들 중에 80-90%는 모두 일관도 도친이 개설한 것이다. 현재 국제사회에서 환경보호 및 야생동물을 보호하자는 목소리가 커지는 가운데 일관도도장의 소식과 불살생계율은 실제로 그 적극적인 의의를 갖고 있다고 보아야 한다.

4. 표창수상실적

1) 공익자선 및 교화사업 분야

일관도의 불당, 사단법인 및 개인이 공익자선 및 교화사업에 종사하여 성(省) 혹은 시정부이상의 기관으로부터 상장을 받은 실적은 다음과 같다.

① 민국 74년(1985)부터 민국 90년(2001)에 이르기까지 일관도 불당 및 각 기금회에서 공익자선 및 사회교화사업의 실적이 우수하여 이전에 한번 혹은 여러 차례 국가 내정부로부터 표창장을 수여받은 사례로는, 대향산(大香山) 자음암(慈音巖), 옥산보광성당(玉山寶光聖堂), 천대성궁(天臺聖宮), 숭수당(崇修堂), 구산(龜山)중일당(中一堂), 조성궁(朝聖宮), 천황기금회(天皇基金會; 天皇宮), 시루오(西螺)의 신의불당(信義佛堂), 타이핑(太平)의 신의불당, 샤루(沙鹿)의 광휘도원(光輝道院), 창화(彰化)의 복산영원(福山榮園), 향광성당(香光聖堂), 회춘사(回春寺),

지아이(嘉義)시의 자선당(慈善堂), 관제성당(關帝聖堂), 제화궁(濟化宮), 숭정기금회(崇正基金會; 崇正寶宮)등의 17개 소가 있으며, 70여 차례에 이른다. 이 가운데 천대성궁은 10차례에 이르렀으므로 행정원으로부터 표창장을 받았다(민국 90년). 또 9·21지진 구호활동에 탁월한 실적이 있어 내정부로부터 표창을 받은 곳으로는 숭정기금회가 있다(민국 89년). 그리고 성(省) 혹은 시(市)정부로부터 표창을 받은 곳으로서 위에 서술한 곳을 제외하고 무짜(木柵)의 천은궁(天恩宮), 씬주(新竹)의 굉종성도원(宏宗聖道院), 중랴오(中寮)의 명선사(明善寺), 유영불산(柳營佛山)의 관음암(觀音巖), 횡산(橫山)의 호연도원(浩然道院), 핑동(屛東)시의 자법궁(慈法宮)등 모두 10군데이며 1백여 차례에 이른다.

② 중화민국 일관도총회도 민국 81년에서 84년까지 및 민국 86년에서 88년까지 그리고 민국 90년에 연속으로 8년간 내정부 수여 전국 우수 사단법인상을 받았다. 민국 83년과 민국 85년에는 태풍재해로 인한 구호활동으로 내정부 수여 상장을 받았으며, 민국 90년에는 엘살바도르 및 인도 구자라트 지진 때의 구호활동으로 외교부 수여 표창장을 받고, 동년에 또 9·21지진이래로 구호사업활동이 현저히 우수하다는 이유로 대통령 수여 액자 표창장을 받았다. 여기에 소속된 대만성 분회 및 타이중현 지회 역시 동시에 내정부로부터 상장을 받았다.

③ 개인분야로는 민국 88년 9·21대지진때 구호운동에 공이 있어서 연전(連戰) 부통령으로부터 표창장을 받은 사람으로는 장배성(張培成), 진홍진(陳鴻珍), 고금징(高金澄), 시경성(施慶星), 왕수(王壽), 왕

곤덕(王昆德), 황세연(黃世妍)등의 여러 전인이 있다. 이외에도 점전사 및 이하 임원과 각 불당에서 상장을 수여받은 자는 약 4천여 명(불당 포함)에 이른다. 천진총단(天眞總壇)도장의 단주(壇主) 임혜미(林惠美)도 민국 88년에 내정부로부터 거행된 전국 우수 사단법인 및 직업단체 상장 수여식 때 개인적으로 활동 공로상을 수상하였다.

④ 단체분야로는 공익자선 및 교화사업실적이 우수하여 성(省) 혹은 시(市)정부로부터 표창장을 받은 것이 있는데, 일관도총회가 민국 82년에 구호사업으로 타이베이시 정부로부터 상장을 받았으며, 민국 85년에 태풍재해 구호활동으로 성(省)정부로부터 액자 표창장을 받은 것이 있다. 대만성 분회에서도 민국 79년부터 민국 89년에 이르기까지 매년 성(省)정부로부터 표창장을 수여받았다. 민국 82년에는 또 효행(孝行)분야 실적이 우수한 단체로서 '교충교효(敎忠敎孝)'라고 쓴 액자 표창장을 받았다. 타이베이시 분회에서도 시정부에서 수여하는 감사패를 두 차례에 걸쳐 받았다. 까오슝시 분회에서도 수차례에 걸쳐 시정부로부터 수여하는 액자 및 상패 등의 표창을 받았다. 민국 85년에는 충효교육 우수단체로 선정되어 '교충교효'의 액자 상장을 받았다. 까오슝시 천대성궁은 민국 80년에 효행상 표창으로 '교충교효'의 단체특별상을 받았다. 푸리지역의 광명인애지가(光明仁愛之家)도 민국 80년에 성(省)정부로부터 '열심공익(熱心公益)'상패를 받았다.

⑤ 개인이 공익자선 및 교화분야에 우수한 실적이 있어 성(省) 혹은 시(市)정부로부터 표창장을 받은 사례로는 진문상(陳文祥)노전인의 성(省) 주석(主席)의 상패, 장배성(張培成)노전인의 성 주석 상패 및 성장(省長)의 액자상장, 진홍진(陳鴻珍)전인의 성장(省長)액자 및

상장 그리고 성정부 사회복지영예상장 및 타이베이시 까오슝 시장 상장, 기옥용(祁玉鏞)전인의 타이베이 시정부 상패, 고금징(高金澄)전인의 성장(省長) 액자상장, 왕수(王壽)전인의 성정부 상장, 시경성(施慶星)전인의 성장(省長)액자 및 까오슝 시정부 상장, 당화용(唐和勇)전인의 성정부 상장, 임옥영(林玉英)점전사의 성정부 상장, 임지향(林枝鄕)점전사의 성정부 및 타이베이 시정부 상장 등이 있다. 대만성 분회 및 지회 간부 개인이 성정부로부터 상을 받은 사람은 마가구(馬家駒), 임건재(林建財), 홍문종(洪文鐘)등의 여러 점전사 및 간부 등지귀(鄧志貴)-이상 민국 84년, 진의방(陳義芳), 사만(謝滿,여성), 정승갑(鄭勝甲), 장신웅(張信雄), 황진건(黃進健)의 여러 점전사 및 간부 등지귀(鄧志貴)-이상 민국 87년-등이 있다.

2) 사회교육분야

사회교육분야에 있어서 수상경력은 다음과 같다.

① 장영발(張榮發)점전사가 담강대학(淡江大學) 상학관(商學館)과 그 시설을 기부함으로써 대통령 명의의 액자 표창장을 수여받았다.(민국 70년)

② 광혜(光慧)문교기금회가 '창화현 지역청소년 인성훈련연수회'를 주관함으로써 내정부가 수여하는 '배덕육재(培德育才-덕성함양과 인재육성)'트로피를 받았다.(민국 86년)

③ 다음으로 교육부가 수여하는 사회교육분야의 유공단체상 및 개인상을 받은 자로는 숭덕(崇德)문교기금회(민국 80년 및 88년), 광

혜(光慧)문교기금회(민국 84년), 숭의(崇義)문교기금회(민국 85년), 숭인(崇仁)문교기금회(민국 90년) 및 진홍진(陳鴻珍)전인(민국 82년), 황세연(黃世姸)전인(민국 88년) 등이 있다.

④ 재활보호, 가석방자 지도, 소년보호관찰소 지도안내 실적이 우수하여 법무부로부터 표창장을 받은 단체로는 숭인(崇仁)문교기금회(민국 89년에 세 차례, 민국 90년에 두 차례, 이전에 받은 것까지 합하면 총 20여 차례)가 있고, 개인으로는 임지향(林枝鄕)점전사(민국 84년 및 89년)가 있다.

⑤ 성정부로부터 사회교육분야에 유공단체로서 상장을 받은 곳으로는 숭인문교기금회(민국 83년)와 숭례문교기금회(민국 86년)가 있다.

⑥ 아동독경활동의 실적이 우수하고 사회적 효과가 탁월하여 사회유공단체로 평가받음으로써 성정부로부터 표창장을 받은 곳으로는 천율(天律)문교공익기금회와 숭인문교기금회가 있다.(이상은 민국 89년)

⑦ 타이베이 시정부로부터 수여하는 청소년지도방면의 유공단체로서 쓰린(士林)지역 대학운영의 효과가 탁월하여 타이베이 시정부로부터 평가(민국 89년 및 민국 90년) 우등상을 수상한 곳으로는 숭덕문교기금회가 있다.

⑧ 개인이 사회교육에 종사한 공을 인정받아서 까오슝 시정부로부터 사회교육 유공상을 받은 자로는 보광건덕(寶光建德)도장의 허소보(許小寶; 여성)수석강사가 있다(민국 86년). 가족독경활동을 운영하여 타이베이 시장으로부터 사회교육 유공자 상패를 받은 사람으로는

보광건덕도장의 홍숙혜(洪淑慧; 여성)강사가 있다(민국 89년).

3) 전국 호인(好人)호사(好事)대표의 팔덕(八德)상, 모범부모상 및 기타분야

전국 호인호사 대표로 팔덕상을 수상한 사례는 다음과 같다.

① 단체로는 중화민국일관도총회, 재단법인 옥산보광성당 및 재단법인 홍의사회복지자선기금회 등이 9·21구호활동에 공이 있어 민국 89년에 상장을 받았다.

② 개인으로는 진홍진(민국 83년), 시경성(민국 81년), 왕수(민국 75년) 등의 여러 전인 및 사달전(謝達鈿; 민국 79년), 구증웅(邱增雄; 민국 85년), 주재래(朱再來), 요무년(姚武年), 임지명(林志名), 황무경(黃戊庚), 료대덕(廖大德), 장수류(張水柳)-이상은 민국 81년, 임근(林勤;여성, 민국 81년), 양황사저(楊黃四姐; 민국 80년) 등의 점전사와 단주, 간부 등이 있다.

③ 전국 '호인(好人)호사(好事)'행사를 찬조한 일로 인해 '열심공익(熱心公益)'상패를 받은 곳으로는 기초(基礎)도덕문교기금회가 있다.(민국 80년)

④ 까오슝시의 호인호사(好人好事)대표(민국 80년 및 89년) 및 전국 제3차 장애인복지 확산운동(민국 82년)에 공이 있어 상장을 받은 사람으로는 주재래(朱再來)점전사가 있다.

⑤ 윤리도덕으로 가정을 다스려 전국 모범아버지상을 받은 사람으로는 왕수(王壽; 민국 75년), 시경성(施慶星; 민국 80년) 두 전인이

있으며, 타이베이시 모범 아버지(민국 70년) 및 행복가정(민국 58년) 상을 받은 사람으로 발일천은(發一天恩)도장의 오선표(吳宣鏢)점전사가 있고, 전국 모범 어머니상을 받은 사람으로 석왕명(石王明; 민국 60년대)이 있다.

⑥ 기초충서도장의 도친 탁소혜(卓素慧)는 태국 북부 난민촌에서 고아봉사활동의 실적이 우수하여 행정원이 수여하는 청년상을 받았다.

⑦ 발일숭덕도장의 료대덕(廖大德)강사는 의용소방대 실적이 탁월하게 우수하여 일찍이 경찰서 2, 3등 영예상장 및 새천년 구국단 청년상장을 받았다(민국 89년).

⑧ 주재래(朱再來) 점전사 및 부인 송미란(宋美蘭)은 열정적으로 사회자선사업을 한 결과로 까오슝시 개최 제1차 10대 자선가정 모범자광(慈光)상(민국 83년) 및 전국 10대 공익가정(민국 90년)상을 받았다.

⑨ 진방(陳榜) 점전사(중의사)는 의술이 뛰어났으며 아울러 장기간 무료진료봉사를 하여 빈민층에 혜택을 준 성과가 탁월하여 화타(華佗) 금상장을 수상하였으며(민국 79년), 아울러 10대 걸출 명의 액자상을 받았다(민국 90년).

이어서 일관도의 도의(道義)를 선양하고 공익사업을 추진하여 중국국민당 이등휘(李登輝)주석으로부터 화하(華夏)상장을 받은 자로는 한우림(韓雨霖) 도장(민국 82년) 및 장배성(張培成; 민국 84년), 진홍진(陳鴻珍; 민국 84년), 고금징(高金澄), 시경성(施慶星) 등의 여러 전인들이 있다. 이상 네 사람의 전인 역시 사회인심 정화사업에 종사한 공이 탁월하였으므로 동시에 실천상장을 수상하였다. 또 이상의 전인들 외에 총회소속의 여러 전인들 20여명 역시 이등휘 주석의 상장을 받았다(민국 81년). 임지향(林枝鄉) 점전사 역시 이 분야의 활동에서 수차례 상장을 받았다. 이 외에도 일관도총회에서는 중국대륙의 재난구호 활동에 기부한 공로로 인해 민국 80년에 사회직업인노동조합 중앙회로부터 표창장을 받았다.

4) 국외수상실적

외국에서 상을 받은 분야에서 비교적 이른 시기의 사례로는 다음과 같다.

① 서명인(徐銘仁)전인은 브라질 정부에서 수여하는 ANA NERI 문화훈장을 받았다(1980년).

② 왕수(王壽)전인은 미국 하와이주 중의원(衆議院)에서 수여하는 민간외교확산분야의 유공자 포상을 받았다(1991).

③ 한우림(韓雨霖) 도장이 태국에서의 교화활동에 공헌한 바가 지대하여 이를 표창하기 위해 태국불교총회회장 및 대학부장(大學部長 즉 교육부장관) 명의로 '불광보조(佛光普照) 은택태방(恩澤泰邦)' 및 '현대공성(現代孔聖)'의 상패를 수여함으로써(1992) 황실을 대표하여 최고 영예의 상을 받아 존경의 대상이 되었다.

④ 미얀마의 유병굉(劉炳宏)전인은 화교학교 운영 실적이 우수하여 일찍이 대만 행정원내 중화민국 화교사무위원회로부터 상장을 수상하였으며(1994), 공익자선분야에서 10여 년이래로 또한 여러 차례

미얀마 정부로부터 표창장을 받았다.

⑤ 일관도총회가 타이베이의 세계무역빌딩에서 거행한 손혜명사모 탄신 100주년 기념대회(1994)에서 로스앤젤레스 의회 의장은 당시 일관도총회 이사장 장배성(張培成) 노전인에게 상장을 수여함으로써 로스앤젤레스 내 일관도총회 및 전진도원의 교화활동이 탁월한데 대해서 표창하였다.

⑥ 사회구호활동 실적이 우수하여 태국황실의 사회복지구제원으로부터 상장을 수여받은 경우(1995)로는 진홍진(陳鴻珍) 전인이 있다.

⑦ 흥의남흥(興毅南興)도장의 장청안(蔣清安) 점전사도 교화 및 공익사업에 열정적으로 기여하여 파라과이 대통령으로부터 국가공훈상장을 받았다(1995년).

⑧ 단체분야로는 로스앤젤레스 전진도원(全眞道院)이 교육, 문화분야의 활동이 우수하여 총회창립 5주년(1994)때 남가주 주지사와 부주지사 및 로스앤젤레스 시의회의장으로부터 표창장을 수상하였다. 총회창립 10주년(1999) 경축행사시에는 또 로스앤젤레스 시의회의장과 엘몬트(艾爾蒙地; El Monte) 시정부 및 해당 시정부 문화위원회 등으로부터 표창장을 받았다.

⑨ 태국일관도총회 성립(2000)때 해당 총회 및 세계일관도총회, 중화민국일관도총회 및 진홍진(陳鴻珍)전인이 모두 태국황실의 비서장으로부터 표창장을 수여받았다.

결론

일관도는 중생구제를 위하여 1백여 년 이래로 수많은 창상(滄桑)을 겪고 고난을 감수하였으며, 더욱이 20세기 전반에 중국 대륙 전 지역에 두루 전해졌으나, 도리어 민국 38년(1949) 중국의 정권이 바뀐 후에 도장은 거의 해체되기에 이르고 다만 해외에 약간의 인원과 불당이 남아있을 뿐이었다. 하지만 반세기가 지난 이래로 천은(天恩)과 사덕(師德)의 보살핌과 여러 불·보살의 도움 및 여러 어진 선배들의 강인한 인내와 분발, 고생스러운 전도활동 그리고 거듭된 재난에서 새롭게 일어서는 노력으로 대만과 홍콩을 기지로 삼아 다시 위대한 업적을 이룸으로써 전 세계 80여 개국에 불당을 세운 세계종교가 되었다. 이것은 "도(道)가 만국(萬國) 구주(九州)에 전해질 것이다"라는 예언이 증명된 것이며 '도(道)의 진실됨'. '리(理)의 진실됨', '천명(天命)의 진실됨'이 얼마나 귀중한지를 실증한 것이라 하겠다.

이제 세기가 서로 교차되어 새로운 때에 이르러 어떻게 하면 이러한 급변하는 고도의 과학기술 시대에 폭넓은 시야와 가슴으로 시대의 흐름을 주도하고 신세기를 향하여 국제화에 매진할 것인가가 하나의 피할 수 없는 과제가 되었다. 앞선 여러 어진 선배들의 험난한 수도과정과 개척발전은 오늘날 일관도 도장의 아주 견실한 기초를 다졌다. 어떻게 하면 선배들의 고난의 결정체를 더욱 더 발전시켜 다시 새로운 역사를 창조할 것인가. 이에 대해서 다음과 같은 여러 방안들을 생각할 수 있다. 첫째, 일관도학교 및 일관도학연구소를 설립하여 핵심 도친들의 연수와 국제적인 전도활동을 할 수 있는 인재를 배양하는 것이다. 둘째, 문교(文敎)기금회와 공익자선기금회를 설립하여 문화와 자선사업분야의 발전을 더욱 증진시키고 도무(道務)운영에 부합되도록 하는 것이다. 셋째, 외국어능력을 갖춘 인재를 길러서 인종이 서로 다른 외국인에 적응함으로써 일관도가 능히 국제적으로 진리를 전할 수 있도록 하는 것이다. 넷째, 정보네트워크를 파악하여 컴퓨터 교학을 보급하고 정보과학기술을 잘 활용하여 일관도의 국제적인 이미지를 구축하는 것이다. 다섯째, 환경보호교육을 확산하여 환경보호의식을 갖게 하고 나아가 실질적인 실천을 통해 지구환경에 관심을 갖게 함으로써 환경을 보호하는 새로운 생활운동을 추진하는 것이다. 이상의 다섯 가지는 모두 신세기의 수도과정에서 결코 빠트릴 수 없는 일들이다.

총괄하면 수도에 있어서는 오랜 옛것을 지키고, 도를 펴는데 있어서는 현대화하며, 업무는 전문화와 지역화를 원칙으로 해서, 개인적 노력으로부터 소원을 성취하고 생사를 초월하며, 나아가 세상에 대한 관심과 문화적인 전승을 위하여 사존(師尊) 사모(師母)의 은혜로운 명령을 계승하며 삼세(三世)제불(諸佛)의 큰 서원(誓願)을 실현하여 보다 많은 중생들을 제도함으로써 세계대동(世界大同)을 하루빨리 실현하는데 보탬이 되어야 할 것이다.

참고문헌

1. 전문서적 및 논문

《祖派源流》漢口萬全堂藏板, 民國丙子年刊本, 民國乙丑年林啓芳等翻印.
《金不換》袁十二祖著, 清宣統石印本.
《川匪奏稟》道光二十五年, 四川總督寶興等奏摺
《曾忠襄公全集》(六十四卷(三))清蕭榮爵編輯, 清末民初史料業書第四十五種, 據光緒29年刻本影印, 成文出版社印行.
《理數合解》北海老人著, 無年代及出版社.
《曆年易理》北海老人著, 上海崇華堂原版, 嘉義玉珍書局印行.
《一貫道疑問解答》張天然祖頒訂, 民國65年, 萬有善書出版社翻印.
《暫定佛規》張天然祖頒訂, 民國33年, 上海崇華堂重印.
《性理題釋》民國50年, 香港澤化堂, 天玄堂印行.
《奉天承運道統寶鑑》1980年再版, 台南大千出版社出版
《一貫布道大綱》郝寶山頒發, 民國三十二年, 山西一貫道明善堂印行
《華北宗教年鑑》民國30年, 興亞宗教協會發行.
《道理新介紹》東原無線癡人著, 民國丁亥年, 台灣崇華堂重印.
《一貫道組織系統》1951年, 天津市人民政府公安局編印.
《現在華北秘密宗教》李世瑜著, 民國64年, 古亭書屋出版.
《天道鈎沈》宋光宇著, 民國73年, 元祐出版社出版.
《先天道研究》林萬傳著, 民國74年, 靝巨書局印行.
《台灣的政教沖突》林本炫著, 民國79年, 稻香出版社出版.
《呂祖全書》民國80年再版, 蕭天石主編, 自由出版社出版.
《一貫道紀念專輯》蔣國聖編輯, 民國81年, 國聖出版社出版.
《中國民間宗教史》馬西少, 韓秉方合著, 1992年, 上海人民出版社出版.
《中國會道門》邵雍著, 1997年, 上海人民出版社出版.
《一貫道內幕》陸仲偉著, 1998年, 江蘇人民出版社發行.

《山東民間秘密教門》路遙著, 2000年, 北京當代中國出版社發行.
《地下神秘王國一貫道的興衰》秦寶琦, 晏東斌著, 2000年, 福建人民出版社出版.
《行道史略》(兩冊)梁開啓著, 民國77年及民國81年, 純一壇印行.
《興毅大事記》吳靜宇著, 民國80年, 三德書局印行.
《先師張公天然與其道盤》民國80年, 張德福著作及發行.
《一貫道道統道脈釋疑》民國81年, 張德福著作及發行.
《台灣民間宗教之研究; 一貫道的興起「發一靈隱」的個案分析》林榮澤著, 民國81年, 台大三民主義研究所碩士論文.
《走過四十年》張老前人等講述, 廖永康, 王顯榮編, 民國82年, 基礎道德文化基金會印行.
《一貫道(初稿)》民國84年, 中華民國一貫道總會文宣部編印.
《王覺一生平及其「理數合解」理天之研究》鍾雲鶯著, 民國84年, 政治大學中文研究所碩士論文.
《一貫維中》劉心德, 劉心玉著, 民國84年, 正一善書出版社發行.
《天道傳燈》宋光宇著, 民國85年, 王啓明發行.
《興毅年鑑-台灣開荒史記之一》民國85年, 葛景濤編著及發行.
《馨傳-大德真君紀念館落成紀念專刊》民國86年, 同義宮管理委員會出版.
《一貫道曆史》孚中著, 1997年, 正一出版社發行.
《台灣的齊教與鸞堂》王見川著, 民國85年, 南天書局發行.
《理監事聯席會議會議記錄》 (第一屆第一次至第四屆第八次)民國77年至民國90年, 中華民國一貫道總會編印.
《天祥史記》民國86年, 天祥明德佛堂, 明倫佛堂策劃, 世新大學出處中心出版.
《忠恕丹誠;一貫道基礎忠恕道場》廖永康, 王顯榮, 潘風明主編, 民國86年, 基礎道德文教基金會出版.
《一貫道真傳(一)張培成傳》宋光宇著, 民國87年, 三揚印刷企業有限公司發行.
《一貫道基礎忠恕道場簡介》1997年, 基礎忠恕道務委員會編印及發行.
《寺廟教會興辦公益慈善社會教化事業績優表揚大會專輯》內政部編印, 相關年度.
《新加坡孔孟道院慶祝五周年紀念特刊》1984年, 新加坡孔孟聖道院編印.
《菲律賓孔孟道院慶祝二周年紀念特刊》1985年, 孔孟聖道院編印.
《飲水思源-中華聖母百年誕辰紀念特刊》發一崇德雜志社編輯, 民國83年, 中華民國一貫道總會發行.
《道範千秋》民國84年, 埔里天元佛院出版.
《祁公裕修前人生平道範》民國82年, 天恩宮編印.

《大德真君紀念輯》民國81年, 同義宮編輯及出版.
《奉天宮落成典禮紀念特刊》民國81年, 奉天宮管理委員會編印.
《貴概道基五戒佛院》民國81年, 道基五戒佛院編印.
《寶光壇道脈沿革》民國82年, 聖光古佛紀念館籌備委員會印行.
《宏道宮落成大典紀念特刊》1993年, 宏道宮管理委員會編印.
《圓覺-圓覺大帝成道十周年紀念文集》民國81年, 寶光建德出版社出版.
《以道相親-大香山慈音岩落成五周年紀念特刊》民國79年, 大香山慈音岩管理委員會出版.
《天道鱗爪》民國82年, 范立煜編著及發行.
《靈濟真君結緣訓》民國乙亥年, 美國落杉磯明德壇印行.
《發一崇德道務成長的曆程》民國84年, 埔里天元佛院編印.
《寶光建德簡介; 道務中心落成紀念特刊》民國84年, 寶光建德道務中心文宣部編印.
《穆德佛院落成紀念冊》民國82年, 泗水穆德佛院編印.
《天道三佛院十周年紀念特刊》民國73年, 財團法人天道三佛院編印.
《創道佛堂落成典禮紀念特刊》1994年, 模裏西斯觀音蓮社編印.
《霹靂觀音蓮社宗心大樓落成紀念特刊》1994年, 馬來西霹靂觀音蓮社編印.
《化善津梁》丙子年(民國85年), 李慧君編著
《懿德永昭》天元宮文書組編輯, 民國85年, 屏山天元宮出版.
《陳阿棋點傳師等結緣訓》民國85年, 三峽靈隱寺編印.
《泰國孔孟忠道院簡介》佛曆2539年(1996年), 泰國孔孟忠道院編印.
《道基經研班第一期結業紀念刊》民國86年, 瓦城道基壇編印.
《天然古佛成道五十周年紀念刊》民國86年, 光明國學圖書館印行.
《慈恩永懷; 文慈菩薩成道十五周年紀念特刊》民國87年, 天道之光出版社出版.
《集賢樓落成特刊》民國86年, 天道之光出版社出版.
《張榮發回憶錄》1997年, 張榮發著, 遠流出版事業公司出版.
《崇恩佛堂落成紀念特刊》民國86年, 崇恩佛堂編印.
《天恩至德聖道院暨賢慧佛院安座落成紀念特刊》1998年, 天恩至德聖道院編印.
《一盞明燈照寰宇; 南非天道文化中心落成五周年紀念特刊》1998年, 大香山慈音岩編印.
《黃老前人成道紀念冊》民國88年, 基礎天基道場印行.
《天香慈音; 紐西蘭天香佛堂五周年特刊》1999年, 天香佛堂編印.
《中華民國一貫道總會台北市分會成立十周年專刊》民國88年, 王顯榮, 林鴻飛主

編, 台北市分會出版社.
《發一崇德新嘉坡道場廿周年紀念特刊》1999年, 發一崇德道場編印.
《發一崇德道務中心落成專刊》1999年, 林建財等編, 財團法人光慧文教基金會出版.
《發一崇德吉隆坡道場廿周年慶》1999年, 崇德文教研習會編印及發行.
《發一崇德亞羅士打道場廿周年紀念特刊》1999年, 崇德道院編印及發行.
《崇德新紀元; 發一崇德台北道場三十周年慶專刊》2000年, 陳水興等編輯, 財團法人崇德文教基金會出版.
《鐸聲震山河; 發一崇德雲林道場五十周年慶專刊》民國89年, 崇修堂管理委員會編印及發行.
《發一敬老會專刊》民國89年, 天元佛院管理委員會發行.
《白水老人年譜》民國89年, 天元佛院編著及發行.
《天恩聖道院暨聖展佛堂安座落成紀念特刊》2000年, 洛杉磯天恩聖道院編印.
《基礎新猷》2000年, 基礎文教編輯部編著, 基礎道德文教基金會出版.
《一貫道正義簡介》民國77年, 天同總堂委員會編印.
〈中原的秘密宗教〉劉心皇著, 民國67年,《國立編譯館館刊》七卷一期, 頁280-288
〈台灣齊教: 先天道源流考〉林萬傳著, 民國83年,《台灣齊教的曆史觀察與展望》頁113-144.
〈台灣一貫道在菲律賓的傳佈; 以宿霧市先天聖道院爲例〉, 蔡瓊瑤著, 1996年,《史匯》第一期, 頁87-98.
〈關於一貫道在日本發展之過程〉 賴連金著, 1997年, 《民間宗教》第3輯, 頁341-350.
〈民國期間一貫道調查研究〉陸仲偉, 王見川著,《民間宗教》第4, 5輯合刊本(出版中)
〈一貫道道統考〉思孟著,《民間宗教》第4, 5輯合刊本(出版中)
〈一個移植的教派: 一貫道在家蘭, 汐止, 南港一帶的發展(1950-1999)〉宋光宇著, 民國89年, 中央研究院社科所第八屆中國海洋發展史學術研討會論文.

2. 잡지 및 신문

《一貫道總會會訊》,《基礎雜志》,《浩然雜志》,《福山榮園集刊》,《光明集刊》,《崇德》合訂本第一, 二輯,《發一崇德雜志》,《正理雜志》,《寶光建德雜志》,《萍江竹刊》,《天恩訊刊》,《大香山道刊》,《新紀元雜志》,《群英》,《道光集刊》,《天道世界》,《興毅基金會月刊》,《興毅純陽雜志》,《崇華雜志》,《德慧》,《宗教新聞》,《天道總會會刊》,《大陸雜志》,《中華新聞報》,《申報》,《中國時報》,《聯合報》,《新生報》.

※ 부기 : 본서의 점전사 및 불당 숫자는 민국 89년(2000년)의 시기를 기준으로 하였음을 밝힙니다.

부록
학술논문

백 년에 걸친 일관도의 발전사*
-중국대륙에서 대만으로의 변천-

임영택(林榮澤)**

머리말

근래 백년에 걸쳐 일관도는 최초에 중국 산동성의 비밀스런 소규모 교파에 지나지 않았으나, 오늘날 수천만의 구도인을 비롯하여 전 세계 80여 개 국가에 진출한 신흥 종교가 되었다. 그 기간 동안 무진 고초의 험난한 과정과 중대한 시험을 겪었고 무수한 전인(前人)들의 희생과 함께 중국 대륙에서 대만으로, 대만에서 다시 전 세계로, 일관도가 근래 백년에 걸쳐 이룩한 발전과 변천은 확실히 훌륭한 민간종교의 발전사가 되었다. 본 논문은 그 역사적 발자취를 담아내는데 중점을 두었다.

민국 초기, 중국 화북(華北)지역의 민간사회에는 가장 활발히 활동하는 것만 줄잡아도 수천 개가 넘는 서로 다른 많은 교파들이 존재하였다.[1] 하지만 백년간에 걸쳐 그 명맥이 유지되고 살아남을 뿐 아니라 지속적인 성장과 발전을 이룬 교파는 소수에 불과하며, 일관도는 그 대표적인 성공사례가 되었다. 백 년 동안 일관도가 우리에게 보여준 증명은 중국의 전통적 민간 종교사에서 집대성이 될 뿐 아니라 중화민족 종교 신앙의 역량을 보여준 현대적 표본이 된다. 본 논문은

---

* 이 논문은 대만종교학회 주최, [建國一百年宗教回顧與展望國際學術研討會], 2011, 대만중앙연구원에서 발표한 논문을 수정 보완하여, 다시 2014년 2월 2일 한국 국제도덕협회(일관도) 주최 국제학술회의에서 발표한 논문을 번역한 것이다.

** 국립대만사범대학 역사학박사, 대만 보인대학(輔仁大學) 종교학과 겸임교수, 일관도학연구원 문헌관 주임

1 林榮澤(2011),《一貫道發展史》,〈第一篇: 一九四○年代天道普渡的情形〉(台北: 蘭台出版)

대만 일관도의 발전사를 중심으로 근 백년에 걸친 사료에 근거하여 일관도의 역사적 발전과 변천사를 다루고자 한다.

1. 연원(淵源): 청나라 강희제 6년(1667)-민국 19년(1930년)

중국 청(淸)조 광서(光緖)31년(서기1905년), 산동성의 청주시(青州市)에서 백양기의 1대 초조(初祖)[2]인 로중일(路中一)조사가 정식으로 천명을 받아 도반(道盤)을 잡으면서[3] 도운(道運)이 시작되어 '백양기(白陽期) 보도년(普渡年)'으로 접어들었다. 도문의 기록법에 따르면 이때를 백양기 원년의 시작으로 보며, 백양기 원년부터 오늘날 백양기원 109년(서기1905-2014년)에 걸친 100여 년간 일관도는 산동성 제녕(濟寧)의 작은 관음당(觀音堂) 사당으로 시작해서[4] 현재까지 80여 개국에 분포하기에 이르렀다. 개체 수를 보면 이미 8만 여개의 크고 작은 법단이 설립되는 과정에서 온갖 고난의 역사를 거치고, 많은 보배로운 문헌과 사료가 남아서 오늘날《일관도장(一貫道藏)》[5]의 주요자료가 되었으며 또한 본 논문의 근거가 되기도 한다.

---

2 일관도 내부 이론에 따르면 도(道)의 전승은 청양기(青陽期), 홍양기(紅陽期), 백양기(白陽期)의 3기로 나뉜다. 제 17대 로중일 조사는 백양기의 시작에 해당하므로 백양초조라 한다. 백양기의 기간은 10,800년이다.

3 林萬傳(1986),《先天大道系統研究》(台南: 靝巨書局), 頁一-194.

4 17대조사 로중일의 총단(總壇)은 산동(山東)성 청주(青州)의 관음당이다

5 林榮澤主編(2009),《一貫道藏》, (台北: 一貫義理編輯苑 . 天書訓文研究中心), 총 4부로 나뉜다.(聖典, 史傳, 祖師, 義理), 현재 이미 40책이 출판되었으며 계속 출판 중에 있다.

일관도의 기원에 관한 근거가 되는 고증적 사료는 최소한 청나라 강희제(1667)에 편찬된 《도통보감(道統寶鑑)》으로서 여기에 기재된 동방 후 8대 조사인 나위군(羅蔚群)으로부터 시작된다.[6] 학계는 일관도의 원류에 대하여 각기 다른 해석을 하기도 한다. 혹자는 일관도가 의화단(義和團)에서 시작되었다는 설도 있고,[7] 또는 선천도(先天道)에서 분파된 개혁파라고도 한다.[8] 또는 그 원류가 라교(羅教)의 한 줄기인 '동대승교(東大乘教)' 및 '원돈교(圓頓教)'라고 하기도 한다.[9] 혹은 일관도가 팔괘 교파의 한 줄기인 선천도의 변형이라고도 하며,[10] 혹은 금단도(金丹道) 또는 청련교(靑蓮教)와 팔괘교(八卦教)의 전통에 뿌리를 둔 것이라고도 한다.[11] 혹은 청나라 말기 왕각일에 의해 창건되었다거나,[12] 혹은 17대 '로중일' 조사가 일관도의 제1대 조사(First Patriarch)라고도 한다.[13] 심지어 18대 조사 '장광벽(張光璧; 張天然으로도 불린다)'이 천진(天津)에 창립한 일관도를 기점으로 삼기도 한다.[14]

---

6 林榮澤(2010), 〈一貫道起源考〉, 2010年「傳統宗教與新興宗教」學術會議宣讀論文集；臺灣宗教學會, 2010年6月. 拙著〈八祖羅蔚群的歷史考察〉, 《一貫道研究》, 第1卷第二期, 2013年4月.

7 李世瑜(1975), 《現代華北秘密宗教》, 第二章〈一貫道〉(台北: 古亭書屋 台一版)

8 林萬傳(1986), 《先天大道系統研究》(台南: 靝巨書局).

9 馬西沙, 韓秉方(1992), 《中國民間宗教史》, 第十八章〈一貫道的源流與變遷〉(上海: 人民出版社).

10 蔡少卿(1989), 《中國秘密社會》(杭州: 浙江人民出版社), 頁173.

11 佐藤公彥(1983), 〈清代白蓮教史的展開〉, 《續中國民衆反亂世界》(東京: 汲古書院).

12 王見川(1996), 《臺灣的齋教與鸞堂》(台北: 南天書局).

13 David K. Jordan & Daniel L. Overmyer, *The Flying Phoenix: Aspects of Chinese Sectarianism in Taiwan* (Princeton: Princeton University Press, 1986), p.215.

14 Lev Deliusin '*The I-Kuan Tao Society*' in *Popular Movement and Secret*

이상과 같은 이론은 각기 논점을 가지고 있으나, 필자의 최근 연구에 따르면[15] 일관도 신앙의 핵심인 「무생노모(無生老母)」의 관점에서 연구해볼 때《용화보경(龍華寶經)》이 바로 나(羅) 8조가 사용한 주요 경전이었으며, 이것이 또한 가장 오래되고 완성된 형태의 무생노모신앙의 경전으로 이해된다. 필자의 고찰에 따르면[16] 이 경전은 아마도 당시 도교의 서왕모(西王母) 신앙의 변천과 관련이 있어 보인다. 《도통보감》에 기재된 나(羅)8조는 7조 백옥섬(白玉蟾)으로부터 도통을 전승받았고, 백옥섬은 도교 금단도(金丹道) 남종의 조사이다. 따라서 나8조는 아마도 금단도의 한 줄기로서, 명나라 말기에 강필 방식으로 천명을 계승받아 역시 강필로《용화보경》을 저술하여 무생노모의 가르침을 계승한 것으로 보인다.[17] 이러한 과정은 후에 일관도의 발전과 관련하여 그 원류와 직접적인 연관이 있고, 이 때문에 일관도의 기원은 마땅히 강희제 초기에 직례(直隸)지방 일대에 도를 전하던 나위군(羅蔚群)과 긴밀한 관계가 있다고 보는 것이다.[18]

그 후, 청나라 동치(同治) 12년(1873)에 청련교(青蓮教)의 총수 임의비(林依秘)가 타계하면서 청련교는 재차 분열되어 그 중 요학천(姚

Societies in China 1840-1950 (California: Stanford University Press,1972) p.226.

15 林榮澤(2010),〈一貫道起源考〉, 2010年「傳統宗教與新興宗教」學術會議宣讀論文集 ; 臺灣宗教學會, 2010年6月.

16 林榮澤(2009),〈從西王母到無生老母: 論道教西王母向民間宗教的轉化〉,『2009道教神祇國際學術研討會論文集』, 真理大學宗教文化與組織管理學系, 2009年5月31日. 이 논문은 顧氏著(2010),《民間宗教研究論集(2): 天書訓文研究》(台北: 南台出版), 頁11-50에 실려 있다.

17 林榮澤(2009),〈從西王母到無生老母: 論道教西王母向民間宗教的轉化〉, 頁38-43.

18 林榮澤 主編(2010),《一貫道藏》,〈祖師之部 . 第一冊〉, 頁3-21에 자세히 나와있다.

鶴天)이 이끄는 단체가 후대의 일관도로 발전되었다.[19] 청나라 광서(光緒) 초기 연간에 왕각일(王覺一)이 15대조를 이어받으면서 청련교 교의에 대대적인 개혁을 하고 유교화(儒教化)를 제창하였다. 도교의 수련법이 중심이었던 청련교가 유교화로 성향이 바뀐 것이다. 왕각일 조사는 《일관탐원(一貫探原)》의 저서를 통하여 공자께서 말씀하신 "나의 도는 하나로 꿰뚫는다(吾道一以貫之)"의 도리를 연계시켜 심오하게 승화시켜 일관도 유교화의 교의적 기초를 닦았다.[20] 이어서 광서 12년(1886년) 유청허(劉淸虛)조사는 천명을 이어받아 '동진당(東震堂)'을 '일관도'로 개명한 것이 오늘날 일관도 명칭의 유래가 되었다.[21] 그 후 줄곧 민국 19년(1930)에 이르러 장천연(張天然)이 제 18대조(師尊)로서 도반(道盤)을 이어 받고 일관도는 계속되는 발전과 개혁을 이루게 되는데, 일관도의 유교적 변화뿐만 아니라 예절과 의례, 전통의식 모두가 간소화되면서[22] 이후 일관도는 더욱 전파되기 수월해졌고, 비로소 일관도가 본격적으로 발전의 초석을 다지게 되었다. 18대조 장천연은 비록 일관도의 '유교를 종주로 삼는(以儒爲宗)'종교의 기초를 수립한 사람이지만, 일관도가 유가사상을 확산하게 된 주요시기는 대만에서 60여년의 발전을 거치면서부터라고 할 수 있다.[23]

19 林榮澤(2009), 〈從西王母到無生老母: 論道教西王母向民間宗教的轉化〉, 頁38-43.

20 林萬傳(1986), 《先天道系統研究》(台南: 靝巨書局), 頁1-186.

21 宋光宇(1984), 《天道鉤沉- 一貫道調查報告》(台北: 元祐出版社), 頁118.

22 張天然(1939), 《暫訂佛規》, 濟南에서 반포되었다.(民國80年, 台北, 三峽靈隱寺重印).

23 林榮澤(2010), 〈一貫道對儒家思想的推廣〉, 「2009年近現代中國民間結社學術論壇」論文集 ; 《新世紀宗教研究》九卷一期, 2010年9月.

2. 초창기(草創期): 1930-1936년

일관도는 17대조 로중일(路中一) 당시만 해도 산동성 청주 일대의 작은 한 교파에 지나지 않았고 당시 화북지역에만도 1천여 개의 민간 군소 종교들이 혼재해 있었다.[24] 로중일 조사는 광서 31년(1905) 천명을 이어 받은 후 고향인 제녕(濟寧)으로 돌아가서 전도를 하였다. 초기 제녕에서의 도무(道務)는 결코 수월치 않았다. 민국 4년(1915)에 로중일 조사는 산동성 단현(單縣)의 손소진(孫素眞; 일관도에서는 사모(師母)로 불린다)을 제도하여 손씨에게 단현의 도장 한 곳의 운영을 맡기니 도무가 점차 발전의 계기를 맞게 되었다. 단현 그 곳은 제녕에서 멀지 않아 로중일 조사가 민국 7년(1918) 제녕에 관음총단(觀音總壇)을 건립하고 도무를 개진하였다. 몇 년이 안 되어 제녕에 하나의 새로운 도장을 운영하게 된 것이다. 민국 9년(1920)에 장천연은 로조에게 의탁하고, 장천연이 도무의 개척을 잘 하였기 때문에 로조의 도무 또한 크게 번창하게 된다. 그 후 로중일 조사는 장천연을 점전사(點傳師)로 임명하고 로조의 8대 제자로 삼게 된다.[25] 민국 14년(1925) 로조는 귀공(歸空)회천(回天)하면서 누가 도맥을 계승할지를 정하지 않았기 때문에 천명의 계승 문제가 발생하였다. 로조의 회천 당시 먼저 로조의 여동생인 노중절(路中節)이 대리 승계하게 되고 민국 19년(1930)에 이르러 장천연 및 손소진이 동시에 명을 받아 천명을 계승하게 되어 일관도의 18대조가 되었다. 이러한 계승 과정에서

24 林榮澤(2007),《一貫道歷史: 大陸之部》, 第一章〈1940年代天道普渡的情形〉.

25 《師尊張天然傳》, 林榮澤主編(2010),《一貫道藏》,〈史傳之部 . 第一冊〉, 頁16-18.

일관도는 적지 않은 충돌이 발생하기도 하였다. 반대를 하던 이들은 무리를 지어 당파를 만들어 나가니 이때를「천자대고(天字大考)」라 일컫는다.[26] 이「천자대고」는 민국 19년에 산동성 단현에서 열린 '팔괘로회(八卦爐會)'행사로 인해 야기되었다.[27]

손소진의 고향은 산동성 단현의 서관(西關)촌으로 전형적인 시골 마을이었다. 장천연의 고향인 제녕시로부터 약 80km 떨어진 거리로서 산동성의 아주 외곽지역인 셈이다. 민국 19년(1930)에 '팔괘로회'가 그곳에서 열린 것은 아주 의외의 일이었다. 손소진은 젊은 시절에 귀일도(歸一道)라는 종교에 참여하였는데, 당시에 가정에 변고가 생긴 후로 더욱 결심하여 "입지수도(立志修道)"하게 되었다.[28] 손소진은 수도 정진하면서 중생 제도를 병행하여 제도한 사람이 약 1,000여 명에 달하였다. 민국 4년(1915) 산동성 제녕 관음당의 로조는 손소진의 덕행을 소문으로 듣고 친히 내방하였으며, 이때에 로조가 손소진을 제도하여 지점(指點)을 내리니 손소진은 황급히 로조에 큰 예를 올리게 되었다. 이후에 귀일도의 신도들 모두를 제도하고 단현에서 곤도(여자)신도들을 이끌면서 손소진(사모대인)은 17대 로조의 여성 지도자가 되었다.[29]

손소진은 로조 귀공 전에 단현 지역 일대에서 이미 큰 도장을 이루어 도친들이 약 2천 명에 이르렀다. 1925년(민국 14년) 로조가 귀

---

26 林榮澤主編(2010),《一貫道藏》,〈聖典之部 . 第一冊〉, 頁37.
27 林榮澤(2012),《師母孫慧明傳》(台北: 一貫義理編輯苑), 頁26-29.
28 秦寶琦, 晏樂斌(2000),《地下神秘王國: 一貫道的興衰》(福州: 福建人民出版), 頁172.
29《師母孫素貞傳》, 林榮澤主編(2010),《一貫道藏》,〈史傳之部 . 第二冊〉(未刊稿), 頁1-2.

공하자 손소진은 단현으로부터 간부들을 대동하여 통곡의 조문을 하였으며, 치상(治喪)기간을 마치고 돌아가기 전에 장천연(사존대인)에게 기회가 되는대로 단현을 방문해 줄 것을 요청하였다.

손소진의 단현에서의 도무는 지속적으로 확대 발전하였으며, 그 총단(總壇)이 바로 단현 서관(西關)의 대불당(大佛堂)이다. 1930년(민국 19년)에 처음으로 그 곳에서 '팔괘로(八卦爐)'행사가 열렸는데 이는 로조 귀공 후 일어난 특별한 일이었으며 당시로서는 이해하기 어려운 일이다. 당시의 상황을 제명주(齊銘周) 전인이 남긴 아래 기록에서 엿볼 수 있다.

> 1930년에 이르러 단현 서관 왕씨 성을 가진 도친 집안에서 연구반을 만들었는데 명칭을 '팔괘로(八卦爐)'라 하였다. 그 당시에 장 사존대인과 손 사모대인 모두 이 행사에 참여해서 서로 연찬하고 격려하였다. 행사가 끝나기도 전에 로조께서 강필로 내려 와서 훈계하기를 "상천의 명을 받들어 명하노니 전세(前世)의 인과를 해소하기 위하여 사존 사모 두 사람이 결혼으로 인연을 맺어 도무를 이루어 가라"라고 하였다. 두 분은 말이 떨어지기 무섭게 명을 받들기를 어려워하며 식음을 전폐하고 며칠이 지나도 명 받들기가 이루어지지 않았다.[30]

제명주 전인은 장천연(사존대인)이 천명을 받은 후 제남 등지에서 활동하던 큰 수제자이다. 후에 제 전인은 사존 사모 두 사람의 신변에

30 〈齊銘周自白書〉, 轉引自秦寶琦, 晏樂斌(2000),《地下神聖王國: 一貫道的興衰》(福建: 福建人民出版社), 頁174.

남아 끝까지 도무를 수행했다. 남경에서 큰 탄압이 발생했을 때도 제전인은 사존 대인을 모시며 300일을 같이 옥고를 치렀다.

'팔괘로'법회는 단현의 손 사모대인의 총단 지역으로 손소진 장천연이 참석하면서 법회를 주재하였다. 당시에 법회가 열려 강필(降筆)을 진행할 때, 17대 금공(金公)조사가 강림하여 천재인 김보림(金寶林)을 통하여 이르기를, "노모(老㚷)님의 명으로 이르노니 궁장(弓長) 자계(子系)는 공동으로 천명을 받들라. 장천연과 손소진은 부부의 이름을 지니되 실제 부부는 아니라, 이는 일월합벽(日月合壁)으로 하늘의 화합이 되니 삼조대사를 공동으로 수행하여 널리 인연 있는 자를 제도하라」라고 훈계가 떨어졌다.[31] 그러자 그 장소에 있던 수백 명의 간부들은 이러한 강필을 보고 혼란스러워 했다. 당시 장천연 및 손소진 두 사람조차 강필 내용이 믿기지 않아 그 즉시 무릎 끊고 명을 받들기 힘듦을 토로하였다. 수일이 지난 후 손소진은 홀로 방에서 두문불출하고 식음을 전폐하며 며칠을 눈물로 지세면서 두세 번에 걸쳐 방에서 홀로 자결을 시도하기도 하였다. 하지만 줄이 끊어져 구사일생으로 살아났으나 여전히 문제를 해결할 수는 없었다.[32] 그러나 이미 확고히 결정된 상황이었으므로 당시에 태사모(사존대인의 모친)가 이를 심히 걱정하여 중재에 나서 대신 명을 받으니 그제야 문제가 해결되었다.[33]

---

31 陸仲偉(2002),《民國會道門》, 收入譚松林主編,《中國秘密社會》, 第五卷(福州: 福建人民出版社), 頁251.

32 〈潘華齡自白書〉. 轉引自秦寶琦, 晏樂斌(2000),《地下神聖王國: 一貫道的興衰》, 頁174.

33《師母孫慧明傳》, 林榮澤主編(2010),《一貫道藏》,〈史傳之部 . 第二冊〉(未刊稿), 頁

장천연과 손소진이 명을 받든 후 호계금(胡桂金), 염보융(閻步隆), 마옥화(馬玉華), 왕학존(王學尊) 등을 대동하여 제녕을 출발하여 제남에 도착해서 도무를 열었다. 장천연은 우선 동문리(東門里)에 총단을 만들고 그 이름을 '숭화당(崇華堂)'으로 지어 이곳을 도무 확대를 위한 초석으로 삼았다. 또한 이곳은 장천연 본인이 직접 주관하였기에 '중추단(中樞壇)'으로도 일컬었다. 1년 후에 다시 추가로 숭화(崇華), 동진(東震), 리화(離化), 금강(金剛), 천일(天一) 등 다섯 군데 불당을 건립하였다.[34] 이때부터 일관도는 제남을 근거로 지방으로 확대됐다. 민국 23년(1934)에 이르러서는 천진에 진출하였으며 민국 24년(1935)에는 산동성 청도(青島)와 산서성의 서안(西安)으로 진출하였으며, 민국 25년(1936)에는 북평(北平)과 안휘성의 방부(蚌埠)에 진출하였다.[35] 대체로 이 시기 일관도의 발전은 대도시를 중심으로 거점을 정하는 방식으로 시작하였다. 그 분포 범위는 주로 화북 일대였는데 특히 하북(河北)과 산동성이 중심이 되었다.

민국 25년(1936) 초 천진에서 「천진총법단」이 낙성되었다. 이 후 장천연은 남경으로 가서 도무를 운영하였는데, 바로 서주(徐州)의 방부(蚌埠)에서 관청에 의해 큰 고(考)를 받게 되었다.[36] 이때에 장천연은 300일을 구금당하였다. 다음 해인 1936년 봄에 석방되니 이 사건을 '금릉수고(金陵受考)'라 한다.[37] 다행히 당시 손소진은 동행하지 않

3-5.

34 宋光宇(1984),《天道鉤沉: 一貫道調查報告》, 頁123.

35 中華民國一貫道總會編(1988),《一貫道簡介》, 頁42-47.

36 「官考」란 일관도를 전파하는 사람이 정부로부터 단속을 받거나 취체를 당하는 것을 말한다. '풍고(風考)라고도 한다.

았기 때문에 조사관에게 같이 잡히지 않았다. 300일 동안 구금당한 이 시기에 장천연이 부재중인 동안 손소진은 모든 도친들의 인심을 안정시키고 사존대인을 구해야 된다는 큰 책임을 맡게 되었다. 대만으로 건너온 전인들의 회고록에 따르면, "당시 사존대인께서 이 사건으로 300일을 옥살이 하셨고 사모대인께서 그만큼 온갖 고생을 다하며 각지로 순회하여 제자들을 살피고 독려하시며 신도들의 인심을 수습하였기 때문에 도무가 이 사건으로 영향 받지 않았다"고 한다.[38] 손사모대인은 천신만고를 다하며 주요 큰 법당을 거의 다 일일이 방문하며 제자들에게는 큰 독려를, 도친 대중들에게는 넓게 인심을 어루만져주었다. 그 외에도 손사모는 사존대인이 하루라도 빨리 평안히 돌아오도록 거의 하루도 빠지지 않고 상천에 자비를 구하였다. 이 시기에 모두 28편의 문헌이 전해 내려오는데,[39] 당시 사모대인이 법회를 집행하면서 그 당시의 인심을 안정시키는 내용을 기록하고 있다.

3. 전개기(展開期): 1937-1947년

이 시기에 일관도의 발전 속도는 더욱 빨라서 민국 26년(1937)초 장천연이 석방되어 숭화총단으로 돌아오자 도장에는 상서로운 기운이

37 齊銘周 1952年 筆供. 轉引自陸仲偉(2002),《民國會道門》, 譚松林主編,《中國秘密社會》, 第五卷, 頁256.

38 三峽靈隱寺,《師母紀念集》(台北: 天道之光出版社).

39 林榮澤主編(2009),《一貫道藏》,〈聖典之部 . 第一冊〉, 頁134-262에 상세히 나와 있다.

충만했다. 4회에 걸친 큰 로회(爐會) 외에도 장천연 사존은 그 해에 《일관도 의문해답》을 손수 집필하여 일관도 교의의 근거를 정립하였다. 동시에 일관대도는 이 해부터 크게 진전되어 동북과 산서성 일대까지 전파되었다. 민국 28년(1939)에 상하이, 남경, 보계, 감숙, 신강, 남창, 무석 등지에, 민국 29년(1940)에는 안동, 곤명, 한구 등에 걸쳐 전파 되었고 민국 34년(1945)에는 대만까지 전파되었다. 민국 36년(1947)까지 장천연이 병으로 귀공하기 전까지 일관도는 사실상 중국 전역에 전파되었다.[40] 이 과정에서 천진과 상하이 두 곳은 남과 북의 도무 중심지로서 양대 산맥을 이루었다. 오늘날 대만의 일관도 여러 조(組)중에서 가장 큰 조인 흥의(興毅)와 발일(發一)등은 천진이 발원지이며, 기초(基礎)조 및 보광(寶光)조는 상하이가 발원지이다.

이외에도 이 시기에 인재 양성을 위한 각종 로회(爐會)가 설립되었다. 민국 26년(1937) 초, 장천연 사존은 남경에서 300일 동안 구금되어 있다가 석방되어 돌아온 후 당해 연도에 제남, 천진, 북평 등에서 로회(爐會)를 네 차례 개최하였고 이 과정에서 각기 중요한 문헌을 남겼다. 특별히 2월15부터 22일까지 개최된 '천진노회(天津爐會)'는 《성세지남(醒世指南)》이라는 책을 남겼다.[41] 같은 해 6월16일 시작된 제남 숭화당에서 거행된 '제남노회(濟南爐會)'는《혈서진언(血書眞言)》이라는 저서를 남겼다.[42] 이어서 7월 8일에서 19일까지 북평과 천진 두 곳에서 동시에 거행된 로회(爐會)에서는 이를 '평진노회(平津爐會)'

40 中華民國一貫道總會編(1988),《一貫道簡介》頁48-53.

41《醒世指南》은 林榮澤主編(2009),《一貫道藏》,〈聖典之部 . 第一冊〉, 頁263-278에 수록되어 있다.

42《血書真言》, 林榮澤主編(2009),《一貫道藏》,〈聖典之部 . 第一冊〉, 頁279-295.

라고 하였는데, 각각 《백양보벌(白陽寶筏)》[43]과 《십전구고(十全救苦)》[44]라는 두 책을 남겼다. 이상 네 권의 책은 민국 26년에 네 번 개최된 중요 로회(爐會)를 통해 도출되어 나온 훈문(訓文)으로서 그 주요 내용은 유가의 도리와 이와 융합한 일관도의 수행이라 하여 '백양사서(白陽四書)'라 한다.

이듬해인 민국 27년(1938) 천진에서 '순양(純陽)노회'와 '자양(紫陽)노회'를 개설하고, 민국 28년(1939) 2월19일에서 3월25일까지 장천연 조사는 북평(北平)의 도무적 중추의 중요성을 분명히 드러내기 위하여 북평에서 '순천(順天)대회'를 개최하자 전국 각지의 200여 간부가 이 노회(爐會)에 참여하였다.[45] 장천연 조사는 이 때 법회 중에 직접 나서서 일관도의 종지, 즉 '도의 종지'를 명확하게 정의하게 되는데 그 내용은 아래와 같다.

> 본도의 종지는 곧 천지를 공경하고, 신명에게 예의를 다하며, 부모에게 효도하고, 스승을 존중하며, 친구를 믿으며, 이웃과 화목하며, 언행을 삼가하며, 악을 고쳐서 선으로 나아가는 것이다. 강상(綱常)윤리와 같이 마땅히 행해야 하는 일 외에도 일률적으로 간파하여 천인일관(天人一貫)의 종지를 연구한다. 마음을 닦고, 근심을 없애고, 거짓(신체)을 빌려 진실을 닦으며, 본성을 회복하고, 선을 밝혀 처음으로 돌아간다. 특히 타인과 더불어 동감(同感)하는 것을 잘 하여서 자신이 서고자

43 《白陽寶筏》, 林榮澤主編(2009), 《一貫道藏》, 〈聖典之部 . 第一冊〉, 頁296-317.
44 《十全救苦篇》, 林榮澤主編(2009), 《一貫道藏》, 〈聖典之部 . 第一冊〉, 頁318-341.
45 林榮澤(2005), 《一代明師: 師尊張天然略傳》, (台北: 一貫義理編輯苑), 頁92-93.

하면 남을 세워주고, 자신이 도달하고자 하면 먼저 남을 도달하게 하는 것을 중요시한다. 서로 인도하고 인심을 바르게 하여 퇴폐한 풍속을 구제하고, 사람들을 교화하여 선량하게 하며, 대동세계가 되기를 희구하니 이것이 본도의 유일한 종지이다.[46]

'도의 종지'는 장천연 조사가 일관도 교의의 핵심을 정의한 것이다. 글귀에는 오교(五教)성인(聖人)의 심오한 진리에 대한 언급이 있지만 여전히 유교의 윤리사상이 근간이 된다. "내가 서고자 하면 먼저 남을 세우고, 내가 통달하고자 하면 먼저 남을 통달시킨다"와 "세상을 청정 하게 만들고, 인심을 어질게 하여 대동세계가 되기를 희구한다"는 것은 바로 유가의 이상(理想)을 나타낸다. 이로서 판단하건대 장천연 조사는 유가 사상을 일관도 교의의 핵심으로 삼고 있음을 어렵지 않게 알 수 있다.

이 외에도 장천연 조사는 일관도의 법단과 도장 규율을 정립하고자 일관도 불규와 예절에 대하여 민국 28년(1939)에 《잠정불규(暫訂佛規)》라는 저서를 집필하였다.[47] 이 책은 장천연 조사 일생 최대의 유작(遺作)으로 같은 해 순천 대법회에서 대중에게 유가의 예의사상을 강술하고 모든 신도들에게 성인(聖人)이 남긴 '예문의로(禮門義路)'의 교훈을 따르도록 한 것은 불규(佛規)예절과 의식의 중요성을 인식시키고 또한 이를 도장의 명맥을 잇는 근거로 삼기 위한데 있었다.[48]

46 《一貫道疑問解答》, 林榮澤主編(2010), 《一貫道藏》, 〈義理之部 . 第一冊〉, 頁7.
47 張天然(1939), 《暫訂佛規》, 林榮澤主編(2010), 《一貫道藏》, 〈義理之部 . 第一冊〉, 頁153-176.
48 張天然(1939), 《暫訂佛規》, 林榮澤主編(2010), 《一貫道藏》, 〈義理之部 . 第一冊〉,

즉 장천연 조사는 불법의 규율을 빌려 예절을 정례화 하였고 유가 사상을 융합해 일상생활의 수도방법으로 정립한 것이다. 또한 장조사는 전통적 '선천도(先天道)' 이래로 번잡한 예절을 개혁하였으며 불순한 것을 제거하고 순수한 것을 보존하며 그 정수만을 취하되 또 그 내포된 정신을 잃지 않았다. 이로써 장조사는 불규예절로써 도장을 정돈하는 목적으로 삼았음을 알 수 있는데, 이 모두는 유가 성현의 예절을 기쁜 마음으로 본받고, 법단과 도장의 지속적이고 영속적인 강령을 세우기 위함이었다.[49]

이 시기에 일관도가 가장 융성했던 곳은 일본군 점령 하에 있던 곳이다. 일관도의 기본 입장은 반일(反日)이었으나,[50] 당시 중국 남경의 왕위(汪僞)정부 그리고 공산당, 심지어 국민당까지도 일관도를 싫어하고 모두 적군의 앞잡이로 여겼다.[51] 그래도 일관도의 발전은 지속되었으며, 그 발전의 근저에는 어쩌면 당시 일본인 요시토요 요시오까(吉岡義豐)가 지적하듯이 "정국이 혼란하고, 영도자가 뒤바뀌는 불안한 전쟁 상황에서 민중이 의탁할 곳이라곤 종교에 의지하는 것일 뿐이다…. 정치가 불안한 사회현상 속에서 인간의 권리도 대부분 땅에 떨어지니 오직 기댈 곳이라곤 자신의 운명을 신의 손에 맡기는 것이다"라는 말이 맞을지도 모른다.[52]

頁154.

49 張天然(1939),《暫訂佛規》, 林榮澤主編(2010),《一貫道藏》,〈義理之部 . 第一冊〉, 頁158.

50 일본인 학자 窪德忠이 쓴 「關於一貫道」의 글에 기재된 내용에 의하면 이 당시의 일관도는 기본적으로 반일이었다고 기술하고 있다. 宋光宇(1984),《天道鉤沉: 一貫道調查報告》, 頁126.

51 宋光宇(1984),《天道鉤沉: 一貫道調查報告》, 頁39.

4. 전환기(轉換期): 1947-1954년

민국 36년(1947) 8월 중추절, 장천연 조사가 중국 성도(成都)지역에서 귀공하였다. 이 때 모든 도무는 손소진 사모가 계승하였다. 민국 37년(1948)에 화북지역 상당 부분의 형세가 위급하게 돌아가자 많은 일관도 신도들이 계속해서 해외로 피난길에 올랐으며, 한국, 일본, 대만, 동남아 등지로 떠나게 되었다. 이 시기에 중국에서 공산주의 중화인민공화국 정권이 수립되자 일관도의 도무는 급격히 위축되었고 일관도는 중국 사회주의 정권으로부터 '제국주의와 국민당에 의해 앞잡이 노릇을 하는 반혁명 단체'라는 죄명으로 낙인 찍혀 숙청 대상이 되었다.[53] 이처럼 상황이 급변하자 모두 지하로 숨어 비밀리에 회동을 하고 집회를 가졌으며, 혹은 '중도(中道)'라고 명칭을 임시로 바꾸어 은신하기도 했는데, 산서성 지역의 경우 대다수가 이러했다. 1955년 7월29일 중국의《인민일보》는 산서성 일관도의 은닉 조직이 발각된 것과 관련하여 102개 지하 집회 장소와 434인의 지도자들이 체포된 것을 보도했다. 같은 상황이 하북성에서도 일어났다.[54] 1949년 후부터 일관도의 중국에서의 발전은 이미 아주 어려워졌다는 사실을 알 수 있다.

---

52 吉岡義豐(1985),《中國民間宗教概論》(台北: 華宇出版社), 頁193.

53《人民日報》 1950年12月20日. Lev. Deliusin *"The I-Kuan TaoSociety" in Popular Movements and Secret Societies in China*, Edited by Jean Chesneaux,(Stanford: Stanford University Press, California, 1972). pp.225.

54《人民日報》1955年7月2日 및 29日. C. K. Yang, *Religion in Chinese Society* (Berkeley : University of California Press, Los Angeles, London 1970), pp.400.

일관도는 비록 중국 대륙에서 눈부신 속도로 발전하였으나, 중국 공산당 정부가 들어선 이후부터 빠르게 소멸되기 시작했다. 그러나 일관도는 도리어 대륙이 아닌 해내 · 외에서 재창조할 기회를 맞게 되는데 그 주요한 내용은 60여 년간 대만에서의 발전이 그것이다. 가장 이른 시기는 1945년(민국 34년) 12월 16일에 진문상(陳文祥), 양의문(楊倚文), 포병삼(鮑炳森) 3인이 중국 상하이로부터 배편으로 대만 기륭(基隆)시에 도달하여 이듬해인 의란(宜蘭) 초계(礁溪)에서 1월13일 대만 최초의 법당인 「천덕불당(天德佛堂)」이 설립된 것이다.[55] 1946년(민국 35년)초 또 다른 다섯 그룹의 인원 수 십 명이 함께 대만에 상륙하게 된다.[56] 1947-48년 중국 대륙은 그 형세가 더욱 위태로워 더 많은 일관도 신도들이 대만으로 들어오게 되는데, 확실히 조사된 바에 따르면 대만으로 피난한 이후 계속 전도활동을 한 전인(前人)이 총 97명에 달한다는 사실이다.[57] 이 전인들은 하나의 통일된 조직을 이룬 것이 아니라 각자의 지역과 인연에 따라 발전하였으며, 당시에 관청으로부터 심한 감시를 받아서 서로 연락하기 힘들었다. 이 과정에서 현재 대만 일관도의 18개 조선(組線)이 출현하게 된다.

초기에 대만에서의 일관도 전파 과정은 결코 순조롭지 않았다. 1948년(민국 37년) 음력 8월15일 일관도가 대만에 정착한 이후 첫 번째 관고(官考)가 엄습했다. 이 날에 장천연 사존대인의 성도(成道)

55 〈陳文祥前人事略〉, 蔣國聖編(1990),《一貫道紀念專輯》(台中: 國聖出版社編印), 頁 143-144.

56 宋光宇(1984),《天道鉤沉- 一貫道調查報告》, 頁128-129.

57 林榮澤主編(2009),《一貫道藏》,〈聖典之部 . 第三冊〉,「民國34-39年來臺傳道的前人簡表」, 導言頁3.

1주년을 기념하기 위하여 많은 신도들이 타이베이의 원덕보궁(元德寶宮) 법당에 모였는데, 이 과정에서 경무처장인 진선주(陳仙洲)가 휘하 경찰을 동원하여 현장을 포위, 진문상을 포함한 모든 인원을 체포한 것이다.[58] 대만에서의 중생보도가 꿈틀거리던 타이베이의 도무는 이로 인해 일시적으로 좌절을 겪는다. 많은 도친들은 이 영향으로 소리 소문 없이 은신을 하고, 진문상의 타이베이 지역 모든 도무가 중지되었다. 이일로 당시 책임자였던 상하이 보광단(寶光壇)의 반화령(潘華齡) 도장(道長)은 두 번 대만을 방문하여 도장의 일을 추스르기도 했다. 반(潘)도장(道長)은 타이베이에서 참회반을 열어 현지 제자들의 신념을 견고히 하도록 지시했고 다른 한편으로는 구속 수감된 점전사들의 석방 활동을 벌이기도 했다. 진문상 휘하의 세 명의 점전사를 포함해서 모두는 이듬해 3월이 되어서야 비로소 석방 되었으니 약 6개월 동안 구금 생활을 한 셈이다.

1946년(민국 35년)경 대만에 도착한 천진(天津) 문화단(文化壇)의 손로일(孫路一), 주걸남(朱傑南)은 타이베이시 조주가(潮州街)에 '천화당(天化堂)'을 설립함으로써 대만 일관도의 문화조(文化組)가 발전한 기틀을 세웠다. 같은 해 5월에 중국 하문(廈門)의 기초도장(基礎道場) 당소계(唐紹繼), 해소무(解昭武), 유준삼(劉遵三), 조철선(曹鐵善) 등은 타이베이시로 와서 개황을 하였고, 이는 대만 일관도 기초(基礎)조의 유래가 되었다. 같은 해 9월에는 천진 문화단에서 다시 이문금(李文錦)을 보내 타이베이 고정구(古亭區)에서 '선화당(善化堂)'을 설립한

58 寶光崇正編(2005),《妙極大帝暨楊老前人百歲誕辰追思紀念輯》(寶光元德出版社), 頁6.

것 또한 문화조 도무 발전에 기여하였다. 같은 해 10월 상하이 기초단의 원자악(袁煮鶚), 원자홍(袁煮鴻), 고상린(顧祥麟) 등이 타이베이시에서 개황, 대만 일관도 기초충서(基礎忠恕)도장 발흥의 원류가 되었다.[59] 이듬해(민국 36년) 천진 건일단(乾一壇), 상하이 금광단(金光壇), 안휘성의 혜광단(慧光壇), 천진의 동흥단(同興壇) 등이 인원을 파견하여 대만으로 와서 전도활동을 하였다. 초기에 각 조에서 온 전인들은 똑같이 험난한 고(考)를 겪었다. 이 시기에 비교적 무거운 관고(官考)가 온 것이 1949년(민국 38년) 가을이다. 대만의 타이난에서 총 11명의 전인이 투옥된 사건이다. 이듬해인 1950년 진문상 전인이 다시 관고로 5개월 동안 수감 되었다. 1951년(민국 40년) 중국 상주(常州) 지역 상주조(組)의 서창대(徐昌大) 전인은 타이난에서 고를 겪었는데 경찰국에서는 항상 서전인을 감시하고 수시로 조사하였다. 1953년(민국 42년) 법성조(法聖組)의 손덕춘(孫德椿) 전인 또한 타이베이시에서 관고를 겪었다. 1954년(민국 43년) 혜광조(組)의 주보신(周輔臣) 전인이 대만 타이중에서 고를 겪었는데, 후에 장배성(張培成) 전인의 힘으로 보석 석방되었다. 이 시기에 관고(官考)가 끊이지 않은 것은 당시의 정치사회적 배경과 맞물려 있었기 때문이다. 다행히도 이 시기에 대만으로 개황한 전인들은 관청에 구속되고 석방되기를 되풀이해 가면서도 도무는 별 탈 없이 지속 되었다. 일관도는 '중생을 제도하면 공이 있다(渡人有功)'는 신념과 「무생노모(無生老㆐)」 신앙을 곧 구세 운동의 핵심으로 삼고, 간결한 의식과 '진리를 먼저 얻고

59 慕禹(2002),《一貫道概要》(台南: 巍巨書局), 頁81-86.

뒤에 수도한다(先得後修)'라는 이념에 더하여 최전방에 선 전인들의 각고의 희생, 선불(仙佛)의 강필(降筆)과 교훈 등으로 무장하여[60] 대만에서 신속하게 발전할 수 있었다.

1953년(민국 42년)에 손소진 사모는 홍콩 기차역에서 반 도장(道長)문제로 인해 중국 대륙으로 귀국하였는데, 이는 중국정부가 반 도장을 송환하는 대신에 구속된 도친들의 석방을 전제조건으로 내 걸었기 때문이다. 한편 반 도장은 손사모의 권고를 따르지 않고 의연히 결심하여 중국대륙으로 귀국하다 결국 중국 광주 기차역에서 사망한다. 이 사건을 계기로 손사모는 아주 큰 영향을 받았으며, 도무 운영을 위한 인재의 보존이 시급함을 인식하고 대만 행을 결심하게 된다. 이때 손사모는 편지를 써서 대만의 한우림(韓雨霖) 노전인(老前人)에게 대만 현지의 설법을 준비할 것을 청하였다. 1954년(민국 43년) 한 노전인 및 유사의(劉士毅) 참군장(參軍長)의 협조 하에 손사모는 순탄하게 대만으로 오게 되었다. 여기에 이르러 도맥(道脈)은 정식으로 "중국대륙에서 대만으로 전환하게 되었다(神州轉蓬萊)"고 한다. 손사모는 대만으로 온 이후에 타이중 쌍십로(雙十路)에서 장기간 거주하였는데, 거의 문 밖 출입을 하지 않은 채 1975년(민국 64년)에 이르러 귀공하였다.[61]

60 宋光宇, 〈試論四十年來臺灣宗教的發展情形〉, 第一屆 『臺灣經驗』硏討會, 國立中正大學歷史研究所主辦, 民國81年4月27-28日. 宋光宇著, 論文集《臺灣經驗(二)-社會文化篇》(台北: 東大圖書公司, 民國83年), 頁211-212.

61 《師母孫慧明傳》, 林榮澤主編(2010), 《一貫道藏》, 〈史傳之部 . 第二冊〉(未刊稿), 頁35.

5. 재창조기(再創造期): 1955-1981년

민국 40년대는 일관도가 대만에 들어온 이래 토착화에 성공한 중요한 시기이다. 이는 두 가지 지표로 설명될 수 있는데, 하나는 현지인 가정을 중심으로 가정불당(家庭佛堂) 설립이 활성화 되었다는 것이고, 다른 하나는 큰 공공불당들이 건립되었다는 것이다. 전자는 일관도 토착화의 시작에 해당하고, 후자는 일관도 토착화의 완성을 나타낸다.[62] 민국 40년대 이 시기에도 관청의 일관도에 대한 경계는 털끝만큼의 양보도 없었으나 도무는 의연하게 지속적으로 전국 각지에 전파되고 불당이 건립 되었다. 1963년(민국 52년)에 이르러 당국의 강제적인 탄압으로 해산명령이 발령될 당시 당국에서는 일관도에 5만 여 명의 신도가 있다고 발표하였다.[63]

1963년(민국 52년) 당국의 강제적인 조치에도 불구하고 일관도의 확대를 막지는 못했다. 오히려 경우에 따라 더욱 은밀하게 진행되기도 하여 신도는 늘어만 갔다. 각자가 조용히 수도하였고 은밀하게 연대하여 발전한 것이 오늘날 대만 일관도의 18개 조(組)와 60-70여 개의 지선(支線)을 이루었다.[64] 이때 일관도는 가정불당을 중심으로 전개되어 나가다가 점차적으로 대형 불당을 도무 중심으로 하는 형태로 갖추어 나아갔다. 대만 일관도 최초의 공공불당은 운림현(雲林縣)

62 林榮澤(2009),〈戰後大陸來台宗教的在地化與全球化: 以一貫道為例〉,《新世紀宗教研究》 七卷三期. 林榮澤(2010),《臺灣民間宗教研究論集(2): 天書訓文研究》, 頁51-105.

63 宋光宇,〈試論四十年來臺灣宗教的發展情形〉, 頁208.

64 慕禹(2002),《一貫道概要》(台南: 巍巨書局), 頁80-128.

두육진(斗六鎭)의 '숭수당(崇修堂)'이다.[65] 두육(斗六)의 숭수당은 바로 일관도 '발일(發一)조'의 초기 도무의 중심지이면서 또한 대만에서 발일조의 발원지라고 말할 수 있다. 1960년대(민국 50년대)부터 일관도의 각 조선은 저마다 대형 공공불당을 건립하였다. 보광(寶光)조의 원덕보궁(元德寶宮; 1961년)이 있으며, 기초(基礎)조 장배성 노전인은 1967년(민국 57년) 타이베이시에 선천도원(先天道院)을 낙성하였다. 대만의 일관도에 대해 말하자면 대형불당의 건립은 국면전환의 의의가 있을 뿐만 아니라 대만 일관도 토착화의 완성을 나타낸다고 볼 수 있다.

1970년대(민국 60년대) 이후에는 각 조를 대표하는 지선(支線)들이 저마다 모두 대형불당을 소유하게 되었고 이후 대형 불당은 도무 중심의 장으로 형성되어갔다.[66] 이외에도 각 대학교 주변에 세운 일관도 채식 동아리 학생단들도 지속적으로 늘어나 이 시기를 역사적으로 중요한 발전시기로 보아도 무방하다. 1973년(민국 62년) 2월 일관도 최초로 채식 동아리 학생단이 봉갑대학(逢甲大學) 주변에 설립되었다.[67] 이후 봉갑대학을 시초로 북부, 중부, 남부 각 대학 및 전문학교로 전파되어, 1980년(민국 69년) 가을에 접어들면 일관도가 대만

---

65 〈崇修堂之緣起〉, 收錄蔣國聖編(1990), 《一貫道紀念專輯》(台中: 國聖出版), 頁 256-257.

66 이 시기에 각 조선의 발전에도 약간의 차이가 있다. 흥의(興毅)조를 예를 들어 말하면 총 불당의 숫자는 대만 전국에 가장 많았지만 도리어 대형 공공불당의 숫자는 아주 적었다. 그러므로 대형 가정식 공공불당을 위주로 해서 도무운영의 중심으로 삼았다.

67 〈逢甲伙食團二十年記要〉, 編錄於《快樂營集訓手冊》第一期, 民國 78年9月, 中光明伙食團製(一貫道內資料)

소재의 대학교로 확대 발전된 황금시기라고 말할 수 있다. 채식 동아리 학생단의 발전은 주로 발일(發一)조가 많았는데, 특히 발일숭덕(發一崇德) 조선의 경우 현재 전국에 약 100여 개의 채식 동아리 학생단이 형성되어 있다.[68] 채식 동아리 학생단의 성공으로 인해 각 대학의 수많은 청년인재들이 일관도 도장으로 들어오게 되었으며, 일관도 채식의 수준을 높이는데 크게 기여하였다.

6. 확대발전기(擴大發展期): 1982-2011년

민국 70년대(1980년대) 이후 일관도는 대만 최대의 신흥 종교로 성장하였을 뿐만 아니라 중대한 돌파구를 마련하게 된다. 내정부가 1987년 2월 21일 그간 30여 년간 지속되어온 일관도에 대한 금지령을 정식으로 해제하는 조치를 선포하였다. 그리고 이듬해 3월 5일 '중화민국일관도총회'가 승인을 얻어 성립되었다. 이외에도 같은 기간 동안 여러 중대한 발전이 있었다. 첫째는 도친 수가 급속히 증가하여 발일(發一)조의 '발일영은(發一靈隱)'을 예로 들면 민국 72년(1983)부터 79년(1990)까지 가정불당이 205개에서 975개로 증가하였고, 성장율이 무려 다섯 배에 이르렀다.[69] 그 다음으로는 민국 70년대(1980년대)로부터 시작하여 대만의 일관도가 대대적으로 해외

68 林榮澤(1996), 〈一貫道大專學生伙食團之研究: 以發一崇德「台北學界」為例〉, 《東方宗教研究》, 新五期, 民國85年10月.

69 林榮澤, 《臺灣民間宗教研究: 一貫道「發一靈隱」的個案分析》, 第三章, 「佛堂的組織」(臺灣大學三民主義研究所碩士論文, 民國81年2月)

전도를 시작하였는데, 특히 동남아 국가에서의 전도 발전이 아주 빠르게 이루어졌다. 민국 91년(2002) 일관도총회에서 편찬한《일관도개요》의 통계에 따르면 일관도는 이미 대만에서부터 전도를 시작하여 세계 80여개 국가에 이르는 세계적인 종교가 되었다고 기술하고 있다.[70] 셋째는 교리적인 구조에서 진일보하는 개혁을 이루게 되는데, 일관도 내부의 지식인들이 새롭게 생겨나면서 일관도 교의와 유가문화와의 상호결합이 이루어져 인문적인 관심과 함께 대동세계의 실현을 추구하는 특색을 띄게 된다.[71] 이로 인해 민국 70년(1981)부터 시작하여 여러 형태의 국학연수반, 국학수련회, 아동독경반 등이 서로 연계되어 각 곳의 큰 도장이 이를 주최하면서 전개되어 나왔다. 이 같은 경전교육활동에 힘입어 일관도는 더욱 유교화 성향으로 발전되어 명실 공히 '현대 유교'의 화신이 되었다. 이 시기에 대륙에서 건너온 영도(領導) 전인들도 서로 연로(年老)해졌다. 학계 출신의 일관도 신도들은 비교적 높은 학식과 재능을 갖추고 속속 각 지선(支線)의 지도자가 되었다. '총회'의 성립에 발맞추어 일관도는 더욱더 유교화가 되고 이성적이고 개방적이며 더욱 적극적으로 사회에 참여하는 방향으로 발전을 추구하게 된다.

민국 94년(2005)은 백양기 초조(初祖) 로중일이 전도한지 만 100년을 맞는 해이다. 필자는 이때 '일관의리편집원(一貫義理編輯苑) · 천서훈문연구소(天書訓文研究所)'를 발기하여 설치한 후에 대대적으로 일관도 내의 관련 문헌과 자료 수집에 나서《일관도장(一貫道藏)》이라

70 慕禹(2002),《一貫道概要》, 頁80-128.
71 宋光宇(1984),《天道鉤沉- 一貫道調查報告》, 頁135.

는 100권의 책 발간을 예정하고 있는데, 그 내용 구성으로는 성전(聖典), 사전(史傳), 조사(祖師), 의리(義理) 등의 네 개 부문으로 나눈다. 이 책들은 연대순에 의해 100년에 걸쳐 일관도 내부에서 전해오는 문헌들을 가지고 체계적으로 정리하여 출판할 예정이다. 현재 이미 40권의 책이 출판되었으며,[72] 계획상으로는 사존 사모의 전도 100주년(2030년)전에 출판 완료할 예정이다. 만약 순조롭게 완성된다면 이것은 일관도가 발전하는데 하나의 새로운 이정표가 될 것이다.

7. 해외전개(海外展開): 1980-2010년

1980년대를 기점으로 대만 일관도는 해외로 전파되는데, 이는 중국대륙에서 대만으로 전래된 것과 유사한 방식으로 전도의 거점이 되는 불당을 세우는 것으로부터 시작하여 토착화과정을 밟아서 지속적으로 불당의 수를 확대하는 것이다. 특정 지역의 불당 수가 일정 수준에 도달하면 대만에서 경험한 방식으로 큰 도장을 지어서 현지 국가의 토착화과정을 완성하게 된다. 이렇게 해서 일관도는 80여 개국에 두루 전해지게 되었다.

중화민국 일관도총회에서 편찬한 《일관도개요》의 책자에 따르면 통계상으로 2002년에 이르기까지 대만 일관도의 18개 조선(組線)이 해외 각국에 전도한 현황은 아래의 표 1과 같다.

72 이미 출판된 《一貫道藏》에는 〈聖典之部1-8〉, 〈義理之部1-2〉, 〈祖師之部1〉, 〈史傳之部1〉등이 있다.

표 1. 2000년대 일관도 국외 전도 현황 통계표[73]

조선(組線)	전파 국가 지역
기초조(基礎組)	대만, 일본, 필리핀, 싱가포르, 말레이시아, 태국, 캄보디아, 인도네시아, 홍콩, 호주, 뉴질랜드, 남아공, 미국, 캐나다, 영국, 프랑스, 네덜란드, 벨기에, 독일, 브라질, 멕시코, 파라과이, 아르헨티나(23개국)
문화조(文化組)	대만, 싱가포르, 말레이시아, 태국, 베트남, 캄보디아, 일본, 필리핀, 인도네시아, 인도, 네팔, 미얀마, 미국, 영국, 오스트리아, 브라질, 라오스, 남아공, 헝가리, 호주(21개국)
법성조(法聖組)	대만, 미국, 파라과이, 호주, 네팔(6개국)
건일조(乾一組)	대만, 미국, 영국, 말레이시아, 브루나이, 태국, 독일, 네덜란드, 캄보디아(9개국)
천상조(天祥組)	대만, 홍콩, 필리핀, 싱가포르, 말레이시아, 태국, 일본, 한국, 호주, 미국, 캐나다, 아르헨티나(13개국)
천진조(天眞組)	대만, 일본, 미국, 호주, 말레이시아, 캐나다(6개국)
호연조(浩然組)	대만, 싱가포르, 말레이시아, 일본, 태국, 호주, 베트남, 인도네시아, 미국(10개국)
혜광조(慧光組)	대만, 미국 (2개국)
금광조(金光組)	대만
중용조(中庸組)	미국, 파나마, 홍콩, 미국(4개국)
안동조(安東組)	대만, 태국, 일본, 홍콩, 마카오, 말레이시아, 싱가포르, 미국, 캐나다, 파나마, 오스트리아, 독일, 아르헨티나, 이탈리아, 스페인(15개국)
보광조(寶光組)	대만, 싱가포르, 말레이시아, 태국, 인도네시아, 캄보디아, 베트남, 호주, 미국, 캐나다, 일본, 호주, 필리핀, 뉴질랜드, 독일, 오스트리아, 스페인, 브라질, 아르헨티나, 파나마, 남아공, 미얀마, 인도, 네팔, 오스트레일리아, 동티모르(26개국)
포광조(浦光組)	대만, 미국, 캐나다 (3개국)
명광조(明光組)	대만, 미국 (2개국)
상주조(常州組)	대만, 홍콩, 일본, 싱가포르, 말레이시아, 태국, 인도네시아, 베트남, 미얀마, 영국, 호주, 미국, 캐나다, 남아공, 솔로몬제도(15개국)
발일조(發一組)	대만, 홍콩, 마카오, 필리핀, 베트남, 캄보디아, 말레이시아, 태국, 미얀마, 인도네시아, 호주, 뉴질랜드, 모리타니, 미국, 캐나다, 일본, 한국, 싱가포르, 브루나이, 베트남, 라오스, 네팔, 인도, 브라질, 파나마, 아르헨티나, 볼리비아, 페루, 우루과이, 레소토, 독일, 프랑스, 영국, 네덜란드, 이탈리아, 핀란드, 오스트리아, 남아공, 스리랑카, 벵갈, 스웨덴, 스위스(42개국)
흥의조(興毅組)	대만, 일본, 한국, 필리핀, 홍콩, 마카오, 싱가포르, 말레이시아,

	태국, 베트남, 캄보디아, 인도네시아, 미얀마, 호주, 뉴질랜드, 남아공, 미국, 캐나다, 멕시코, 도미니카, 코스타리카, 페레스, 엘살바도르, 온두라스, 과테말라, 니카라과, 파나마, 에콰도르, 베네수엘라, 볼리비아, 브라질, 아르헨티나, 파라과이, 우루과이, 페루, 칠레, 영국, 프랑스, 네덜란드, 스위스, 독일, 이탈리아, 스페인, 벨기에(44개국)
천덕조(闡德組)	대만, 미얀마 (2개국)
정의보도위원회 (正義輔導委員會)	대만, 일본, 싱가포르, 말레이시아, 태국, 미얀마, 인도네시아, 미국, 뉴질랜드(9개국)
총 합계: 80개의 국가로 전파됨	

위 표에서 볼 수 있듯이 현대 일관도는 이미 대만으로부터 80여 개 국가로 전해지면서 충분히 하나의 국제적인 종교가 되었고, 그래서 최근엔 국외에서 강필(降筆)로 나오는 훈문(訓文)들도 나날이 많아지게 되었다. 작성되어 전해오는 천서(天書)도 현지에 적합한 형식으로 바뀌었으며, 훈문 속의 훈문가운데는 서로 다른 언어로 기록된 것도 있다. 현재 '민간종교천서훈문자료고(民間宗教天書訓文資料庫)'에 소장된 해외출간 훈문은 최근 들어 더욱 더 늘어나는 추세이다. 이 같이 국외 법회(法會)에서 나오고 있는 훈문은 일관도가 세계화를 향해 나아가고 있는 하나의 징표라고 볼 수 있다. 비록 대다수의 국외 훈문은 중국어로 쓰였지만 다만 훈문 속의 훈문은 해당 국가의 문자로 나타나는 추세가 더욱 더 많아지고 있다. 아래 〈표 2〉는 1980년부터 시작해서 2009년에 이르기까지 일관도 국외전도과정에서 나타난 훈문 통계표이다.

73 慕禹,《一貫道概要》(2002), 頁80-128 참조. 이 표는 민국 91년(2002) 중화민국 일관도총회에서 편찬한 〈일관도개요〉 책 내용 중에 대만 일관도 발전 현황과 일부분 필자가 직접 답사한 자료를 종합 정리하여 완성한 것이다.

표 2. 1951-2006년 일관도 국외전도 훈문 통계표[74]

연대	일관도훈문 총수	국외지역 훈문수	총 훈문 대비 백분율
1951-1980	453	10	2.2%
1981	74	7	9.5%
1982	77	4	5.2%
1983	76	13	17.1%
1984	86	26	30.2%
1985	88	4	4.5%
1986	73	6	8.2%
1987	72	3	4.2%
1988	102	13	12.7%
1989	187	66	35.3%
1990	131	24	18.3%
1991	319	62	19.7%
1992	282	53	18.8%
1993	317	106	33.4%
1994	386	113	29.5%
1995	423	126	30.1%
1996	453	207	45.7%
1997	655	372	56.8%
1998	461	279	60.5%
1999	216	99	45.8%
2000	93	54	58.1%
2001	83	42	50.6%
2002	55	12	21.8%
2003	279	147	52.7%
2004	656	413	63.1%
2005	376	147	39.1%
2006	320	120	37.5%
합계	6,424	2,408	37.4%

74 자료출처:「민간종교천서훈문자료고(民間宗教天書訓文資料庫)」

위의 〈표 2〉에서 보는 바와 같이 1980년 이전에는 일관도의 해외 전도가 극히 미약하였고, 1989년 이후 점차 증가하여 1998년에 최고조에 달하였다. 그 후 대략 약세를 보이다가 2004년에 다시 최고조를 보여준다. 더욱이 최근 10년간 즉 1996-2006년까지 해외 전도 현황이 가장 현저하다. 국외 훈문 자료 전부는 1951년부터 2006년에 이르기까지 모두 2408편에 이르며 전체 훈문의 37.4%에 해당한다.

8. 결론(結論)

일관도는 청나라 강희(康熙)년간의 나위군(羅蔚群)으로부터 시작해서 민국 19년(1930)이후의 장천연과 손소진때에 크게 번성하고 민국 34년(1945)에 중국 대륙에서 대만으로 전래되었다. 중국 대륙과 대만의 일관도는 비록 그 본질은 서로 같으나 대만의 일관도는 도리어 전혀 다른 전개를 하게 된다. 그 중에서 큰 도장을 건립하고 대학을 졸업한 지식인들이 대거 참여하며, 일관도를 유교적으로 발전시키는 등 이 세 가지가 가장 주목된다. 이 외에도 당시에 대륙에서 대만으로 건너온 모든 전인들이 지니고 온 일관도 문헌들은 대략 236부의 훈문과 10여권의 기본 선서(善書)들이 있다. 대만으로 건너온 이후 60여 년간 보존되어 전해온 문헌들은 아주 많으며,《천서훈문자료고(天書訓文資料庫)》의 소장 자료에 의하면 1만여 부의 훈문과 3천여 권의 선서(善書)가 있다. 이 모두는 일관도의 발전을 보여주는 중요한 궤적이며 문화유산이라고 할 수 있다. 일관도의 이와 같은 백년에 걸친 발전을 돌이켜볼 때 최소한 아래의 몇 가지 사항에 대해서 주목해야 할 것이다.

우선 일관도의 주요 근원은 중국 전통의 민간종교에 뿌리를 두고 있으며 전혀 신흥종교라고 할 수 없고, 또한 상당한 정도로 명(明)·청(淸) 이후의 민간종교를 집대성하였음을 볼 수 있다. 일관도는 과거 100년간의 시련 속에서 동시에 존재하였던 천 백 여종의 민간교파들이 소멸해갈 때 하나의 아주 작은 관음당(觀音堂)으로부터 시작하여 오늘날 성대하고 다채롭게 확산되어 전 세계 80여 개의 국가에 전파되고 수천만의 신도를 소유하게 된 것은 확실히 가볍게 볼 수 없는 사실이므로 주목할 만한 가치가 있다 하겠다.

그 다음으로는 명·청 이래로 중국종교의 3대 계통에 해당하는 도교, 불교, 민간종교 가운데 민간종교가 역사적으로 가장 많은 탄압과 홀대를 받아왔다. 일관도의 전개 과정은 민간종교가 생존하고 발전하는 가운데 겪는 고난을 충분히 대표하고 있다고 본다. 대륙에서 대만으로, 다시 대만에서 전 세계로 일관도는 신속하게 밖으로 전파되어서 100년간의 짧은 역사로 세계 80여 개 국가에 전해질 수 있었던 점은 중국 종교 발전사에 있어서 보기 드문 사례로 결코 소홀히 여겨서는 안 될 것이다.

셋째로 일관도는 백년이래로 아주 풍부한 문헌을 남겼는데, 그 중 특히 2만부의 천서(天書) 훈문(訓文)은 가장 연구의 가치가 크다고 할 수 있다. 필자의 초보적인 연구에 따르면, 하늘이 내려준 소식에는 아주 풍부한 '우주생명학(宇宙生命學)' 차원의 진리를 담고 있으며 마치 상천(上天)의 복음과도 같이 인류가 지향하고 노력해야할 방향을 제시하고 있다고 본다. 이는 일관도가 백년이래로 남긴 가장 진귀한 자료로서 더욱 많은 관심과 연구가 있어야만 할 것이다. 이외에 일관도 교의의 유교적 발전에도 주목할 필요가 있다.

그러나 일관도의 발전에 있어서 가장 크게 우려되는 것은 도장의 단합이 쉽지 않다는 점이며, 백년이래로 항상 각자 스스로 나뉘어 활동하는 현상이 있어왔다. 사존(師尊)과 사모(師母)의 영도(領導)시기에도 일부 분열하여 자신의 파를 만들기도 하였으며, 사존의 회천(回天) 후 사모의 계승 후에도 또 한 차례 분열되어 나갔다. 대만으로 들어온 이후에도 항상 분파가 끊이질 않고 각기 독립하는 현상이 있었다. '일관도총회' 성립이후 어떻게 역량을 모으고 도장들이 단결하며 일관도의 경전문헌을 정리할 것인가가 오늘날 일관도가 당면한 중점 과제라고 할 것이다.

유가사상의 선양과 실천에 대한 현대 대만 일관도*

종운앵(鍾雲鶯)**

1. 서론

일관도의 발전은 근대 민간교파의 역사에서 가히 기적적이라고 말할 수 있다. 초기에는 중국에서 국민당과 공산당 두 당의 훼방을 받았다.[1] 대만에 들어온 후, 국민당정부에 의해 금지되었으며 '사교(邪教)'로 멸시되고 '오리알교(鴨蛋教)'로 폄하되기도 하였으나 일관도 신앙인들은 이로 인하여 기죽지 않았으며, 오히려 이를 하늘이 자신들을 시험하는 것이라고 여겼다. 이에 더욱 분발하여 수도에 열중하였으며, 오늘에 이르기까지 그 신도들이 전 세계에 분포되어 전 세계 오대주 모두에 일관도 도장이 있다. 일관도 신도들은 오직 '구겁(救劫)'의 이념으로 단지 중국인들이 사는 지역에만 포교하는 한계를 넘어 아프리카의 낙후지역 및 세계 각국으로 깊이 들어가 포교를 하였다. 근래 일관도는 UN NGO 조직(Non Governmental Organization)에 가입하기 위해 노력하고 있으며, 적극적인 활동으로 국제 조직의 일원이 되었다.[2]

---

* 이 논문은 〈「禮」的生活化；一貫道對儒家「禮」思想的實踐〉, 《鵝湖》, 2010년 5월, 第419期, 頁36-44에 게재된 논문을 수정 보완하여, 2013년 1월 5일 대만 정치대학 종교연구소 주관 [대만과 한국신종교 발전과 현황] 국제학술대회에서 발표한 것을 번역하였다.

** 국립정치대학 중국문학박사, 대만 원지대학(元智大學) 중국어문학과 교수.

1 오늘날 중국학자와 국가기관 자료에서는 모두 일관도를 악명 높은 종교로 알고 있다. 가장 대표적인 증명자료로서는 마서사(馬西沙)와 한병방(韓秉方)이 공저로 출판한 『중국민간종교사』(상해인민출판사,1992)인데, 여기서는 사실과 달리 전해들은 내용 혹은 신문보도로서 일관도를 평가하는 증거로 삼고 있다. 대만에서는 국민들의 인식이 점점 개방되고 종교의 자유를 가지고 각 방면의 인사들이 노력하여 일관도는 이미 대만 3대 종교의 하나가 되었다.

2 이러한 성과는 미국일관도세계총회 비서장 진정부(陳正夫; Joseph J. F. Chun)의 노력에 힘을 얻었다고 할 수 있는데, 그는 미국사회의 자선활동에 적극 참여함으

일관도는 비록 ‘오교합일(五教合一)’을 포교의 핵심으로 하지만, 그들의 교의사상과 수행이념을 살펴볼 때 실제로는 명말 이래의 ‘삼교합일(三教合一)’이거나 아니면 ‘유가를 종주로 하는(以儒為宗)’ 민간종교의 전통이다.[3] 이러한 현상은 그들의 삼교경전 주석본의 수집과[4] 내부 신앙자의 삼교경전의 해석[5]에 이르기까지 모두 ‘본(本)’과 ‘비본(非本)’의 신념으로 유가경전을 해석함으로써[6] 민간에서 유가경전을 보편화하고 송명이학의 이기론(理氣論)에 중대한 공헌을 하였다.

일관도는 15대 조사인 왕각일(王覺一; 1833-1884?) 당시에 유가를 종주로 하는 사상을 확립하였으며, 리(理)·기(氣)·상(象)의 우주론과 심성론을 세웠다.[7] 왕각일의 저작은 후대 민간유교에 중대한 영

로써 일관도가 현지에서 미국인들로부터 인정을 받는데 크게 기여하였다.

3 일관도의 ‘유가위주(以儒爲宗)’의 수행법은 제 15대조사 왕각일(王覺一)에게서 확립되었다. 더욱이 왕각일 저작의『이수합해(理數合解)』는 일관도가 교의사상을 확립하는데 있어서 가장 큰 영향을 끼친 책이다. (鍾雲鶯,『王覺一生平及其《理數合解》理天之研究』 참조바람.)

4 이른 시기에 아주 많은 민간교파가 삼교경전에 대해 주석을 해 놓은 작품은 전도활동을 하는 수도자의 정보에 기인하므로 일관도신도에 의해 소장된 것 또한 이로 인해 오늘날까지 보존되어 올 수 있었다. 다만 일관도 도장에서 발견되어 교육용으로 사용하는 저작은 특별히 선교를 위해 사용하는 흥미로운 현상으로 보인다. 발일숭덕(發一崇德)도장에서는 세상을 구하는 새로운 교육으로서『大學證釋』이라는 책을『大學』강독을 위한 교재로 사용하며, 아울러『大學證釋』에서 말하고 있는 ‘四綱領’이 주자학 전통의 ‘三綱領’을 대신하고 있다.

5 일관도내부 소장의 유가경전주석본과 관련해서는 鍾雲鶯,「當今臺灣民間教派流通之大學, 中庸注釋本介紹-以民國以來為主」,『臺北文獻』直字135期;「一貫道內部流通之儒家經典注疏本介紹」(即將刊於《鵝湖》를 참고할 것.

6 필자의 연구에 근거하면 일관도는 ‘본(本)’과 ‘비본(非本)’의 사상맥락으로 삼교경전의 해석을 진행하였다고 본다. ‘본’이란 우주(宇宙) 성명(性命)의 근원의 자리를 일컫는 말이며, ‘비본’이란 세속에서 수도하는 사람들이 결코 허상에 미혹됨이 없도록 경계하는 것이다. 아울러 또 수도법문의 중요성을 들어 당연히 일관도 스스로 많은 중생들을 본원(本源)의 불이(不二) 법문으로 인도하고 있음을 나타내는 말이다. (鍾雲鶯: 〈「本」與「非本」: 論一貫道解讀儒家經典的思考模式〉,《世界宗教學刊》第9期(2007年6月) 참조바람)

향을 미쳤다고 할 수 있는데, 청대의 여러 기록 외에 중화민국초기 동선사(同善社)의 지도자인 양의정(楊毅廷)은 '일관성경(一貫聖經)'이라는 말로 왕각일의 저작을 높이 칭송하고 있는데서 그의 저작이 민간에 얼마나 많은 영향을 미쳤는지 짐작할 수 있다.[8] 이후 일관도의 신앙과 사상은 주로 유가를 위주로 하였으며, 특히 '삼기말겁(三期末劫)'의 핵심사상 중에는 '천하에 명덕을 밝히는(明明德於天下)' 것으로써 중생을 제도하고, '사바세계를 교화하여 연화방을 만드는(化娑婆世界為蓮花邦)' 수행관으로 세속에 적극적으로 들어감으로써 유교의 수행이념을 선양하였다. 왕각일의 사상연구와 관련하여 필자는 앞에서 이미 관련된 논문을 발표하였으므로 더 이상 언급하지는 않겠다.

이 글은 유가사상을 흡수하고 변천한 근대 일관도를 다루고자 하며, 어떻게 일관도가 '종교화(宗教化)'와 '생활화(生活化)'의 이념으로 유가사상을 전파하였는지, 특히 대만에 전해진 저작들을 중심으로 살펴보고자 한다. 이러한 저작은 일관도 18대 조사 장천연(張天然; 1889-1947)의 『잠정불규(暫訂佛規)』, 곽정동(郭廷棟)등이 정리한 부란(扶鸞)작품인 『일관도의문해답(一貫道疑問解答)』 및 대만에 일관도가 전해지기 전에 만들어진 저작을 위주로 한다. 일관도가 어떻게 유가사상을 생활화하고 아울러 종교적 유가를 어떻게 세계에 전파하였는지 살펴보고, 동시에 어떤 사고로써 유가중심의 종교적 외투를 걸

7 鍾雲鶯,《王覺一生平及其「理數合解」理天之研究》,〈王覺一之《大學解》及其對理學與心學的吸收與轉化〉《清末民初民間儒學對主流儒學的吸收與轉化》(臺北: 臺灣大學出版中心, 2008年), 頁95-140.

8 楊毅廷: 《三家合參-毅一子》(臺北: 中國子學名著集成編印基金會, 1978年), 頁21 참고. 양의정의 작품은 민국 10년(1921)에 책으로 편찬되었다.

치고 종교적인 힘에 의지하여 그렇게 빠른 속도로 유가사상을 세계 각지에 전파할 수 있었는지를 고찰해보기로 한다. 당연히 본문에서 설명하는 주류 유학은 중국 사회에 근 800년간 영향을 미친 이학(理學), 심학(心學), 기학(氣學)을 포함한 송명(宋明)유학을 의미한다.

2. 유학의 전환과 발휘에 대한 곽정동 등의 『일관도의문해답(一貫道疑問解答)』

『일관도의문해답(一貫道疑問解答)』은 『도의의문해답(道義疑問解答)』이라고도 불리며,[9] 민국26년(1937)에 출간되었다. 이 책은 당시 일관도 도친들의 의문을 해소하는 저작으로서, 곽정동(郭廷棟)은 이 책의 서문과 저작이유를 다음과 같이 적고 있다.

> 무릇 선천대도는 바로 일관도의 참된 가르침이니 삼교 성인의 사상을 종합하여 세상을 구제하는 보배로운 뗏목을 만드는 것이다.…오직 대도(大道)의 진리는 은미하여 헤아리기 어렵다. 내가 들으니 신묘한 이

9 이른 시기에 일관도는 정부로부터 오해를 받고 있었으므로 『일관도의문해답』은 책제목을 고쳐서 『도의의문해답』이라고 하였다. 책이름이 다시 바뀜에 따라 내용 또한 수정되었는데, 원본의 120가지 질문은 다시 고쳐서 90가지로 바꾸고, 다소 민감한 '일관도' 삼교(三教)도 고쳐서 '도(道)'라고 하였다. 또 이 책을 가지고 다시 이름을 고쳐서 '성리제석(性理題釋)'이라고 하였는데, 똑같이 90개의 질문으로 되어있으며, 필기본으로 된 것은 추측컨대 대만 일관도의 사형(師兄)파 조선(組線)에서 한 것이다. 이 책의 판본문제와 관련해서는 임영택 교수의 도움에 감사드린다.

치는 참으로 통찰하기가 어렵고 대의(大意)도 분명하지 않다. 심지어 대도를 이단으로, 진리를 미신으로 오인하기도 한다. …… 활불사존(活佛師尊)은 이러한 사정을 통찰하시어 자비심을 품고, 특히 일관도 중 각 항에 대해 의문을 가지고 여러 문제를 내어 곽정동 등 8인에게 명하여 각각 해답을 내게 하였다. 이를 정리하고 경을 만들었으며 사존(師尊)은 부란(扶鸞)을 통해 수정하였다. 또한 활불사존(活佛師尊)이 10여개의 문제에 스스로 답을 구하였는데 모두 60개의 문제였다. 이것을 묶어 상권이 되었다. 나머지 60개의 문제는 모두 활불사존(活佛師尊)이 스스로 답을 구한 것으로, 이를 묶어서 하권이 되었으며, 수개월이 흘러 비로소 한 질로 묶게 되었다. 여기에 제목을 붙이기를 『일관도의문해답』이라고 하였다.[10]

이상 곽정동의 서문을 통해 『일관도의문해답』은 신과 인간이 공동으로 창작한 저작이라는 것을 알 수 있다. 신의 부분은 곧 일관도 내부에서 사존(師尊)으로 존칭된 제공활불(濟公活佛)이 부란(扶鸞)의식을 통해 강령(降靈)을 받아 지은 저작이며, 인간의 부분은 즉 곽정동 등에 의해 사존이 낸 문제에 대한 해답을 적은 것이다. 이 책이 출판된 이후 일관도 도장에 두루 보급되었으며 책 중의 유학에 대한 설명과 해석의 영향력을 결코 낮게 평가해서는 안 된다.

10 《一貫道疑問解答》(臺北: 萬有善書出版社, 1975年), 卷上, 頁3.

1) 일관도의 의미와 송명유학에 대한 보편화

『일관도의문해답』은 먼저 '도'와 '일관도'에 대한 해석을 하고 있다. 첫 번째 질문은 '도(道)란 무엇인가?'이다.

> 도는 하늘의 천리이고 인간의 성령이니 하늘과 땅과 사람과 사물은 모두 하나의 리(理)에서 생겨났다. 그러므로 하늘에는 천리(天理)가 있고, 땅에는 지리(地理)가 있고, 인간에게는 성리(性理)가 있고, 만물에는 물리(物理)가 있다. 하늘은 리가 없으면 설 수가 없고, 땅은 리가 없으면 생겨날 수 없으며, 사람은 리가 없으면 활동할 수가 없고, 만물에 리가 없으면 자랄 수가 없다. 그러므로 공자께서는 "도는 잠시도 떠날 수 없다"라고 말씀하신 것이다. 때문에 사람이 본성을 닦을 수 있으면 곧 도를 닦을 수 있다. …… 바꾸어 말하면, 리에 합치하는 자는 대도를 밝히지만 리에 어긋나는 자는 어두워 삿된 길로 간다. 그러므로 공자께서 남을 가르칠 때에 "예(禮)가 아니면 보지 말고, 예가 아니면 듣지 말며, 예가 아니면 말하지 말고, 예가 아니면 행동하지 말라"는 것을 수신의 근본으로 삼았다. 사람마다 리를 말하게 하고, 사물마다 리를 준수하게 하면 몸을 닦을 수 있고, 가정을 가지런히 할 수 있으며, 국가를 다스릴 수 있고, 천하를 태평하게 할 수 있다. …… 도는 군생만물의 생활요소이며 만물을 지배하는 주재자이다. 일체 유정(有情)의 교주(教主)이며, 지극히 허(虛)하고 지극히 고요한 진리이니, 지극히 성스럽고 지극히 신령스러운 현덕(玄德)이다.[11]

---

11 《一貫道疑問解答(上海崇華堂版)》, 卷上, 頁4-5.

'도'는 중국철학에서 본래 초월과 신성의 의미를 지니고 있으며 우주와 인류의 사회질서를 유지하는 준칙이다. 그래서 '도'는 초월적이면서 동시에 구체적 존재이다. '적연부동(寂然不動)·감이수통(感而遂通)'은 고금의 사상가들이 '도'를 해석할 때 항상 사용하는 말이다. 위에서 인용한 '도'의 해석은 전통적인 설명을 포함하며, 이 '도'의 의미는 '리'와 동등하다. 그리고 '리'범주의 철학적 의미의 발전은 당(唐)으로부터 시작한다. 성현영(成玄英)은 처음으로 '리'와 '성'을 본체론의 층위에 올려놓았고[12] 이는 곧 종교적 의미를 지니게 되었다. 이런 관점에서 볼 때, 일관도의 '도'와 '리'에 대한 이해는 기본적으로 송명유학의 큰 전통에서 벗어나지 않으며, 특히 '리'의 개념이 그러하다.[13]

다시 '도'의 해석에 대해 살펴보면 간단하게 설명하면서도 두 번에 걸쳐 『사서』의 어구를 사용하고 있다. 여기서 말하고자 하는 것은 유가경전의 원의에 부합하는지의 여부가 아니다. 다만 일관도가 유가사상을 확충하고자 한 것에 의심할 여지가 없다는 것을 알 수 있다는 말이다. 그리고 일관도 신자의 유가경전의 해석은 기본적으로 '이교해경(以教解經)', 즉 경전의 원의(原意)에의 부합보다 교의사상에의 부

12 陳鼓應: 〈'理'範疇理論模式的道家詮釋〉, 《臺大文史哲學報》, 60期(2004年5月), 頁45-74.

13 진영첩(陳榮捷)선생은 분명히 지적하기를, '리(理)'사상의 발전은 주희(朱熹)에 이르러 이미 최대한 성숙되었으며, 이후의 발전은 비록 깊고 중요하지만 다만 대동소이할 뿐이고 나머지도 또한 그렇다고 하였다. 내부에서 반대학파까지도 포함하여 신유학의 발전은 비록 몇 가지 단계를 거치지만 어떤 경우에서도 '리(理)'자는 마침내 그 기본 관념이 된다고 하였다. (陳榮捷: 〈新儒學'理'之思想之演進〉, 《王陽明與禪》(臺北: 臺灣學生書局, 1884年), 頁44. 참조바람.)

합이 더욱 중요하다.

이 '도'와 '리'라는 글자는 우리로 하여금 새로운 방향으로 사고하게 하였다. 즉 일관도는 '도'와 '리'의 해석을 천(天)-지(地)-인(人)-물(物)과 연결시킨 것이다. 천-지-인-물은 서로 밀접하게 연결되어 있으며 유가전통 중 '자기를 이루고 남을 이루게 해주는(成己成物)' 사상을 나타낸다. '리'의 의미는 우주공간의 운행순서 외에 더 나아가 '인간'에게 적용이 되는데, 자신이 어떻게 '리'를 통해 규칙을 드러내는지, 가정 · 국가 · 천하 · 자연 · 우주와 더불어 도덕실천과 시공초월의 대화를 어떻게 진행할 것인가를 설명한다. 이로 인해 수도란 인류사회에 있어 도덕실천의 표현이며, 자기초월적인 성령을 가지고 우주와 대화하는 장소에 놓이는 것이다. 그러므로 수도는 절대 개인의 사사로운 일이 아니며, 가정 · 국가 · 천하 · 자연 · 우주에 영향을 미치는 중대한 힘이다. 이는 확실히 『대학』의 '명명덕어천하(明明德於天下)'와 『중용』의 '불성무물(不誠無物)'의 사상을 보편적으로 설명하는 것이다.

도에 대한 해석과 그 영향과 관련하여 우리는 '대동세계(大同世界)'가 일관도의 재세수행(在世修行)의 궁극적 목표이며, '리천(理天)'이라는 본체로 회귀하는 것이 개인의 성령을 닦고 추구하는 궁극적 성역(聖域)임을 이해할 수 있다. 그러므로 인간과 천지우주의 수행관은 분리되지 않는다. 개개인의 생각과 행동의 최종 결과는 천-지-인-물의 우주계통 가운데에 놓이게 된다. 일관도 입세(入世)수행으로부터 시작하여 천인합일의 수도정신을 추구하는 이런 정신은 실제로 유가사상의 보편화, 생활화, 종교화의 성과라고 말할 수 있다.

'도'에 대한 해석가운데 우리는 사람의 '도'가 모든 가정, 국가, 천하, 자연, 우주 체계 속에서 얼마나 중요한지를 알 수 있다. 그러므로 「무엇이 일관도인가」를 논술할 때 다음과 같이 말하고 있다.

> '일관도'는 그 뜻이 매우 깊고 그 이치가 현묘하다. 간단히 말하면 '일(一)'은 '무극의 진수(無極之真), 선천의 묘(先天之妙), 지극히 신령스럽고(至神) 지극히 밝은(至明)'것이니 또한 '리(理)'라고 부른다. '관(貫)'은 일체를 관철한다는 의미로, 무에서부터 유를 관철하며 처음에서 끝을 관철하는 무극지리(無極至理)이다. 이 때문에 리는 천지만물을 관철하고, 천지만물은 각각 이 리를 갖추고 있으므로 '일관(一貫)'이라 한다. 도라는 것은 길이며 또한 리(理)이다. 만사만물에는 길이 있지 않는 게 없으며 리가 있지 않음이 없다. 리에 합하는 것이 곧 도에 합하는 것이며, 리에 어긋나는 것은 반드시 도에 위배되는 것이다. 그러므로 '일관도'는 합해서 말하면 천지만물 만사만류의 무극진리를 관철하고, 또한 천지(天地) · 고금(古今) · 중외(中外)를 관철하며, 중생을 널리 구제하는 광명대도(光明大道)이다. 대도를 행하면 지선(至善)으로 돌아올 수 있으며, 잘못된 길을 가면 반드시 타락과 멸망에 이른다. 총괄하면 천지만물은 일관의 도에서 벗어나지 않는다. 그러므로 공자께서는 "누가 문을 통하지 않고 나아갈 수 있겠는가. 그런데 어찌하여 이 도를 따르지 않는가"라고 말씀하신 것이다.[14]

14 《一貫道疑問解答(上海崇華堂版)》, 卷上, 頁5-6.

'일관도'에 대한 해석 중에서 우주론으로 말하면 일(一)은 곧 '리'이자 '도'이니 이것은 본체의 천(理天)이다. 인성의 근원으로 말하면, 일(一)은 '무극지진(無極之真)'을 상징한다. 인성의 근원에 대한 이런 설명은 실제로 주돈이의 『태극도설(太極圖說)』의 인간의 본원에 대한 논의와 부합한다. '관(貫)'은 이 '리'를 천-지-인-물의 우주계통 안에 적용시킨 것으로 관통하여 막힘이 없다는 뜻이다. 해석상 '도'와 '일관도'의 의미는 상통하며 보편적이고 비교적 넓은 해석을 지닌다. 여기서 일관도의 송명유학에 대한 발휘를 엿볼 수 있다. 그러나 일관도와 송명유학의 큰 차이점은 일관도가 '말겁시기에 중생을 제도(末劫渡人)'한다는 종교사상에 있다. 그러므로 '일관도' 이 세 글자의 의미는 입세(入世)수도를 어떻게 실현하느냐와 세상 사람들을 어떻게 말겁의 재난에서 구하고 또 어떻게 중생의 광명본성을 구하여 모두 지선의 본체로 돌아가게 하느냐를 가리키고 있다. 이 때문에 일관도는 종교적 유학이지 학술적인 송명유학이 아니다. 일관도는 수도를 통하여 천-지-인-물의 우주계통이 모두 이치에 맞게 운행되도록 하는 것을 강조한다. 이 때문에 공자의 말을 인용한 가운데 그 본래의 뜻이 정도를 따라 행하는 것 이외에 종교적 '제도(濟渡)'의 심정이 있다. 이른바 '제도'라는 것은 인간의 육체뿐 아니라 인간의 성령(性靈)까지 포함한다. 닦고 지킨다는 것은 개인뿐 아니라 뭇 중생을 구제하는 것이며, 이어서 모든 사람들이 수도의 신성한 사명에 매진하여 사람의 노력을 통해 우주만물로 하여금 리(理)를 따르는 이상을 성취하는데 보탬이 되도록 한다. 우주만물이 모두 '리(理)'에 근본한다고 강조하는 것에서 일관도의 사상과 송명유학이 밀접하게 관련되어 있음을 알 수 있다. 심지어 송명유학의 정신과 주된 용어가 일관도의 해석을 통해 설명되고 있음을 알 수 있다. 이 때문에 일관도의 해석은 사람들로 하여금 평이하게 이해될 수 있었으며 따라서 그 사상은 근대 민간사회 가운데로 전파되었다.

이상에서 우리는 『일관도의문해답』에서 '일관도'에 대한 해석을 이해할 수 있다. 즉 유가를 위주로 한 입세(入世) 수행법이 일관도의 수행방식이며, 그 제도의 대상은 천(天) · 지(地) · 인(人) · 물(物)의 우주계통을 그 범주로 하며,[15] 자신으로부터 → 타인 → 사회 → 국가 → 우주의 순서에 따라 점차 그 영향력이 확대되고, 이어서 '사바세계를 정토로(娑婆世界的蓮花邦)' 만드는 것에서부터 우주만물이 '리'를 따라 행하는 데에까지 이른다는 것을 알 수 있다. 입세(入世)의 유위(有爲)법은 개인의 노력을 통해 사회와 인심을 개선하는 것이고, 출세(出世)의 무위(無爲)법은 자신의 불생불멸하는 선한 본성을 지킴으로써 리천(理天)이라는 본체로 회귀함을 목표로 한다. 입세유위법과 출세무위법을 막론하고 모두 송명유학과 불가분의 전승관계에 있음을 알 수 있다.

2) '도의 종지(宗旨)'에 드러난 유가사상과 그 실천적 의미

위에서는 '일관도'에 대한 해석을 상술하였으며, 여기서는 일관도의 전면적인 목표를 살펴보기로 한다. 수도는 절대로 심성을 과장해

15 일관도에서 일컫는 이른바 '삼조보도(三曹普渡)'의 설명에 따르면, 위로는 은하수의 뭇별들을 제도하고, 가운데로는 수많은 중생을 제도하고, 아래로는 수많은 지하의 원혼들을 제도하는 것이다.

서 논하는 것이 아니며, 그러한 심성을 가지고 인간사회에서 실천하는 것을 말한다. 그래서 『일관도의문해답』에서는 '일관도종지(一貫道宗旨)'에 대해 설명할 때 일관도 신도(信徒)의 실천 목표를 다음과 같이 구체적으로 설명하고 있다.

> 본도의 종지는 곧 천지를 공경하고, 신명에게 예의를 다하며, 부모에게 효도하고, 스승을 존중하며, 친구를 믿으며, 이웃과 화목하며, 언행을 삼가하며, 악을 고쳐서 선으로 나아가는 것이다. 강상(綱常)윤리와 같이 마땅히 행해야 하는 일 외에도 일률적으로 간파하여 천인일관(天人一貫)의 종지를 연구한다. 마음을 닦고, 근심을 없애고, 거짓(신체)을 빌려 진실을 닦으며, 본성을 회복하고, 선을 밝혀 처음으로 돌아간다. 특히 타인과 더불어 동감(同感)하는 것을 잘 하여서 자신이 서고자 하면 남을 세워주고, 자신이 도달하고자 하면 먼저 남을 도달하게 하는 것을 중요시한다. 서로 인도하고 인심을 바르게 하여 퇴폐한 풍속을 구제하고, 사람들을 교화하여 선량하게 하며, 대동세계가 되기를 희구하니 이것이 본도의 유일한 종지이다.[16]

16 《一貫道疑問解答(上海崇華堂版)》卷上, 頁8.「本道之宗旨: 就是敬天地, 禮神明. 孝父母, 重師尊. 信朋友, 和鄉鄰, 謹言慎行, 改惡向善. 除綱常倫理當行之事外, 一概看破, 而研究天人一貫之旨. 洗心滌慮, 借假修真, 恢復本性, 明善復初. 尤貴善與人同, 己立立人, 己達達人. 互相導引, 以正人心而挽頹風, 化人人為善良, 冀世界為大同, 是本道唯一之宗旨」; 현재 확인할 수 있는 일관도 종지는 두 개의 판본이 있으나 차이가 그다지 크지 않다. 하나는 부란(扶鸞)의식을 사용하지 않는 곳에서 나온 판본으로서 곧『일관도의문해답』의 내용에 근거하여 수정한 것으로서 다음과 같다.「敬天地, 禮神明. 孝父母, 重師道. 守信義, 和鄉鄰. 愛國忠事, 敦品崇禮. 改惡向善, 洗心滌慮. 借假修真, 達本還源. 弘揚中華文化, 恪遵五倫八德. 講明四維綱常, 化人心為善良. 挽社稷為清平, 冀世界為大同. 」다른 하나의 판본은 발일숭덕도장에서 부란의식에 의해 얻어진 문장으로서 그 내용은 다음과 같다.「敬天地, 禮神明. 愛國忠事, 敦品崇禮. 孝父母,

여기서 말하고 있는 '도의 종지'는 일관도 신도들이 지극히 중요하게 여기는 것으로 일관도 수행이 어디에 중점을 두는가를 살펴볼 수 있다. 즉 (1) 인간과 천지신명의 관계 (2) 인간과 사회집단의 관계 (3) 인간의 자아에 대한 요구이다. 이 세 가지는 유가의 수신, 제가, 치국, 평천하 및 천인일체의 이념을 나타내는 것이다.

자아의 요구에 대해 본원을 찾는 것, 즉 본(本)의 중요성에 대한 강조는 일관도가 수도의 중요성을 강조할 때 언제나 사용하는 말로써 '근본으로 돌아가고 천명을 회복함(歸根復命)', '본원을 돌이키고 통달(達本還源)'하는 것이라고 한다. 앞서 인용한 내용 중에 '거짓에 기대어 참을 닦으며, 본성을 회복하고, 선을 밝혀서 처음으로 돌아가는 것(借假修真, 恢復本性, 明善復初)'은 신체(假)의 노력과 실천을 통해 이로써 명덕(明德)과 지선(至善)의 본성을 회복한다는 것이다. 따라서 '천 · 인(天人)을 일관하는 요지는 무엇인가(何謂天人一貫之旨)'를 논할 때에 『일관도의문해답』에서는 다음과 같이 설명하고 있다.

"우주는 하나의 큰 하늘(大天)이며 인간은 하나의 작은 하늘(小天)이다. 바꾸어 말하면 인간은 하나의 소우주이다. 우주에는 리(理) · 기(氣) · 상(象)이 있으며[17] 인간에게도 리 · 기 · 상이 있다. 인간의 골육

重師尊. 信朋友, 和鄕鄰. 改惡向善, 講明五倫八德. 闡發五教聖人之奧旨, 恪遵四維綱常之古禮. 洗心滌慮, 借假修真. 恢復本性之自然, 啟發良知良能之至善. 己立立人, 己達達人. 挽世界為清平, 化人心為良善, 冀世界為大同. 」

17 理 · 氣 · 象의 우주론에 관하여 일관도는 왕각일의 사상을 계승하고 있다. 즉 리(理)는 주재하고 기는 생성하는 동력이 되며, 상은 현상계의 모양이나 소리와 같은 존재를 말한다. 『일관도의문해답』에서는 '무엇을 리 · 기 · 상 삼천이라 하는가'를 해석하였을 때 다음과 같이 말하고 있다. "리천(理天)은 바로 진공이니 형색이

과 기타 형체는 상(象)이다. 호흡과 신체에 흐르고 있는 기는 기(氣)이다. 온 몸을 주재하는 성(性)은 리(理)이다. 인간의 기와 우주의 기는 서로 통한다. 인간의 성(性)과 우주의 리(理)는 서로 통한다. 리는 만물통체(萬物統體)의 성(性)이며, 성은 인간이 각각 지닌 리이다. 리는 우주를 주재하며 성은 사람의 몸을 주재한다. 만약 우주의 기가 리를

없고 소리와 냄새가 없으며 다만 하나의 허령(虛靈)일 뿐이다. 숨었을 때에는 지극히 허령하고 고요하여 움직임이 없으며, 아주 커서 포괄하지 않음이 없다. 나타났을 때에는 지극히 신령스럽고, 느껴서 마침내 통하였을 때는 아주 작아서 들어가지 않는 곳이 없다. 비록 형색이 없으나 형형색색의 만물을 생육(生育)할 수 있고, 비록 보아도 보이지 않고 들어도 들리지 않으나 만물의 본체가 되어 빠뜨리지 않는다. 그것을 낳는 것이 없으며, 그것은 죽지 않고 없어지지도 않으며, 그것은 영원히 영명(靈明)하며, 영원히 존재하며, 또한 영원히 만물의 근본이 된다. 기의 본체나 만물의 본체를 막론하고 모두 그것을 벗어날 수 없다. 만물이 존재하면 그것도 진실로 존재하고, 만물이 소멸하여도 그것은 의연히 존재한다, 심경(心經, 上)에 '더럽지도 않고 깨끗하지도 않으며, 보탬도 없고 덜어냄도 없다'라고 하였다. 기천(氣天)은 우주 사이에 있는 기체(氣體)이다. 보통 천(天)이라고 칭하기도 하는데, 왜냐하면 기체가 가볍고 맑은 것은 하늘이고, 무겁고 탁한 것은 땅이며, 가볍고 맑은 것은 양에 속하고, 무겁고 탁한 것은 음에 속하며, 음양이 대대(對待)하는 것을 건곤(乾坤)이라 칭하기 때문이다. 건은 하늘이 되고 곤은 땅이 되니 우리가 말하는 '천지만물'에서의 '천'이 바로 기천(氣天)이다. 만약 이러한 하늘이 없으면 땅도 지탱할 수 없고, 사람도 생장할 수 없으며, 일월성신도 매달려 있을 수 없으며, 또한 일체의 형색 있는 물건도 모두 존재할 수 없다. 때문에 그것의 작용은 유행하고 오르고 내리며, 사계절을 운행하며, 만물의 처음과 끝이 되니 그 본체를 말한 것이다. 상천(象天)은 형형색색이고 실질적으로 볼 수 있는 세계이다. 하늘에는 일월성신이 있고, 땅에는 산, 시내, 동식물, 광석이 있다. 바꾸어 말하면, 형체 있는 물건들은 정이 있든 정이 없든 막론하고 모두 상천에 속한다."(pp.24-25) 일관도의 서책에서 리 · 기 · 상 삼천 우주론에 대한 해석으로부터 그 교의이념이 완전히 왕각일의 사상을 답습하였음을 분명히 이해할 수 있다. '리천'은 본체로 형상과 소리가 없으며 지극히 허령하고 영원히 존재하여 비록 고요하여 움직이지 않지만 만물에 감응하여 통하여 우주의 근본이 되고 만물의 주재가 된다. '기천'은 눈으로 볼 수 있는 하늘로, 일반적으로 우리가 보는 하늘을 말한다. '상천'은 동 · 식물과 만물이 거처하는 현상계이다. '리천'을 본체 주재로 삼으니, 수도의 궁극적 목표는 바로 이러한 본원을 가리키므로 여기에 귀의하는 것이다. (鍾雲鶯: 〈一貫道詮釋儒家經典之關鍵性觀念的考察〉, 《臺灣宗教研究》第.1(2005. 5): 40-45.참조.)

이기면 우주의 만물은 곧 중화(中和)를 잃는다. 인체의 리가 기에 가려지면 인간의 행동은 곧 중화를 잃는다. 이것이 천인(天人)일관(一貫)의 종지이다."18

윗글에서 보면 자기의 성령을 지키는 것이 우주의 리와 합일하는 것임을 설명하고 있으며, 이것이 곧 일관도 신도들이 '본(本)'에 대해서 추구하는 신념이다. 그리고 역행실천의 대상에 있어서는 오륜(五倫)을 중시한다. 이 때문에 일상생활에서 도(리)의 정신을 실천하고, 도덕이념을 인륜에 적용하는 것이 바로 일관도 신도들이 지켜야 할 기본적 요구사항이다.

일관도는 오륜을 실천하는데서 출발하여 유가사상의 핵심관념을 계승하고 있다. 이로부터 '하나(一)'라는 관념이 발전하여 인간과 사회는 분리될 수 없는 관계가 되었으며, 이런 구조에서 대동세계(大同世界)를 건설하기를 희망한다. 부모는 가정을 대표하고 친구와 이웃은 사회를 대표한다. 나로부터 시작하여 가정에서 사회로 나아가는 수도방식은 일관도가 '유가를 종주로 하는(以儒爲宗)'것의 구체적 표현이며, 『대학』에서 말하는 수신(修身)·제가(齊家)·치국(治國)·평천하(平天下)의 이상과 일치한다. 이것은 곧 일관도가 종교적 방식으로 민간사회에서 자신들의 이상을 실천하는 것이라 하겠다.

일관도의 교의에서는 또 '수도(修道)'와 '판도(辦道)'를 매우 강조하고 있다. 수도란 자아를 수양(修養)하는 것을 가리키는데, 이는 곧

18 《一貫道疑問解答(上海崇華堂版)》, 卷下, 頁23-24.

'밝은 덕을 밝히는 것(明明德)'이며 종지에서 언급한 '말을 삼가고 행동을 신중히 하며, 악을 고쳐서 선으로 향한다(謹言愼行, 改惡向善)'는 것이다. 판도(辦道)란 중생을 구제하는 활동을 말하는데, 이는 '사람들을 친하게 여기는 것(親民)'이며, 종지에서 언급한 '타인과 더불어 동감(同感)하기를 잘 하는 것(善與人同)'이며, 또한 종교적인 면에서 '자신이 서고자 하면 남을 세워주고, 자신이 도달하고자 하면 남을 도달하게 하는 것((己立立人, 己達達人)'의 구체적 표현에 해당한다. 이와 같은 '수도'와 '판도'의 합일은 일관도의 수행관에 있어서 아주 중요한 관념이며, 수도와 판도가 일체가 된 종교적 실천은 곧 인심과 사회구제를 달성하여 세계대동으로 나아가기 위한 입세(入世)수행(修行)의 목표라고 하겠다.

오늘날 일관도는 '도의 종지'의 교의내용을 실천하기 위해 사회문화 활동과 자선활동에 적극적으로 참여하고 있다. 특히 지역사회를 위주로 한 문화 활동은 '이웃과 화목하고' '타인과 더불어 동감(同感)하는 것을 잘 하며' '자신이 서고자 하면 남을 세워주고, 자신이 도달하고자 하면 남을 도달하게 한다'는 종지를 구체적으로 실천함으로써 대동세계가 구현되기를 희망하는 이상적인 목표를 향해 나아가는 것이다.

3. 장천연의 『잠정불규(暫訂佛規)』와 유가 '예(禮)'사상의 생활화

일관도 발전사에 있어서 장천연(張天然)은 매우 중요한 인물이다. 그의 지도 아래 일관도는 중국의 강남과 강북으로 퍼졌으며, 그의 지식과 탁견에 힘입어 당시와 현재의 일관도 전인들이 외국으로 가서 개척 전도를 하였다. 관련 인물로는 한우림(韓雨霖), 진문상(陳文祥), 장문운(張文運), 장배성(張培成), 기유수(祈裕脩), 진홍진(陳鴻珍) 등과 한국의 김복당(金福堂) 전인 등이 있다. 이런 시대적 배경 아래에서 일관도는 중국본토에서 나와 밖으로 진출하였으며 이로써 일관도는 점점 발전하여 전 세계에 분포하게 되었다. 이는 또한 유가사상이 빠른 속도로 세계에 전파될 수 있었음을 말하는데, 종교적 유가는 일관도의 실질적인 공을 도외시할 수 없다.

『잠정불규(暫訂佛規)』는 장천연의 주요 저작이며, 이 책에서 논한 불규 예절은 현재 일관도 예절의 근거가 된다. 책 내용에서는 일관도 리 · 기 · 상의 교의사상에 대한 논의가 비교적 적다. 그러나 그 중 예절규범에 대해 언급한 것은 유가의 예의사상이 민간에서 유행하고 실천되고 있음을 상징한다. 일관도 불당에서의 예절규범을 통하여 유가의 예의정신이 일반 백성들의 일상생활에서 실천되고 있음을 보여주고 있다.

1) 예(禮)의 시대적 적용과 생활화

장천연은 『잠정불규(暫訂佛規)』의 서문에서 이 책의 저술이유에 대해 다음과 같이 밝히고 있다.

듣건대 선왕(先王)의 도는 정심(正心)과 수신(修身)을 근본으로 삼고, 성인(聖人)의 가르침은 예문(禮門)과 의로(義路)를 우선으로 삼는다. 그러므로 자사(子思; 述聖)는 말하기를, 교사(郊社)의 예와 체상(諦嘗)의 뜻에 밝으면 국가를 다스리는 것이 손바닥을 보는 것과 같다고 하였다. 이것은 예를 아는 것이 아주 쓸모가 있고 관계가 지극히 중대하므로 옛 사람들은 사유(四維: 禮儀廉恥) 가운데 예를 제일 첫머리에 두었으니 진실로 이때에 그 까닭을 잘 생각해야 할 것이다. 때는 바로 삼기(三期)의 말겁(末劫)에 놓였으니 인심이 옛날 같지 않고 세상의 풍습이 무너졌으며, 또한 서구의 바람이 동쪽으로 불어와서 과학을 숭상하고 선왕의 윤리가 땅에 떨어지고 성인의 예교(禮敎)가 폐기되었다. 그러므로 잘못된 기운이 가득차고 음양이 어긋나고 혼란스러워 수많은 재앙이 발생하니 마침내 이전에 찾아볼 수 없는 크나큰 겁재(劫災)를 이루게 되었다.[19]

'삼기말겁(三期末劫)'은 명 · 청 시대 민간교파 전교의 핵심이념이었다. 장천연은 '겁(劫)'이 발생되는 이유를 예의가 없어진데 있다고 보았다. 이 때문에 그는 어지러운 정세를 바로잡고 세상의 민심을 구하고자 한다면 성인의 예교(禮敎)를 회복하는 것이 가장 우선 조건이 되어야 한다고 하였다. 그는 또한 성인의 정심(正心) · 수신(修身)의 이상이 달성 가능한 이유는 예교를 시행하는 것이 곧 성인의 도를 성취하는 주요 원인이 되기 때문이라고 여겼다. 장천연은 당시 일관도의

19 張天然,《暫訂佛規》(上海: 崇華堂, 1939年), 頁 1左. 이하에 인용한 잠정불규내용은 모두 이 판본을 위주로 하였다.

지도자로서 일관도의 '삼조(三曹)'성령 구원을 달성하려면 어떻게 인간 행위를 규정하는 예를 생활화하고 보편화할 것인가를 생각하면서 당시 일관도 의례의 초보적인 구상을 하게 되었다.

일관도 의례를 생활화하기 위하여 어떻게 하면 시대에 맞게 적용하고 또 실천을 용이하게 할 것인가가 당시 장천연이 일관도예의를 개혁하는데 있어 가장 당면한 문제였다. 일체의 허례허식을 피하고 신도들이 생활 속에서 실천하는데 불편함이 없도록 하기 위해 장천연은 '잠정(暫定)'이라는 두 글자를 정하였는데, 이것은 '절대', '반드시'라는 형식적인 뜻에 빠지지 않고 어떻게 하면 예를 마음에 내재화하고 밖으로 성실히 행동하는가에 뜻을 두었던 것이다. 그는 다음과 같이 설명하고 있다.

> 오직 도시와 시골마을은 서로 환경이 달라서 의식과 제사품목을 하나로 통일하기가 어려우니 반드시 사람에 맞게 시행하고 각 지역의 실정에 맞게 해야 한다. …… 상세히 의논해서 참작하고 활발히 그것을 행하라. 안으로는 정성을 다하고 밖으로는 예를 다하라. 정심 수신을 꾸준히 하여 남을 이루게 하고 자신을 이루며, 겁운(劫運)에서 벗어나 함께 성역에 오른다.(頁 2右)

장천연 『잠정불규』의 핵심사상은 신도들이 생활 속에서 어떻게 예의정신을 실천하고 마음에 내재화하는가이다. 이 때문에 사람에 맞게 하며(因人施用) 각 지역의 상황에 맞게(因地制宜) 해야 하는 것이 그가 이 작은 책에서 재차 강조하는 점이다. 예를 들어 매일 향을 사르는 예를 행할 때 향의 수가 많고 적음에 대해 그는 "가정의 불당과 공공불당은 그 실정이 같지 않다. 그러므로 사르는 향의 수는 다소 다르다. …요컨대 중요한 것은 정성과 공경을 표현하는 것이지 분향하는 수의 많고 적음에 있지 않다."(頁 2左)고 하였다. 그리고 매일 분향하는 횟수에 대해 그는 "분향을 할 수 없는 경우 어두운 가운데 머리를 조아리는 것만으로 또한 불가할 것이 없다. 총괄하면 형식으로 사람을 구속하지 않으며, 지극한 정성이 그치지 않고 지속적으로 생각하여 잊어버리지 않는 것으로 족하다."(頁 3左)라고 하였다. 이런 언설은 자주 등장한다. 예를 들면 다음과 같다.

〔행례류별(行禮類別)〕

예를 행하는 것은 정성과 공경의 뜻을 나타내는 것이다. 그러므로 예를 행할 때는 반드시 장엄하고 엄숙해야 한다. …이상의 예교는 비록 이미 고정되었으나 시간이 한가하고 바쁘더라도 의당 활발히 응용하고 거기에 구애되어서는 안 된다. 평상시 일이 없을 때는 당연히 예를 행하는 규정에 따라 이로써 정성과 공경을 표현해야 하지만, 만일 불사(佛事)를 행하는 업무가 바쁘고 급박할 때는 마땅히 일을 빨리 처리하는 것을 위주로 해야지 반드시 예교에 얽매일 필요는 없다. 이로써 일이 잘못되지 않도록 하며 설령 예를 행하지 않았더라도 또한 허물이 없을 것이다.(頁 3)

〔공봉류별(供奉類別)〕

만약 사람이 많을 경우 순서를 고려하여 봉헌하도록 한다. 만약 사람수가 적을 경우 봉공법(捧供法)으로 예를 올린다. 다만 정성과 공경을 표할 뿐 형식에 얽매일 필요가 없으며 활발하게 행하는 것이 옳다.… 당해 연도의 기념일과 큰 제사 날의 제수품목은 대도시나 성(省)의 불당에서는 총 25가지의 양식으로 각각 오열(五列)과 오열(五列)을 서로 곱한 수로 진설하는데 다만 성(城)이나 진(鎭)의 규모에서는 다소 불편함이 있다. 향촌같이 외곽지역의 경우에는 이런 의식이 더욱 어렵기 때문에 반드시 일정한 숫자에 구애될 필요가 없다. 성(城)이나 진(鎭)은 20색을 사용하고, 향촌에서는 15색을 사용하더라도 불가할 것이 없다. 아주 가난하고 궁핍한 집의 경우에는 할 수 있는 만큼 준비해서 하면 되고, 조사의 성탄일과 기일(忌日)의 경우에도 또한 형편대로 준비해서 하면 된다.(頁 5-6)

〔기념일류별(紀念日類別)〕

본도는 기념일에 대해서…… 헌공하는 음식의 수는 또한 능력 닿는 대로 준비하되 힘써 행하는 것이 옳다.(頁 6左)

〔단주규칙(壇主規則)〕

각종 불규에 대해서 마땅히 수시로 설명을 하되, 간단명료하게 하여 준수하기 쉽도록 해야 한다.(頁 7左)

〔남녀 도친의 불당에서의 규칙(乾坤道親到佛堂規則)〕

각 도친은 불당에 오면 마땅히 먼저 문안인사를 올리고 떠날 때는 작별인사를 해야 한다. 만약 특수한 상황이 생긴다면 당연히 활발히 행

할 뿐 구애받아서는 안 된다.(頁 7右)

힘닿는 대로 해서 활발하게 예를 행하되 형식에 구애받지 않고 시간, 사람, 일에 따라 적합하게 하는 것이 『잠정불규』의 최대 특징이다. 여기서 장천연의 고심을 엿볼 수 있다. 왜냐하면 유가의 예(禮) 정신을 신도들의 생활 가운데 융합시키는 것이 그의 최대 소망이었기 때문에 그 후 신도들로 하여금 어떻게 생활 속의 예를 수행의 길로 활용하게 하며 쉽게 실천하게 할 것인가가 그의 최대 관심사가 되었고 따라서 예에 대한 표현을 의식이나 의례표준이 아닌 내면의 정성과 공경에 있다고 한 것을 이 글에서 자주 찾아볼 수 있다. 그가 고심한 것은, 즉 어떻게 하면 예(禮)의 정신을 내면화하고 나아가 밖으로 표출하여 표리가 일치하고 심신이 일여(一如)하는 품성이 바른 수도인이 되는가이다. 그래서 다만 외면적인 형식상의 표현에만 그치는 것도 아니고 일상생활 가운데서도 매몰되지 않도록 하는 것이다. 민국초기의 내우외환의 상황에서 장천연의 구겁(救劫)이념은 예의 생활화와 보편화를 추진하고, 이를 기반으로 하여 유가사상 중의 '남의 고난을 나의 고난으로 여기고(人溺己溺)' '남의 배고픔을 나의 배고픔으로 여기는(人饑己饑)' 서도(恕道)의 정신을 실천하는 것이었다.

2) 『잠정불규』에 나타난 유가사상의 생활화

장천연이 저술한 『잠정불규』의 가장 주요한 의의는 공 · 맹대도(孔孟大道)의 입세(入世)수행 사상을 드러낸 것이다. 이 때문에 책의 내용에서는 『사서(四書)』 가운데 비교적 널리 알려진 사상과 개념이 자주 등장하는데, 예를 들면 인의(仁義), 정심(正心), 수신(修身), 극기복례(克己復禮) 등과 같은 어휘이다. 그는 성인의 수신(修身)·정심(正心)의 도는 예를 통해 달성된다고 보았기 때문에 유가와 그가 '잠정(暫訂)'한 일관도의 예의를 어떻게 융합하고 연결하느냐가 『잠정불규』의 저술 목적이었다.

그러나 이미 『잠정불규』라고 칭한 것은 불당에서 도친들이 마땅히 표현해야 될 것과 수도에서 마땅히 지녀야 할 이념을 표시한 것이다. 생명의 존중은 예의 실천으로부터 시작하며, 생명의 변화는 곧 불당의 대소사(大小事)에 참여하는 데서부터 시작한다. 우리는 이 『잠정불규』가 쓰여진 전제가 '삼기말겁(三期末劫)'이라는 것을 이해해야만 한다. 따라서 불규(佛規)예절을 통해 세상의 인심을 구하고 세간에 '겁(劫)'의 도래를 늦추기를 바라는 것은 장천연이 제창한 '예' 생활화의 주요 목적이었다. 이제 우리는 수도와 세상을 구제하는 교화의 두 방면에서 장천연이 어떤 방법으로 유가사상을 생활화하였는지를 논해보기로 한다.

(1) 수기(修己)로부터 논함

'삼기말겁'은 명·청시대 이래 민간교파의 핵심이념으로 일관도도 당연히 그 예외는 아니다. '말겁'의 시기에는 '도(道)와 겁(劫)이 함께 내려온다'는 것이 가장 큰 특징이며, 중요한 것은 '도로써 세상을 구제하고 겁으로써 세상을 경계한다(道以救世, 劫以警世)'[20]는 개념

---

20 명·청(明淸) 이래로 민간교파에 전해오는 '삼기말겁'의 때는 바로 상천이 크게 열려 법문을 보도(普渡)할 때이니, 이 전에는 도의 전도가 '오직 한 사람에게만 전

이다. 일관도는 상천(上天)이 중생의 성령(性靈)을 구제하기 위해 도를 내리고, 신앙인들은 다만 이 도에 의지하여 수행하기만 하면 그동안 쌓였던 죄업이 이 세상 마지막 수행법을 통해 다 씻기고 구원을 얻으며, 생사를 초월하여 더 이상 생사윤회의 굴레에 갇히지 않는다고 본다. 또한 겁(劫)이 내려오는 이유는 세상 사람들을 징벌하기 위함인데, 세상 사람들로 하여금 '겁(劫)'의 기원이 바로 인심(人心)의 악(惡)에서 만들어 낸 악행에 있으며, 집단악행의 결과는 집단멸망의 겁난(劫難)을 초래한다는 것을 이해시키는데 있다. 하지만 상천(上天)은 차마 좋은 것과 나쁜 것을 함께 없애지 않으므로 '도'를 내려 사람을 구하고 '겁'을 내려 세상에 경고를 하며, 세상 사람들로 하여금 도를 따르고 행하며 다시 악을 따르지 않도록 권유하는 것이다. '도(道)와 겁(劫)이 함께 내려온다(道劫並降)'는 것의 의미는 특별한 시기에 특별한 방법이 있다는 것을 말하며, 이 하나의 특별한 방법은 세상 사람들을 구제하고 모두가 수행의 길에 들어서도록 한다는 것이다. 세상 사람들을 구제하고자 하면 가장 먼저 수기(修己)로부터 시작해야 하는데, 이것은 또한 장천연이 『잠정불규』 가운데에서 다시 제창하고 있는 이념이다.

장천연은 일상생활에서 성인의 도를 힘써 행하는 것이 수행의 시작이라고 생각하고, 다음과 같이 말하고 있다.

수되어, 먼저 수양하고 후에 터득하는 것(單傳獨授, 先修後得)'에 속하였으나, 말겁의 시기에는 '먼저 터득하고 후에 수양하여(先得後修)' 궁극의 진리로써 사람들로 하여금 생사를 벗어난 대도(大道)를 얻게 하는 것이다. '도와 겁이 함께 내려온다(道劫竝降)'는 것과 관련하여서는 鍾雲鶯: 〈論一貫道《學庸淺言新註》的注疏意義〉, 《臺灣東亞文明研究學刊》, 第3卷, 第1期(2006年6月)를 참조할 것.

> 나의 도는 삼교의 전통을 널리 선양하고 선량한 사람을 널리 구제하는 운에 따라 이에 응하는 것이다. …… 응당 모든 사람은 정심수신(正心修身)하고, 극기복례(克己復禮)하며, 모든 일을 원만하게 처리하고(處事和平), 출입할 때 예절을 잘 지킬 줄(出入廉節) 알아서 우리 도(道)의 신도가 되기를 저버리지 않고 위로부터의 가르침을 따르고 아래로 모범이 되어야 할 것이다. …… 총괄하면 어진 이를 보면 재계(齋戒)할 것을 생각하고, 어질지 못한 이를 보면 안으로 스스로 반성해야 한다. … 목적은 공맹을 본받아 법으로써 사람들에게 베풀어야지 재물로써 베푸는 것이 아니다.(頁 1左)

장천연은 공맹을 본받고 인의를 선도하는 것이 일관도 신앙자의 책무라고 보았다. 개인의 수도를 실천하는데 있어서는 마땅히 정심수신(正心修身)과 극기복례(克己復禮)로부터 시작해야 된다고 한다. 그의 의도는 곧 유가사상을 가지고 종교적 실천을 통해 생활화, 보편화하는 것이었다. 그러므로 그는 일상생활에서의 처사를 화평하게 하고 출입 시에 예절을 갖추는 것을 판단의 표준으로 삼았는데, 이것은 자아수련의 기초조건이며 수도인의 첫 출발에 해당한다. 이점으로 볼 때 생활 속에서 유가의 이념을 실천하는 것은 곧 일관도 '이유위종(以儒爲宗)'의 핵심교의의 구체적 표현이라고 할 수 있다. 한편 개인의 수도에 대해서 그는 '단주규칙(壇主規則)'에서 다음과 같이 말하고 있다.

> 무릇 우리 도친(道親)들은 마땅히 오륜(五倫)과 팔덕(八德)의 행사를 견지해야한다.(頁 6左)

또 '권도행공요칙(勸道行功要則)'에서는 이렇게 설명하고 있다.

> 무릇 우리 도친들은 다 같이 성의(誠意) 정심(正心)하고 근언(謹言) 신행(愼行)하여 서로 선(善)을 권하고 잘못을 규제하며 힘써 나아가서 옛날 성현을 본받아야 비로소 수도의 아름다운 결과를 얻게 된다. …… 무릇 우리 도친들은 모두 불규(佛規)를 잘 준수하고 극기(克己) 수신(修身)하여 도를 잘 받들어 행함으로써 크게 성취하기를 기대한다.(頁10左)

장천연이 강조한 오륜팔덕(五倫八德), 성의정심(誠意正心), 극기수신(克己修身)의 자기 수도와 백성을 교화하고 성현의 고상한 품격과 도덕실천을 본받는 것에서 '삼기말겁(三期末劫)'에 중생을 구제하는 종교적 이념에 이르기까지 모두 그가 유가의 수신(修身)사상을 가지고 종교신앙을 통해 일상생활 속에서 실천하고자 하였음을 이해할 수 있다.

여기서 우리는 '범아도친(凡我道親)'이라고 하는 자기 인식에 주목해야한다. 이것은 곧 일관도 신앙자 모두를 들어 일상생활 가운데 유가사상의 이념을 실천해야함을 거론하고 있는 것이다. '범아도친(凡我道親)'이라는 신분에 대한 인식은 유가사상의 핵심정신을 일관도의 수행을 통해 드러낸다는 것인데, 특히 유가에서 중요시하는 '수신(修身)'으로부터 행하는 내외(內外) 일치의 심신수행은 또한 사상과 행위적 표현의 일치성을 말하는 것이며, 특별히 예(禮)에 대한 실천을 함으로써 사회공통규범의 가치표준을 달성하려는 것이다.[21] 장천연의 종교적 사명은 곧 유가사상의 체현을 통해 이를 심화하고 유가사상을 평민화(平民化), 보편화, 생활화하며 심지어 일상생활에서의 핵심가치가 되게 하여 이른바 '백성이 날마다 쓰면서도 알지 못하는'상태에까지 이르도록 하는 것이다.

이상에서 논한 것은 곧 개인의 사적인 영역에서의 수행을 말한 것이고, 공적인 영역에서 불당은 상징적 의미를 지닌다. 그러므로 불당에서의 표현은 개인의 외적 행위의 판단준칙이 되며, 또한 그것에 대한 개인의 학습 여하는 공공영역에서 자신의 몸가짐을 바르게 하는 지표이다. 그는 '남녀 도친의 불당에서의 규칙(乾坤道親到佛堂規則)'에서 다음과 같이 기술하고 있다.

> 참례(參), 사례(辭), 접례(接), 송례(送), 가례(駕)는 물론이고 큰 기념의례에서 단(壇)을 설치하고 예를 행하는데 이르기까지 반드시 반을 나누어 남자 도친이 먼저, 여자 도친이 그 다음에 예를 행한다(乾先坤後). 서 있을 때는 남자가 좌측에 서고 여자는 우측에 서서 절대로 질서가 문란하지 않도록 한다. 밖에서 서로 만났을 때도 또한 서로 경외하는 마음을 가져야 한다. …… 남자 도친이 예를 아직 다 마치지 못하였을 때 여자 도친은 절대로 들어가서는 안 된다. 여자 도친이 예를 행할 때에도 남자 도친은 들어갈 수 없으니 이것을 남녀유별(男女有別)이라고 한다.(頁 7-8左)

21 필자의 유가의 수신관에 대한 연구에 근거하면, 수신의 내용은 실제로 내외일치(內外一致)·심신일여(心身一如)의 수도내용을 포함한다. (鍾雲鶯: 〈修心, 修煉, 修道 : 清末民初民間儒教的修行觀〉, 「民間儒教與救世團體國際學術研討會論文集」(下冊)(佛光大學主辦, 2008年6月9-10日), 頁675-681 참조)

사회질서의 정상적인 운영을 유지하는 것은 유가사상의 공통가치이다. 장천연은 불당을 이런 가치를 실현하는 연습장으로 삼았다. 민국 초기의 혼란한 상황에서 사회 공통규범의 사회질서를 어떻게 유지하느냐가 장천연의 주된 관심이었으며, 생활 속에서 예의 실천이 그 중요한 과제가 되었다. 그는 불당의 신성한 공간을 그 실험장으로 삼아서 성(聖)과 속(俗) 사이의 공간적 울타리를 제거하고자 하였으며, 특히 불당에서의 질서의식을 통하여 사회공통의 규범을 실현하고자 하였다.

⑵ 세상을 제도하는 교화로부터 논함

'자신을 닦아 남을 이루게 하는 것(修己成人)'은 유가가 달성하고자 하는 자아실현의 핵심가치이다. 그 가운데 심층적인 의미는 마땅히 "사람들의 궁극적인 관심으로부터 벗어나지 않는 것"에 있다. 이는 임안오(林安梧) 교수가 말한 대로 영원하고 원만하며 절대적인 관심을 말하며, 평범하고 무미건조한 것이 아니다.[22] 앞서 우리가 살펴본 장천연의 '유가 예의정신의 보편화'란 곧 이것을 가지고 사회의 질서유지와 그 안정적인 힘을 내재화하고자 함이며, 또한 이러한 역량을 사회적인 민심 속에서 심화하여 종교가 사람을 구제하고 대중을 교화한다는 신념을 통해 유가 예교사회의 이상에 도달하고자 하는 것이다. 장천연은 다음과 같이 말한다.

---

22 林安梧: 〈論儒家的宗教精神及其成聖之道-不離生活世界的終極關懷〉, 《宗教哲學季刊》, 創刊號(1995年1月), 頁124-125.

…… 자기가 서고자 하면 남을 세워주며, 자기가 도달하고자 하면 남을 도달하게 한다는데 이른다. …… 내가 수도를 한 이래로 수년간 전도하였는데, 대체로 정치에 관여하지 않고 인심을 바르게 하는 데만 관심을 쏟았다. 오직 인(仁)과 의(義)를 말하여 옛날의 성현을 본받았다.(〈引言〉, 頁 1左)

또 '권도행공요칙(勸道行功要則)'에서는 다음과 같이 말하고 있다.

무릇 도친(道親)에 속하는 자는 일이 없을 때는 마땅히 각기 친구의 집을 방문하여 선행을 권하고 교화하여 속히 진리의 피안에 오르게 할 것이니, 이른바 남을 성공하게 하는 것이 곧 자신이 성공하는 길이요, 공을 쌓아야 비로소 소원을 성취할 수 있다는 것이 이것이다. …… 무릇 새로 입도한 도친 중에는 진실한 마음으로 믿고 받드는 자가 반드시 있으나, 반신반의하여 진리에 밝지 못한 자가 실제로 다수 있다. 인사(引師)와 보사(保師)에 해당하는 자는 자주 도친들의 집에 가서 완전해지도록 교화하되 도를 얻는 것이 쉽지 않음을 알게 하여 신심을 가지고 노력할 수 있도록 잘 이끌어야 한다. 공자가 이른바 '차근차근 사람을 선하게 잘 이끌었다(循循然善誘人: 論語 子罕第九)'고 한 것이 바로 이 뜻이다.(頁 9右)

수기(修己)의 예와 함께 수행의 내면화와 심화로부터 나아가 사회적 측면의 확대에 이르기까지 장천연이 강조한 유가의 '성인성물(成人成物)'하는 이상은 일관도 도친들이 지녀야만 하는 사회교화의 정신을 요구하며, 이로써 종교적 수행의 과정에서 널리 중생을 구제하는 이념으로 정성스럽게 교육하여 수많은 중생을 감화시킨다. 수행과정에서는 예의 심화와 확대를 통해 세상 사람을 구제하는 것이니 이렇게 함으로써 대동 세계는 인간 세상에 있게 되고 별도로 밖에서 구할 필요가 없게 된다. 이 때문에 그는 신앙자가 불신자 혹은 반신반의하는 자를 만났을 때 반드시 몇 배의 노력으로 온전해질 수 있도록 요구하며, 이렇게 '온전함을 이룬다'(成全)는 것은 일관도에서 가장 적극성을 갖춘 어휘에 해당한다. 이는 즉 개인 혹은 집단적인 노력을 통해 도를 믿지 않는 자가 도를 믿는 자로 변화되도록 감화를 시키는 과정을 말하고 있는 것이다. 그렇기 때문에 우리는 항상 일관도 신도들 사이에서 어느 개인 혹은 가정의 '온전함을 이루었다'고 듣는 것은 바로 이 '온전함을 이룬다'라는 말이 일관도 신념 가운데 중생을 제도하는 구세의 의미를 대표하고 있기 때문이다.

수기(修己)를 하고, 남을 완성시켜 세상을 구제하는 것은 한 몸체의 양면으로 절대 분리될 수 없는데, 장천연의 저작은 분명 이런 면모를 밝히고 있다. 그의 저작의 명칭이 비록 『잠정불규』이지만 그 속뜻을 살펴보면 유학을 종교화, 보편화하여 다시 새로운 생명력을 창조하고 있으며, 특히 예의 실천을 통해 자신을 바르게 하고 남을 이루게 해주는 신념을 구체화하여 이를 신앙의 동력으로 써서 민간 유학의 실천성에 새로운 활력을 불어넣게 된 것이다.

4. 예(禮)의 실천과 선양에 대한 현대 일관도

앞에서 이미 서술하였듯이 일관도가 예의를 중시하고 이를 실천하는 것은 기본적으로 유가의 예(禮)사상을 계승하고 있다는 것이며, 특히 일관도 제18대 조사 장천연이 저술한 『잠정불규』가 그 기초를 다졌다. 『잠정불규』에서 드러내고자 한 유가 예사상의 생활화는 유학이 종교화, 보편화되어 새로운 생명력을 얻었음을 나타낸다. 특히 예의 실천을 통해 자신을 바르게 하고 남을 이루게 하는 신념을 구체화하여 신앙의 동력으로 삼아 민간에서 유학을 실천하는데 새로운 활력을 개창하였다.[23]

일관도는 예의 사회적 실천과 선양에 대해 개인적 실천과 사회적 확충의 양면으로 설명하고 있다. 개인적 실천은 유가가 강조한 수기(修己)이며, 사회적 확충은 유가에서 남을 세워주고 남을 도달하게 해주는[立人達人] 사상을 말한다. 합하여 말하면 자신을 수양하고 남을 이루게 해 주는 것이며, 이것이 또한 일관도가 말하는 수도(修道)와 판도(辦道)의 합일이다.

1) 개인의 실천공부: 참사가례(參辭駕禮)와 매일 소향례(燒香禮)

장천연은 『잠정불규』에서 예의 핵심은 내면화에 있다고 강조하고, 항상 성의·정심하여 형식과 허례허식에 얽매여서는 안 된다고 하였다. 그렇기 때문에 예의 실천에 대해 일관도 신도들은 먼저 불당

23 鍾雲鶯, 〈當代臺灣一貫道對主流儒學之轉化與宣揚〉, 「近現代中國民間結社問題之發展與展望國際學術研究會」, (2008年, 8月24-25日) 참조바람.

에서의 예절로부터 시작한다. 불당에 들어가고 나오는 참사가례(參辭駕禮)와 매일 분향하는 소향례는 일관도가 예를 구체적으로 실천하는 행위이다.

이런 의례는 모두 '고수(叩首)'의 예배(禮拜)동작을 취한다.[24] 이 동작을 통해서 선현을 본받고 자신을 반성하며 겸손을 배운다. 그러므로 일관도 신도들은 이러한 참사가례(參辭駕禮)와 매일 분향하는 소향례를 매우 중요하게 여긴다.

이른바 참사가례는 참가례(參駕禮)와 사가례(辭駕禮)를 포함한다. 그 뜻은 불당에 드나들 때 반드시 선불과 중생을 향해 문안을 여쭙고 인사를 하는 것을 말한다. 매일 소향하는 예는 아침, 점심, 저녁 헌향(獻香)이 있다. 바쁜 산업사회이므로 일반 가정의 불당에서는 아침, 저녁 헌향만 해도 되고, 공공불당에서는 항상 사람이 있으므로 아침, 점심, 저녁 헌향을 한다.

참사가례는 매우 간단하여 19고(叩)만 하면 된다.[25] 중요한 것은 '나갈 때 아뢰고 돌아와서 뵙는(出告返面)' 정신을 기르는 것인데, 자녀 혹은 제자가 부모에 대한 예를 행할 때 불당예절의 실천을 통해 마음에 내면화하고 그로 하여금 몸의 행동표현과 마음의 내면화수련이 결합하게 하는데 있다. 참사가례는 불당의 실천의례 외에 더 나아

---

24 '머리를 숙이는[叩首]' 예배동작은 절하는 방석에 무릎을 꿇고 손을 합동(合同)으로 모으고 허리를 구부려 머리를 절하는 방석에 닿게 하는 것인데, 일고(一叩)란 이러한 동작을 한 차례 하였음을 대표한다. 일관도는 이렇게 '머리를 대고 절하는' 예배동작을 수행 가운데 중요한 일환으로 간주한다.

25 일관도의 참사가례의 내용은 다음과 같다. :「明明上帝 五叩首, 諸天神聖 三叩首, 彌勒祖師 三叩首, 南海古佛 一叩首, 活佛師尊 一叩首, 月慧菩薩 一叩首, 師尊 一叩首, 師母一叩首, 點傳師 一叩首, 引保師一叩首, 前賢大衆 一叩首. 」

가 '효제(孝悌)'의 범위에까지 이른다. 일관도의 강사가 참사가례의 의미에 대해 설명할 때 우리는 자주 '출고반면(出告返面)'의 효의 정신이 그 속에 융합되어 있음을 들을 수 있다. 그들은 불당에 들어오고 나갈 때는 항상 선불을 향해 문안인사를 드리고 작별인사를 해야 한다고 설명한다. 집에서도 이와 마찬가지로 집에 드나들 때는 항상 부모와 형제에게 인사를 해야 한다. 이로써 일관도는 예를 생활 가운데 접목하고 있음을 알 수 있으며 이것이 또한 일관도가 예를 중시하는 이유이다.

매일 소향하는 예(禮)는 세 가지 측면의 뜻으로 나뉜다. 첫째는 여러 선불(仙佛)과 성현(聖賢)에게 감사하고 이를 본받으며, 둘째는 스스로 참회반성하고, 셋째는 중생이 겁난(劫難)의 고통을 면하도록 기도하는 것이다. 매일 소향하는 예의 내용 중 여러 선불과 성현을 본받고 감사하는 것은 중국인들이 하늘에 감사를 표현하는 것으로 곧 문화의 일환이다. 그러므로 비교적 이해하기 쉽기 때문에 여기서는 더 이상 설명하지 않겠다. 필자가 중요하게 여기는 것은 뒤의 두 가지이다. 그 내용은 매일 소향하는 예의 '원참문(愿懺文)'에 실려 있다.

> 남자 도친(信士)과 여자 도친(餘蘊) 아무개는 각기 자기 이름을 마음속으로 외우고 다음과 같이 말한다. 밝고 밝은 상제님의 자리 아래에서 다행히도 참된 진리를 전해 받았습니다.(3고수) 미륵조사님의 한량없는 묘법으로 항상 중생을 보호하고 감싸주시는 부처님 불전에서 모든 죄를 뉘우칩니다. 과거의 모든 잘못을 고쳐서 스스로 새로운 사람이 되겠으니, 부처님이 계시는 하늘에 오를 수 있도록 하여 주시기를 빕

니다.(3고수) 여러 불당에서 순서가 바뀌고 잘못을 저질러서 어지럽힌 허물들 또한 조사님께 바라고 비나니, 모든 죄를 너그럽게 용서해 주십시오.(10고수) 열 분의 아미타불 부처님 계신 최상의 극락에 오를 수 있게 하여 주십시오.(10고수) 노모님의 대자대비로 모든 중생을 겁난에서 구제해주시기를 간절히 바랍니다.(100고수)

[愿懺文(原文) ; (乾)信士, (坤)餘蘊 ○○○(默念個人名字), 虔心跪在 明明上帝蓮下, 幸受真傳 (三叩首). 彌勒祖師妙法無邊, 護庇眾生. 懺悔佛前, 改過自新, 同註天盤(三叩首). 凡係佛堂顛倒錯亂, 望祈 祖師赦罪容寬(十叩首). 南無阿彌十佛天元(十叩首) 叩求老[illegible]大慈大悲眾生免劫(一百叩首).]

'원참문(愿懺文)'은 매일 소향하는 예 가운데 두 번째 부분이다. 첫 번째 부분은 일관도의 최고 신명인 명명상제에서부터 자신의 조상에 이르기까지 그를 향해 머리를 조아리며 절을 하는 것이다. '원참문' 내용을 보면 우리는 먼저 은총을 입은 신앙자의 모습을 발견할 수 있다. 즉 '다행히 진리를 전해 받았다(幸受真傳)'[26]고 하고, 자신은 한 사람의 평민이지만 도리어 리천(理天)의 본체인 대도로 귀의할 수 있다는 것에 대해서 무한한 감사를 표현하고 있는 것이다. 일관도가 전수받은 것을 선양하는 것은 생사를 초월하는 방편이며 궁극의 법문(法門)이다. 다만 득도 이후 진실한 마음으로 수련하여야 반드시 생사를 벗어나고 다시는 윤회의 한계를 받지 않을 수 있다. 일관도의 신념

26 真師, 真道, 真傳은 한 세대가 닦고 익혀서 천성의 본체로 돌아갈 수 있는 유일한 법문을 상징한다. 그러므로 일관도에서 수련의 '진(眞)'은 재차 강조되어지는 것이다. (鍾雲鶯: 〈清末民初民間教派對「格物致知」的解讀-以光月老人, 王覺一, 楊毅廷為例〉, 《漢學研究》第25卷, 第1期(2007年6月)을 참조할 것.)

가운데는 득도(得道), 수도(修道) 그리고 일반적 가르침은 크게 차이가 있다. 중생제도의 문을 크게 열어준 조사에 감사하는 것에 대해 이는 선천도 계통에서 말하는 '홀로 전하고 홀로 전해받는다(單傳獨授)'와 '도가 속세에 내려왔다(道降火宅)'고 할 때의 '널리 중생을 제도한다(大開普渡)'는 것과는 다르다. '홀로 전하고 홀로 받는다'는 것은 반드시 먼저 닦고 후에 득도하므로 사람마다 득도할 수 있는 것이 아니다. '도가 속세에 내려와서' '널리 중생을 제도한다'는 것은 참된 도가 일반백성의 사이에 내려 와서 다만 마음이 있고 기회가 있는 사람이라면 누구나 먼저 득도한 후 수도를 할 수 있다는 말이니, 이는 선천도 계통에서 말하는 천시(天時)와는 다르다.[27] 은혜에 감사한 후에는 곧 자아의 참회가 이어지는데 그 내용은 하늘로부터 인간에 이른다. 글 내용에서 설명하는 '같이 하늘에 오른다(同註天盤)'는 것은 진심으로 참회하고 하늘과 더불어 동체(同體) 동덕(同德)이 되기를 희망한다는 것이다. 왜냐하면 사람의 본성은 모두 하늘로부터 비롯되므로 불당에서의 진심참회를 통해 자성본체의 근원지로 돌아가기를 소망하기 때문이다. 불당에서 조심하지 않아 실수를 저지르거나 혹은 예의를 행하는데 일시적으로 잘못이 있으면 조사의 용서를 구하게 되는데, 이것이 곧 인간부분에 대한 참회이다. 조사는 곧 보통 사람으로부터 수련을 해서 왔으므로 조사에게 청하여 용서를 구하는데, 실제로 '일을 하는 자가 또한 이와 같다[有為者亦若是]'고 하는 정신을 나타낸 것이며, 언제나 조사의 정신에서 벗어나지 않고 만약 잘못이 있으면

27 林萬傳의 저술에 따르면 일관도는 바로 선천도 계통에 속한다.

그 즉시 참회하면 된다. 참회문에서 마지막으로는 중생이 겁(劫)을 면하도록 기원하는데, 이것은 곧 자비심을 드러내는 것이며, 또한 송명유학에서 말하는 '명덕(明德) 친민(親民)'사상을 내면화한 것이다. 세간에 겁난이 없도록 하려면 반드시 중생들은 마음을 가지런히 하고 수도를 해야 하는데, 이는 일관도가 재차 강조하는 '사람을 제도(渡人)'하는 수도의 이념이다. 모든 사람이 득도하고 수도하면 곧 유가에서 말한 '천하에 밝은 덕을 밝힌다[明明德於天下]'는 가르침에 이른 것이다. 그러므로 '중생이 겁을 면하도록 기도하는[祈衆生免劫]'것의 의미는 마치 세상에 재난이 없기를 기구하는 것과 같으며, 그 심층적 의미는 중생을 교화하여 사람마다 수도하여서 일관도에서 주창하는 바대로 '사바세계를 극락의 세계로 만드는' 이상을 실천하는 것이다.

당연히 우리는 '원참문'의 문서 내용이 유가사상의 체현과는 거리가 멀고 단지 종교 신도의 예배 정도로 보여지는데 어떻게 유가의 예의 실천이라고 불릴 수 있을까라고 의심을 품어볼 수 있다. 하지만 우리는 장천연의 『잠정불규』의 전제가 유가 정신을 내포하는 것을 근거로 하고 있고, 그 예의의 형식은 삼교의 전통과 내용을 끌어왔기 때문에 그 예의의 내용은 다만 유가에 국한될 수는 없다는 것을 잊어서는 안된다. 그러나 그 예를 행하는 정신은 유가 예사상의 내면화이며 이는 의심할 여지가 없다.

우리는 참사가례와 매일하는 소향례에서 일관도가 예의 생활화를 실현하고 있으며, 외적으로는 형식이 갖추어지고 내면화되어서는 생활의 일부분이 되었음을 알 수 있다. 다시 말해서 형식적 예의는 몸가짐을 바르게 하는 행위이며, 내면적 예의는 선한 마음을 기르는 동기

부여와 사유를 하여서 심신이 하나가 되는 참된 수행인이 되기를 기대하는 것이다. 일관도는 수행을 절대 개인의 일로 보지 않으며, 유가에서 말하는 '천하에 선을 이룬다'는 마음으로 예의 실천을 통해 예의사회를 추진하는데 참여하고 있다.

2) 예(禮)의 사회적 실천 : 각종 제전(祭典)의 거행과 확산

일관도는 유가를 종주로 하고 있으므로 입세(入世)수행이 그들의 이념이다. 그러므로 예의 실천 역시 이 신념 하에서 예를 사회 속으로 확충하고자 하며, 특히 공자 제사, 봄가을 대제사(祭祖, 祭天) 등 각종 제전을 거행하고 있다. 다시 말해, 유가의 예악일체 문화전통을 선양하기 위해 일관도 각 도장은 대만의 여러 각 지역에서 공자를 제사하는 대전을 개최하고 있다.

많은 사람들은 일관도가 대만 각지에서 공자를 제사하는 전례(典禮)를 주최하는 것을 잘 모르고 있다. 북부 지역의 여러 전례는 발일숭덕(發一崇德)도장에서 주최하며 남부 지역에서는 대부분 보광옥산(寶光玉山) 도장에서 주최한다. 공자를 제사할 때에 팔일무(八佾舞) 춤을 결합하기 위해 일관도는 특별히 국악단을 조직하였으며, 아울러 고례(古禮)에 근거하여 학생들을 가르치고 있다.[28]

일관도가 공자를 제사하는 대전(大典)을 수행할 능력이 있는 가장

28 민국 80년 4월 21일 타이베이 공묘에서 춘계 공자제사를 거행할 때, 정헌관으로는 발일숭덕 도장의 한우림 노전인이 담당하였고, 영도 전인 진홍진 및 일관도총회 기타 지선 전인들이 분헌관을 담당하였다. 예절전문인은 타이베이도장 및 사회계, 학계, 강사들이 담당하였다. http://59.125.176.88/intro/foundation.aspx, 2009년 9월11일 인터넷 주소 참조.

중요한 점은 그들이 유가예악문화를 중시한다는 것이다. 예를 들어 보광옥산 도장은 그 노전인 왕수(王壽)의 영도 하에 '옥산(玉山) 성악단(聖樂團)'을 설립하였으며, 아울러 조상에 제사지내거나 하늘에 제사지내는 예절 전문학생을 적극적으로 훈련하여 예악정신을 내면화하였으며 또한 공개적인 제전의식을 통해 예악정신을 확충하고 있다. 『옥산보광성당소개』에서는 '예악성도화(禮樂聖道化)'에 대해 묘사할 때 "예악의 정신은 형식상의 인사 행위가 아니라 일종의 자기 마음의 정성과 공경을 발현하는 것이며, 예악은 종교의식에서 주도적인 지위를 차지하고 있다."라고 말하고 있다. 지도자인 왕수(王壽) 노전인은 유가 예악문화를 중시하였기 때문에 보광옥산은 고대의 제전을 모방하여 매년 춘계 추계로 조상에 대한 제사(祭祖)와 3년마다 추계대전(祭天)을 거행하고 있다. 이로써 상천(上天)의 은혜에 대한 감사와 존경을 표시하며 국태민안(國泰民安)과 사회화합(社會和合)을 기원한다.[29]

고례(古禮)를 모방하여 예악으로 공자를 제사지내고, 하늘과 조상에 제사지내는 것 외에도 일관도 도장에서는 여러 곳에 납골당을 설치하고 있는데, '물을 마실 때는 그 근원을 생각하라(飮水思源)'는 효도정신을 선양하기 위해 선령(先靈)의 위패를 설치하고 매년 봄가을로 제전(祭典)을 거행한다. 조상에게 제사지내는 의식을 통하여 제례의 정신을 힘써 행하며 아울러 '신종추원(愼終追遠)'의 효도정신을 표현한다. 제전에서 제일 중요한 것은 예와 효도의 정신을 결합하여 내

29 《玉山寶光聖堂簡介》참조 바람.

면화하는 것이다. 예를 들어 기초충서(基礎忠恕) 도장의 원저악(袁翥鶚) 전인은 봄가을 제전의 의미를 다음과 같이 말하였다. "중화민국과 세계 기타지역의 가장 다른 점은 우리들이 효도를 중시한다는 것이다. 공자께서는 '살아서는 예로써 섬기고 죽어서는 예로써 장사지내고 예로써 제사 지낸다'라고 말씀하셨다. 제전은 그 근본을 잊지 않는 데서부터 출발한다. 혈육 간의 정은 신체가 있고 없고에 의해 변화되지 않는다. 물을 마실 때 그 물이 어디에서 왔는지 근원을 생각하며[飮水思源], 부모의 장례를 잘 지내고 조상의 제사에 정성을 다한다[愼終追遠], 제전의 의의는 선인(先人)을 추모하고 공경을 표시하며 조상에 대해 그 근본을 잊지 않는데 있다. 일반적으로 조상 제사의 의의는 온 집안사람들이 한데 모여 선조의 공덕에 대해 회고하며 부모의 유지[遺志]에 따라 그 사업을 계승하고 그 소원을 실천하며 부모의 생명을 지속하는 것이다. 이와 같이 부모가 별세하였어도 마치 살아있는 것처럼 하는 것을 가히 효라고 할 수 있다. 이상이 효친(孝親)의 원칙이며 동시에 중화민족 문화전통상의 가장 큰 정수이다."30

이상의 언급에서 알 수 있듯이, 수기(修己)의 실천에서 참사가례와 매일 소향하는 예 또는 사회에서의 예의 확충을 막론하고 일관도의 예의 실천은 외재적인 의례형식으로부터 내면화로 나아가며, 그 신체행위의 표현들이 모두 예의 실현이 되게끔 하고자 한다. 또한 예의실천을 통해 일상생활 가운데에서 유가의 예(禮)문화전통을 체현하고 추진하려는 것이다.

---

30 《基礎》, 221期(2007年5月), 頁63.

5. 유가사상의 선양에 대한 현대 일관도

일관도가 대만에서 발전하는 과정에서 유가사상의 선양에 중대한 공헌을 하였다고 할 수 있다. 가장 중요한 것은 대만의 사회경제와 교육구조의 변화에 따라 전통문화와 도덕관이 근대 대만에서 점차 희박해졌기 때문에 일관도가 펼친 것이 바로 경제가 발전할 때 대만에서 필요로 하는 도덕관, 특히 유가사상에서 강조한 수신제가(修身齊家)의 관념은 당시 대만의 풍요와 사치에 대해 제약하는 작용을 하였으며, 또한 이는 당시 사람들의 심신을 안정시키고 '부(富)하면서도 예(禮)를 좋아하고 귀(貴)하면서도 인(仁)을 행한다'는 수행을 전개하게 되었다. 설령 오늘날의 대만경제 상황이 예전 같지는 않다고 하더라도 공자가 말한 '부귀가 나에게는 뜬 구름과 같다'는 소탈함과 외부 사물에 미혹되지 않는 정신은 일관도 도장 내에서 더욱더 발전하였다. 그러므로 많은 신도들은 경제적 격변을 겪었음에도 원망이 없고 도를 즐거워하는 마음으로 수행을 지속하여 대만사회의 안정에 중대한 작용을 하였다. 이런 무형의 영향력은 바로 평소 일관도 도장에서 선도하고 있는 성의(誠意), 정심(正心), 수신(修身), 제가(齊家)를 내면화한 결과이다. 따라서 우리는 '전가족의 수행(全家修)'이 일관도 최대의 종교적 특색이며, 이것이 바로 유가를 근본으로 입세수행을 실현한 결과임을 알 수 있다.

일관도는 『사서(四書)』에 대한 이해 때문에 기본적으로 송명유학의 맥락에서 발전하였으며 또한 왕각일(王覺一)의 '리(理) · 기(氣) · 상(象)'의 사상구조 아래에서 『사서』를 해석하였다. 그러나 현대 교육체제를 받은 일반 신도는 왕각일(王覺一)의 저서를 읽기가 매우 어려우며, 일반 부란(扶鸞)에서 나온 훈문(訓文) 또한 '리(理) · 기(氣) · 상(象)'에 대한 사상적 설명을 찾아보기가 어려운데 이를 대신한 것이 통속화한 유가사상이다. 본문에서는 이 두 가지 측면에서 접근하여 현대 일관도가 어떻게 유가사상을 흡수하고 변천시켰는지에 대해서 살펴보기로 한다.

1) '리(理) · 기(氣) · 상(象)'사상의 평이화(平易化)

리, 기, 상은 일관도가 우주생멸과 형성을 설명하는데 사용하는 전문 용어로서, 또한 이것으로 신성공간, 우주공간, 세속공간을 구별하고 있다. 리, 기, 상의 용어의 사용은 이학(理學)의 영향아래 세워진 것으로 왕각일에서부터 시작하며 민국 60년 사이의 일관도 저술에 이르기까지 그 수련의 단계에 따라 서로 다른 설명들이 누차 나오고 있다. 하지만 그 철학성은 현대에 이르러 점차 사라지고 대신 비교적 평이한 용어로 리, 기, 상 삼계의 차이를 해석하고 있는데, 리천(理天)의 도(道)를 닦는 것과 기천(氣天)의 술(術)을 닦는 것의 차이를 설명하고 있다.[31] 일관도는 리천의 도를 닦는 것이 수도의 궁극이라고 강조하며 이를 통해 생사윤회를 해탈할 수 있다고 한다. 기천의 술을 닦는 것은 비록 사람을 현혹하는 법술을 달성하는 것이지만 간혹 선인(善人)이 세상에서 선덕을 닦는 경우에는 가장 공덕이 많은 경우 기천(氣天)의 신명이 되거나 혹은 후세 사람들의 공양을 받을 수 있지만

31 鍾雲鶯: 〈「本」與「非本」: 論一貫道解讀儒家經典的思考模式〉, 《世界宗教學刊》 第9期 (2007年6月).

일정 시간이 지나면 다시 윤회로 떨어져서 생사에서 벗어날 수 없다.[32] 그리하여 리, 기, 상과 관련된 이런 핵심교의는 현대에서 점점 사라지고 평이한 용어로 해석하는 경우가 점차 증가하였다. 예를 들어 『학용천언신주(學庸淺言新註)』에서 『대학』에 나오는 구절 '이 때문에 군자는 그 지극함을 쓰지 않은 바가 없다(是故君子無所不用其極)'에 대해 다음과 같이 해설하고 있다.

> 이른바 군자가 그 지극함을 쓰지 않는 바가 없다는 것은 세 등급으로 배열할 수 있으니 리, 기, 상이다. …한결같이 진리에 지극하면 지선(至善)으로 돌아가니 곧 근본을 돌이키고 근원으로 돌아간다는 것이다. 사람은 모두 성현의 몸을 지니고 있는데 이를 깨닫지 못하니 애석하다. 상(象)을 말하는 군자는 그 기질을 지극히 하고, 기(氣)를 말하는 군자는 그 기체(氣體)를 지극히 하며, 리를 말하는 군자는 그 허무(虛無)를 지극히 한다. 이 세 등급의 군자는 곧 성인(聖人), 현인(賢人), 우인(愚人)으로 나누어져 각각 다르다.[33]

현대에 이르러 몽호(夢湖)가 쓴 『학용소주(學庸小註)』에서는 '물유본말, 즉근도의(物有本末…則近道矣)'를 다음과 같이 해석하고 있다.

---

32 일관도에 따르면, 일반 민간신앙이 숭배하는 신명은 바로 기천(氣天)의 도를 닦아 몸이 죽은 뒤에 비록 사람들에 의해 공경을 받지만, 다만 그 복을 누리는 시간이 유한하기 때문에 여전히 윤회의 변화에 제한을 받으므로 영원한 진리가 아니라고 여긴다. 따라서 일관도는 민간신앙의 여러 신들을 '기천신명(氣天神明)'이라 부르고, 리천(理天)의 신을 닦아서 귀의하는 것과 다르다고 말한다.

33 같은 책, 同註36, 頁16-17.

'사물에 본말이 있다(物有本末)'는 것은 상(象)을 말한다. 형질(形質)이 있는 물건은 상이다.…자성(自性)은 본(本)이라면 육체는 말(末)이 된다.…'일에 시작과 끝이 있다(事有終始)'고 한 것은 기(氣)이다. …'먼저 할 것과 뒤에 할 것을 안다(知所先後)'는 것은 리(理)이다.…선천(先天)이 리천(理天)이고 후천(後天)이 상천(象天)임을 안다면 사람은 반드시 리천(理天)으로 돌아가야 한다는 것을 알아야 한다. …'도에 가깝다(近道矣)'는 말은 도가 바로 무극의 경지이니 리, 기, 상으로 도를 깨달으면 거의 잘못이 없다는 것이다.[34]

윗글에서 설명하는 것처럼 '리천(理天)'에서 중요한 것은 만사만물의 '본(本)'으로서 신성한 공간이며 영구불변함이다. 수행의 측면에서 말할 때 반드시 '본(本)'의 필요성과 신성을 이해해야 한다. 일관도가 강조하는 리, 기, 상의 천계(天界)의 차이는 '본(本)'과 '비본(非本)'의 큰 차이를 설명하는 것이다. 따라서 수행인은 마땅히 인간의 '本'의 근원지인 리천(理天)으로 회귀하는데 관심을 가져야 하며 '비본(非本)'의 공간에서 생사유랑하고 미혹되어서는 안 된다. 그러므로 리, 기, 상의 삼계는 성(聖), 현(賢), 우(愚)의 분별을 대표하는 셈이다.[35] 이런 설명은 온전히 왕각일(王覺一)을 계승한 것으로 새로운 해석이 아니다. 왕각일의 저서와 비교해보아도 평이한 표현이 많아졌으며 철학성은 사라져 그저 신앙인들에게 수행의 궁극적 목표인 리천

34 夢湖, 《學庸小註》(草屯鎮: 玉珍書局, 1992.八版), 頁19-20.

35 왕각일은 리천(理天)의 도를 닦는 자가 성인이 되고, 기천(氣天)의 도를 닦는 자가 현인이 되며, 일반의 미혹된 세간에서 수행할 줄 모르는 자를 우인(愚人)이라고 보았다. 그러므로 일관도 가운데에는 '[성역(聖域) 현관(賢關)]'의 차별이 있다.

(理天)을 알리는 것만으로 변하였다. 리, 기, 상의 우주론에 이르면 우주론 상에서 인성론을 세우는 데서는 '왜'라는 부분에 대한 토론은 찾아보기 힘들고, 다만 '그렇다는 것만 알고 왜 그런지에 대한 까닭은 알지 못한다'는 결과론적인 것만 보이므로 왕각일의 저작에서 드러난 철학적 사변과는 서로 차이가 많이 난다.

현대교육체계가 일반신도로 하여금 왕각일의 저작을 읽기 어렵게 하는 것 이외에도 일반 부란(扶鸞)의 훈문에서도 리, 기, 상 사상의 진술을 찾아보기 어려운데, 통속화한 유가사상이 그것을 대신하고 있다.

중국에서 대만으로 건너온 일관도 전인들은 리, 기, 상의 핵심교의를 철저히 믿고 의심하지 않았다는 것을 그들의 저작을 통해서 알 수 있다. 하지만 대만에 지식이 보급됨에 따라 교육을 받은 사람들이 대폭 증가하면서 현대식 교육을 받은 일관도의 새로운 세대들은 기본교의의 이해도가 비교적 박약해졌다. 반면 앞선 시기 교육 수준이 높지 않았던 도친들은 리, 기, 상 사상에 대해 완전히 숙지하고 있었는데, 대부분 수도한지 오래 된 분들이거나 연령이 비교적 높은 도친들이었다. 그들은 일관도 도장 내에서 글자를 배우기 시작하여 공부를 하였으므로 이때 그들이 받은 교육 수준은 곧 일관도 도장 내부의 교육이었다. 반면에 젊은 층의 도친들은 학교교육을 받았으므로 문학이나 역사학과의 배경이 아닌 경우 실제로 리, 기, 상 사상을 읽고 이해하기가 어려웠으며, 그것의 설명과 선양은 더욱 말할 것도 없었다. 핵심교의의 평이화와 점차적 소멸현상에 처해서 일관도는 그 핵심교의의 해석에 대해 최대 위기를 맞고 있다.

2) 유가사상의 보편화 - 『사서』해석, 강연과 아동 독경반의 설치

원(元)나라 황경(皇慶) 2년(1313)부터 시작하여 주희가 편찬한 『사서(四書)』는 과거시험의 필수과목으로 채택되면서 이후 『사서』는 중국 사회 전체에 영향을 미쳤다. 전목(錢穆) 선생이 말한 바와 같이, 중국학술방면의 영향에 대해 주자의 '사서로부터 나아가서 오경에서 물러난다(進四書退五經)'는 정신은 후세 사람들로 하여금 모두 『오경(五經)』이 아닌 『사서(四書)』를 통해서 유가사상을 인식하게 되었다.

유가사상의 확산에 대해 일관도는 기본적으로 전통 학술적 맥락에서 진행하였으므로 『사서』는 일관도 도장의 필독서가 되었으며, 특히 『대학』과 『중용』이 그러하다.[36] 많은 일관도 신앙인들은 전통적 맥락 하에서 신앙적 신념을 가지고 『사서』에 대한 종교적 해석을 진행하였으며 『사서』에 대한 별도의 해석을 전개하였다.[37]

일찍이 일관도의 신도에 대한 내부교육(聽道理 혹은 開班이라고 불림)은 거의 경전교육 혹은 선불(仙佛)의 부란(扶鸞)과 훈문(訓文)을 위주로 하였다. 경전교육은 신도들의 신념과 일관도 '종교로써 경전을 해석함(以教解經)'에 관한 이해를 더욱 심화시켰다. 특히 훈문에 관한 해석은 신도들의 신심을 강화하였는데, 왜냐하면 수많은 훈문에서 '훈문 속의 훈문'은 그야말로 사람의 능력으로 가능한 것이 아니기 때문이다.[38]

---

36 『대학』과 『중용』이 송명(宋明) 이후에 '성명의 책'의 대열에 끼어 넣어지면서부터 민간유교는 리학의 전통적 영향 하에서 특별히 『대학』과 『중용』 두 책을 중시하였다.

37 鍾雲鶯: 〈一貫道內部流通之儒家經典注疏本介紹〉, 《鵝湖》, 374期(2006年8月), 頁 55-63 참조바람.

일관도는 신도들에게 불당참례와 도장에서의 수업참가, 교의 수강 등을 매우 강조하기 때문에 초기의 경전교육은 시대적인 관계상 수많은 초급과정 대신 보편화된 도덕교육이 이를 대신하였으며, 더욱이 유가의 도덕이념이라는 이름이 덧붙여졌다.

일관도는 '하늘의 도를 닦으려면 먼저 사람의 도를 닦아야 한다[欲修天道先修人道]'는 것을 매우 강조하기 때문에 이런 점에서 입세수행에 깊이 들어가서 유가사상을 실천함으로써 원만한 인륜사회의 이상을 추구한다. 신도들로 하여금 유가사상과 정신이념에 대한 이해를 증진시키기 위해 많은 훈문은 곧 평이화되고 보편화된 유가 용어로써 『사서』사상을 선양하고 있다. 그러므로 거의 모든 일관도 도친들의 집에는 『사서』가 있음을 볼 수 있으며, 아울러 일관도는 『사서』로써 한 세대를 가르쳐서 성인의 가르침을 전달하고 있으므로 유가의 사상과 수기성인의 이념 또한 일관도로 인하여 대만에 뿌리를 내리고 발전하게 되었다.

이외에 대만에 유가사상을 확산하는데 지대한 영향을 미친 것은 아동독경반을 광범위하게 설치한 일이다. 현대 아동 독경 운동은 비록 왕재귀(王財貴) 교수에 의해서 시작되었으나 많은 민간단체들의 찬조와 지지가 있었다. 다만 '독경(讀經)'을 전 국민 독경운동으로 확산한 것은 일관도가 중요한 종교단체로서 역할을 하였다.[39] 일관도는

38 이 부분에 관한 연구는 林榮澤의 연구논문, 〈一貫道推行儒教之研究--以天書訓文為探討核心〉, 「2008中國宗教與哲學國際學術研討會」(2008年12月13日)를 참조바람. 필자는 임교수가 일관도의 부란(扶鸞)과 차규(借竅)의 훈문작품을 천서(天書)라고 부르는데 동의하지 않는다.

39 李建弘: 《經典與實踐----當代臺灣讀經運動之研究》(臺北: 國立政治大學宗教研究所

'유교가 시대의 운에 응하여 세상을 구제한다(儒教應運救世)'는 설법을 굳게 믿고 있었으므로[40] 사서를 '성전(聖典; scripture)'의 관점에서 바라보았다. 그러므로 왕재귀 교수의 독경운동에 합류하기 전에 사서는 본래 일관도 신도들의 필독서였으며, 왕교수의 독경운동에 호응한 후에는 1994년부터 시작하여 일관도 18개 조선(組線)에서는 모두 대만 각 지역에서 독경대회를 개최하였다. 참가자는 어린 아이부터 노인까지 참가하였는데, 참가자들의 공통적인 특징은 대부분 일관도 신도였으며 사서가 필수시험경전이었다는 점이다.[41]

대만의 독경 분위기만 확산될 뿐 아니라 일관도 도장은 현재 전 세계 80여개의 국가에 분포하고 있어 적극적으로 독경운동을 확대하고 있다. 2003년부터 시작하여 매년 중국인 사회에서 '독경대회시험(讀經大會考)'을 개최하고 있으며,[42] 사서는 여전히 선독 과목 중 핵심

碩士論文, 2007年6月).

40 이러한 관념은 바로 선천도를 계승하여 나온 것으로 황덕휘(黃德輝, 1624-1690)가 선천도를 창립하였을 때에 곧「雞王叫諸佛惺悟, 驚惺未來儒童」,「道號儒童, 修造下未來真經.」이라고 하면서 유교 사람이 교를 관장할 것을 예언하며 유교가 시대운에 응한다고 설법하였다. 그러므로 도광(道光) 25년(1845)에 수조(水祖)로 불린 팽의법(彭依法, 1796-1858)이 도무(道務)를 주관한 후에 선천도의 도의가 점차 유교의 길로 나아가게 되었다. 초기에 사용한 '선천대도(先天大道)'·'금단대도(金丹大道)'도 유가사상의 '일관대도(一貫大道)', '일관진전(一貫眞傳)'에 의해 대치된 것이다.(林萬傳:《先天道研究》(臺南: 靝巨書局, 1986年修訂二版), 頁1-157 참조바람.)

41 이건홍(李建弘)의 연구에 따르면, 1990년대의 독경(讀經)운동은 경전 선택에 있어서 먼저 제자백가로부터 시작하여 유가경전을 위주로 하는 현상에 이른다. 이 의미는 현대의 대만 유가전통이 바로 독경운동을 겉옷으로 한다는 것인데, 다만 일시적으로 각종의 종교전통에 의해 가려졌으나 그 본질은 여전히 유가사상이라는 것이다. (李建弘:《經典與實踐----當代臺灣讀經運動之研究》, 頁78 참조바람.)

42 2003년 8월 일관도 세계총회는 미국 로스앤젤레스에서 '미국 독경 장원선발대회'를 개최하였으며, 2004년 12월에는 보광건덕 도장이 까오슝 육구현에서 '세계 만인 독경 장원선발대회'를 개최하여 수험생이 미국, 호주, 일본, 말레이시아, 싱가

경전이다. 다시 말해서 일관도의 교의는 15대 조사 왕각일(1833-1884?)로부터 시작하여 '유가를 종주로 하는' 신앙의 핵심을 확립하였으므로 해외의 일관도 신앙자들도 유가의 '자기를 완성하고 남을 완성하게 하는'이념을 적극적으로 선양하고 있다. 이런 관점에서 볼 때 세계화 시대에 일관도는 사서의 확산 및 유가사상의 전파에 대해 상당한 영향을 미치고 있다. 그러나 우리가 생각해볼만한 것은 이렇게 일관도라는 종교단체가 유가사상을 확산하고 있지만 그들로 하여금 전심전력으로 유가사상을 수호하는 근본원인은 신앙적 힘이지 절대로 유가사상 자체에 대한 편애나 혹은 유가사상만의 발전과 변천을 탐구하려는 것이 아니다.

우리가 주목해볼만한 것은 전 세계에 분포한 일관도 도친들이 『사서』의 해독에 대해 기본적으로 일관도 교의 사상에 따른 해석을 하고 있으며, 이것은 곧 '유교'의 신앙적 해석이지 결코 현대 신유학(리우슈시엔(劉述先)과 뚜웨이밍(杜維明) 포함) 계통의 학술적 확산이나 서양문명과의 대화에 따른 내용과 같은 것이 아니라는 점이다. 비록

포르 등 10개 국가에서 참가하였다. 2005년 8월 대만의 중정기념당에서 거행한 '일관도세계 만인 독경대회'에서는 대만 매체의 보도 외에도 미국, 일본 매체의 관심을 끌었는데, 이 행사의 특색은 참가한 외국 인사들이 그 이전보다 훨씬 더 많았다는데 있다. 2007년 12월 2일에는 말레이시아 쿠알라룸푸르 국가 체육관에서 '말레이시아 세계 만인 독경대회'를 개최하였는데, 거의 3만 명이 참가하여 그 지역의 매체가 앞 다투어 보도하였다. 세계 각지에 설치된 '일관도총회'의 각 지구에서 개최한 '독경대회' 외에도, 대만의 보광숭정(寶光崇正) 도장에 속한 숭정기금회에서는 이 몇 년에 걸쳐 타이중(臺中)지역의 '독경대회'를 개최하였는데 매번 참가한 사람의 숫자가 만 명을 넘었다. (李玉柱: 〈一貫道讀經運動的推廣與現況〉, 「2007經典教育的理念與實踐學術研討會會議手冊」(桃園: 元智大學通識教育中心, 2007年 5月 18日), 頁87 ; 「馬來西亞世界萬人讀經大會考暨一貫道世界總會第三屆國際學術研討會」의 인터넷 자료 참고바람.

'리(理)를 배우는 주류유학'이나 '종교적 서민유학'은 모두 다 유가사상의 초월성과 내재성을 중시하였지만, 다만 주된 관심을 보이는 핵심사항과 선양하고자 하는 대상은 서로 달랐다. 이 둘은 서로 유가경전의 해석에 있어 본질적 차이를 보이고 있지만, 다만 일관도가 21세기에 종교적 역량으로써 민간유교를 확산하고 유가경전을 해석하는 현상은 결코 무시할 수 없으며 이들의 영향력은 학술계의 유가지식인들을 크게 넘어섰다고 볼 수 있다.[43] 또한 일관도가 독경반을 개최함으로 인해 이런 환경아래에서 『사서』가 더욱 큰 발전을 할 수 있는 영역을 만들었던 것이다.

6. 결론

이 글은 주류 유학의 전환과 선양에 대한 현대 일관도를 주제로 하여 유가사상의 확산에 대한 내용을 살펴보았다. 대만의 현대 국민들의 많은 신앙 가운데 일관도는 유가사상을 선양하는 종교이다. 이미 일관도 발전의 역사적 근원을 살펴보았듯이 일관도는 명·청 시대 삼교

43 일관도뿐만 아니라 다른 종교단체, 예를 들어 지방의 난당(鸞堂), 동선사(同善社), 중화성도회(中華聖道會), 세계홍만회(世界紅卍會), 유불거사군(儒佛居士群) 등은 모두 종교적 역량으로써 유가의 가치이념을 수호하고 이로써 '선을 행하고 선을 닦는' 종교법으로 유가사상을 선도하고 있으며, 아울러 서적을 출판하여 세상에 전하였으니, 그들의 민간사회에 대한 영향력은 유학을 연구하는 학자가 도저히 따라잡을 수 없는 것이었다. 이 때문에 1989-1991년 사이에는 학자들이 스스로 당시 유가의 사회실천이 어떤 영향력도 가지지 못하고 있음을 반성하기도 하였다. (李明輝:《儒學與現代意識》, 臺北: 文津出版社, 1991년, 참조바람.)

회통(三敎會通)의 배경 하에서 유가를 종교화한 교파 중 하나인데, 수많은 교파가 현대에 이르는 동안 사라졌지만 일관도는 도리어 하나의 특출한 종교적 유가로써 전 세계에 널리 퍼졌으며 비중국인 지역에서는 종교적인 유가로 인식되고 있다.

이 글의 논술을 통해서 우리는 일관도의 핵심교의가 곧 리학, 심학, 기학의 영향을 받았으며, 또한 왕각일의 '리(理), 기(氣), 상(象)'의 우주론과 심성론에서부터 곽정동(郭廷棟) 등이 편찬한 『일관도의문해답』에 이르기까지 그 면모를 살펴볼 수 있었다.

주류 유학의 영향을 받았기 때문에 『일관도의문해답』은 기본적으로 송명유학의 기초 하에서 '일관도' 및 '일관도 종지'의 의미를 해석하여, 자기로부터 시작하여 → 타인 → 사회 → 국가 → 우주의 순서로 영향력이 점차로 증가하고, '사바세계의 연화방' 건립에서부터 우주만물이 리를 따라 행하는 데까지 이른다. 사회질서의 유지에 있어서는 오륜의 실천에서부터 출발하고 있는데, 이것은 일관도가 유가사상의 핵심관념을 계승하고 있음을 보여주는 것이며, 이런 관념이 발전함으로써 인간과 사회는 불가분의 관계가 되기 때문에 이로써 대동세계의 건립을 희구하는 것이다.

장천연의 『잠정불규』는 신앙적 역량을 통해서 예(禮)를 보편화하며, 나아가 자기를 수신하고 세상을 구제하는 궁극적 목표에 도달하고자 한다. 예를 쉽게 실천하기 위해 장천연은 예는 때와 장소에 맞아야 하며 형식에 빠지면 안 되고 중요한 것은 성의(誠意) 정심(正心)에 있다고 강조하였다. 예를 생활화하기 위해 장천연은 곧 자기를 수신하고 세상을 구제하는 것으로부터 마땅히 예를 어떻게 실천할 것인가를 논하고 구체적으로는 그것을 생활 속에서 실천하는 것을 논하였다.

일관도는 대만에서 유가사상의 선양과 관련하여 주로 경전교육, 해석, 독경반 확산 등의 활동을 하였다. 비록 현재 일관도는 리, 기, 상의 핵심교의에 대하여 점차적으로 평이해지고 있지만 다만 그 유가사상의 확산과 함께 신앙적 동력으로 유가사상을 실천하는 것 등은 대만 사람들의 심신을 안정시키는 데 있어 크나큰 공헌을 하고 있다.

중국 일관도의 한국 전래와 교리적 특성*

종운앵(鍾雲鶯) · 이경원(李京源)**

1. 서언
2. 중국과 대만에서의 일관도 발전과 흥쇠
3. 일관도의 한국전래와 교리적 특성
4. 맺음말

1. 서언

한국의 신종교 현황에는 자생적인 단체도 많이 있지만 외래신종교의 비율도 상당수를 차지하고 있다. 〈한국신종교실태조사보고서〉에 의하면 외래 신종교는 크게 불교계, 그리스도교계, 중국계, 일본계, 중동계 등으로 분류되어 있다.[1] 여기서 중국계 신종교의 대표적인 계통으로 알려진 것이 바로 일관도(一貫道)이다. 일관도는 오늘날 중국 현지에서는 공개적인 활동이 금지되어 있으므로 가시적인 현황을 파악하기는 어렵지만 가까운 대만의 경우에는 국내 3대 종교중의 하나로 일컬어질 만큼 뚜렷한 교세를 자랑하고 있다.

오늘날 일관도의 세계적인 활동은 18대 조사인 장천연(張天然; 1889-1947)과 손소진(孫素真; 1895-1975)의 공적이라 할 것인데, 이들이 중국에서 그리고 대만으로의 도무(道務)가 성공적으로 이루어진 후, 민국 60년대(1971)에 이르러서는 세계 각국을 무대로 전도하기 시작하였다. 세계전도는 가까운 일본, 한국, 싱가포르, 필리핀, 월남, 태국, 캄보디아, 말레이시아, 인도네시아에서 시작하여, 유럽과 미국 그리고 아프리카에 이르기까지 이어졌다. 최근 이십여 년 간에 대만에 많은 외국의 노동 인구가 유입되고 있어 일관도가 동남아 국가로

---

* 이 논문은 2012년 11월 10일 한국신종교학회 추계학술대회 [외국신종교의 한국사회 이식과정과 그 의미]에서 공동연구논문으로 발표한 것을 수정 보완한 것이다. 1-2장은 종운앵 교수가 작성한 내용을 번역하였고, 3-4장은 역자 본인의 글이다.

** 대만 원지대학 중국문학과 교수 · 한국 대진대학교 대순종학과 교수.

1 원광대학교 종교문제연구소, 『한국신종교실태조사보고서』, 1997 참조.

그 영역을 더욱 확대하고 있는 계기를 마련하고 있으며,[2] 중국어로 일관도의 교의(敎義)사상과 이념을 전할 수 있음으로써 중국인에게 제한되어 있던 전도 영역이 더욱 넓어지고 있다. 중화민국 일관도총회의 통계에 의하면, 80여 개국에 일관도 도장이 설립되어 있으며, 다방면의 노력에 의해 세계적인 발전을 이루고 있고 현재 14개국에 전국적인 일관도 총회가 설립되어 있다고 한다. 이를 볼 때, 일관도가 많은 발전을 이루었음을 알 수 있으며, 화인(華人) 본토 종교가 세계적 신앙으로 발전한 면모를 엿볼 수 있다. 근자에 일관도는 또한 유네스코의 NGO 기구에 적극 가입하고자 노력하면서 민간의 역량으로 세계 종교 평화와 종교 대화를 펼쳐 나가려 하고 있다.

한국의 신종교 현상에서 이와 같은 일관도의 한국 전래과정을 살펴보고 그 토착화 과정에서의 역사와 주된 교리를 고찰함으로써 한국 신종교 이해에 보탬이 되고자 한다.

2 일관도가 동남아 지역에서 전도 활동을 진행한 것은 매우 오래 되었고 그 결과도 좋았다. 이 외에도 대만에서 노동정책이 변화함에 따라 외부의 노동 인력이 유입되게 되었는데, 이는 일관도가 동남아 지역으로 전도 영역을 확대하는데 도움을 주었다. 그러나 이슬람교 국가인 인도네시아와 말레이시아에서는 이슬람교가 신도들이 기타 종교를 신앙하는 것을 금지하므로 일관도의 전도 활동은 비이슬람교의 민중을 위주로 하고 있다.

2. 중국과 대만에서의 일관도 발전과 흥쇠

1) 중국에서의 일관도 발전

(1) 일관도의 신앙 및 교의사상

일관도는 명·청(明清)이래로 삼교가 합일된 전형적인 종교이며 그 근본을 유가(儒家)에 두고 있다. 관련 학자들의 연구에 근거해 볼 때, 일관도의 역사는 명나라 시기 황덕휘(黃德輝;일관도의 9대조사, 1624-1690)로 거슬러 올라갈 수 있다. 그는 당시 종교 개혁을 부르짖으며 선천도(先天道)를 창립하였고, 기존의 단도(丹道)수련을 보류하면서 예배의 의전(儀典)적 측면에서는 유교적 경향을 추구하였다.[3] 이에 뒤이어 일관도의 수행을 유교 중심으로 바꾸고 선천도의 수행법을 개혁하여 일관도의 주체성을 확립한 이는 일관도의 15대 조사인 왕각일(王覺一, 1833-1884)이다.[4] 왕각일이 당시 이끌던 교파는 '말후일착(末後一著)'이라 하였는데, 산동성 익주(山東省益州)에 동진당(東震堂)을 건립하고 전도(傳道)의 총부로 사용하였다.

일관도는 16대 조사인 유청허(劉清虛; 1886-1919) 시기 그 명칭이 확립되었으며 이로써 일관도의 유교적인 특색을 엿볼 수 있다.

일관도는 명·청시기 민간의 삼기말겁 사상을 계승하였는데, 17

---

3 林萬傳,《先天道研究》(臺南: 靝巨書局, 1986), pp.1-157.

4 일관도를 연구하는 많은 학자들은 일관도의 연원을 말함에 있어 선천도의 황덕휘로부터 청말 선천도의 오행조사의 부분을 언급한다. 이는 일관도의 선맥에서의 제9조로부터 13조에 대한 부분이다. 그러나 필자가 생각하기에 일관도의 연원이 비록 선천도에 있다 할지라도 왕각일부터 수행법과 교의가 선천도와 매우 큰 차이를 보이므로 일관도의 주체성을 고려하여 왕각일로부터 연원을 논하고 황덕휘로부터 관련 담론을 이끌지 않도록 하려 한다.

대 조사인 노중일(路中一 1849-1925)시기 이미 '백양기(白陽期)'로 접어들었다 하였으며, 우주 수렴의 시기가 도래하여 상천(上天)이 구제의 길을 열어 최후에 중생을 구할 수 있는 때가 이를 것이라 예언하였다. 18대 조사인 장천연과 손소진은 천운을 계승하여 도통(道統)을 알리고 전하며, 도화중생(道化眾生)과 유교문화를 전 세계에 알리는 신성한 사명을 맡게 되었다고 한다. 노, 장, 손 3인은 구세주로부터 이러한 사명을 전달받았다 하여 일관도에서는 이들을 일컬어 '백양삼성(白陽三聖)'이라 칭한다. 18대 조사 이후, 조사의 지위는 더 이상 계승되지 않았으며, 일관도에서는 이로써 일관도의 진정한 계승자를 말하기도 하는데 자신이 19대 조사라 이르는 자는 모두 일관도 문파에서 제외되며 '가짜 조사'로 간주하여 비정통의 일관도로 분류하고 있다.

일관도의 도친(道親)들은 일관도라는 명칭이 『논어』 '리인(論語·里仁)'편에서의 '오도일이관지(吾道一以貫之)'라는 말에서 비롯되었다고 말하는데, 이로써 그들의 일관도에 대한 인식이 이러한 경전에서 시작됨을 알 수 있다. 일관도 내부의 문헌에서는 '도(道)'와 '일관도(一貫道)'에 대해 아래와 같은 해석을 하고 있다. 이는 일관도 내부에서 바라보는 '일관도'의 의미를 이해하는데 도움이 되리라 생각한다.

> 일관도의 의미는 깊고도 심오하며 그 이치는 현묘하다. '일(一)'은 곧 무극의 진(真)이며 선천의 묘(妙)이고 지신지명(至神至明)하므로 이를 일컬어 (理)라 하기도 한다. '관(貫)'은 일체를 관철한다는 뜻이며 무에서 유를 통하고, 리(理)를 시작으로 무극지리에 이르게 된다는 의미

이다. 리(理)는 천지만물을 관철하고 천지만물은 이러한 리(理)를 지니고 있으므로 일관이라 한다. 도는 길이요 또한 리(理)이다. 만사만물이 길을 지니고 있으며 리(理)를 지니고 있다. 리(理)에 합당한 것은 도에 합당하다. 리(理)에 어긋나는 것은 도를 배반하는 것이다. 그러므로 일관도는 그 말이 가리키는 바와 같이 천지만물, 만사, 만유의 무극진리를 관철하고 천지(天地), 고금(古今), 중외(中外)를 관철하고 광명(光明)의 대도로 중생을 구제한다. 대도를 행하게 되면 지선(至善)에 이르게 된다. 사(邪)를 행하게 되면 중겁(重劫)에 떨어져 헤어날 수 없게 된다. 그러므로 천지만물은 일관의 도에서 나오게 된다.[5]

윗글에서 일관도의 해석 중에, 일(一)은 곧 리(理), 도(道)를 나타내고 있고 도(道)는 하늘의 본체이다. 관(貫)은 리(理)를 천지인물(天地人物)의 우주체계에 놓아 통하여 장애가 없도록 한다. 이러한 해석에 비추어 보면, 도와 일관도의 의미는 상통하며 보편적이고도 광의적 해석을 하고 있음을 알 수 있다. 수도는 자신의 사사로운 행위가 아니며 국가와 천하, 자연, 우주에까지 중대한 영향을 미친다. 이는 인간과 천지우주를 잇는 수행관을 보여주고 있으며, 개인적 행위의 결과가 천지인 사물의 우주 체계와 연계되고 있음을 말하고 있다. 이는 또한 일관도 입세수행(入世修行)의 특징이라 할 수 있다. 그러므로 일관도는 어떻게 입세수도를 행할 것인지, 어떻게 사람들이 말겁의 재앙을 면하게 하여 구제하고 중생을 바른 본성으로 이끌 것인지의

5 郭廷棟等,《一貫道疑問解答》卷上, pp. 5-6.

방법을 통해 모두가 지선본체(至善本體)를 회복하는 길을 제시하고 있으며, 천지인물의 우주 체계가 리(理)에 순행할 수 있도록 하고 있다. 또한 모든 수행자는 다만 개인이 아니며 중생을 제도해야하는 책임을 짐으로써 모든 사람들이 수도의 신성한 사명에 이르도록 하며, 인위적인 노력으로 모든 우주 체계가 리(理)에 순행하도록 하자는 이상을 표현하고 있다.

일관도의 신앙형태를 살펴보면, 보통 가정의 불당에서 미륵불(彌勒佛), 남해고불(南海古佛), 제공활불(濟公活佛), 관성제군(關聖帝君), 순양제군(純陽帝君 혹은 呂洞賓)등이 모두 함께 불단에 놓여있는 것을 볼 수 있지만[6] 이때의 주신(主神)은 여전히 무극노모(無極老㛎)이다. 일관도에서 어머니(母)란 후천적으로 우리의 육체를 낳아 주신 어머니를 의미하지만, 노모에서의 모(㛎)는 선천적인 영성(靈性)의 어머니를 말하며 우주만상의 근본을 말한다. 무극노모가 일체의 근본이므로 일관도에서는 '명명상제무량청허지존지성삼계십방만령진재(明明上帝無量清虛至尊至聖三界十方萬靈真宰)'라는 말로 무극노모를 상징하고, 앞의 스무 글자를 제사의 주신으로 정하고 있는데 이는 대만 일관도 불당(佛堂)의 특징이라 할 수 있다. 어떤 불당들은 기독교의 예수와 모하메트의 성상을 벽에 걸기도 한다. 일관도의 대형 공공불당의 1층에서는 공자의 성상이나 『예운대동편(禮運大同篇)』 등을 볼 수 있는데, 이러한 현상은 일관도가 다방면의 종교를 포용성있게 아우르고

---

6 통상적으로 가정 불당에서의 선불의 안치는 불당의 대소에 따라 정해진다. 소형 불당에는 미륵불만 안치되고, 일반형 불당에는 미륵불, 남해고불, 제공활불이 안치되며, 대형 불당에는 이 외에도 관성제군과 순양제군을 부가하여 안치한다.

있음을 보여준다. 중국의 학자인 진진국(陳進國)은 일관도를 일컬어 "유가(儒家)로 체(體)를 삼고, 도가(道家)로 용(用)을 삼으며, 불가(佛家)로 상(象)을 삼는다"[7]하여 일관도의 신앙 특성을 개괄적으로 표현한 바 있다.

일관도의 교의와 사상의 핵심을 간추려 보면 아래의 같다.

첫째, 우주론으로 볼 때, 일관도는 송명이학(宋明理學)의 개념을 응용한 것이라 볼 수 있는데, 리·기·상(理氣象)의 순환을 천지생멸순환의 근거로 보고 있으며 이는 일관도 교의의 핵심이라 할 수 있다. 리·기·상의 개념은 송명이학이 원천이며, 15대 조사인 왕각일은 이러한 철학적 개념을 종교의 수행 이념으로 전환하였다. 또한 리천·기천·상천(理天·氣天·象天)으로 신성공간, 우주공간 및 세속공간으로 구분하고 사람이 구도, 수도하여 반드시 리천의 도를 수행할 것을 목표로 삼고 있다.[8]

둘째, 인성(人性)을 말하자면, 일관도의 인성론은 본체론 위에서 설명되는데, 이는 리·기·상의 사유를 결합하여 인성의 근본을 탐구하고 인성이 악하게 되는 원인을 알아보는 것이며, 이는 일관도 인성론의 중심이다. 일관도에서는 송명이학의 영향 아래 성즉리(性即理)의 인성론을 구축하고 있으며, 이로써 사람의 본연지성이 리천으로부터 도래하며 인성의 근본이 지선무악(至善無惡)하고 순연지선(純然至善)함을 말하고 있다.

7 陳進國, 〈全球視野下的民間儒教實踐: 以臺灣一貫道的轉型為例〉, 《文化傳統與民間信仰 : 第二屆海峽兩岸民間文化學術論壇》(2009年9月5日).

8 鍾雲鶯, 「王覺一生平及其『理數合解』理天之研究」(國立政治大學中國文學系碩士論文, 1995年5月).

셋째, 구겁(救劫) 사상은 명·청 이래 민간교파의 핵심 교의인데, 중국은 육조 시기 이미 겁에 대한 관념이 형성되었고 말세지고(末世之考)에 처해 있는 중생을 구한다는 구겁설이 존재하였다. 명·청시기의 민간 교파에서는 도교의 구겁과 불교의 말겁 사상을 결합하여 삼기말겁(三期末劫)의 교의 사상이 형성되었다. 여기서 삼기(三期)란 곧 인류 세간의 시기를 청양기(青陽期), 홍양기(紅陽期), 백양기(白陽期)의 세 단계로 나누어 매 단계마다 그 시기를 책임지는 선불(仙佛)이 무극노모(無極老母)를 도와 원령(原靈)들을 리천(理天)으로 귀의할 수 있도록 한다는 뜻이다. 일관도는 이러한 전통 속에서 백양기의 구겁론을 발전시켰는데 여기에 등장하는 중요한 용어로서 도강화택(道降火宅 : 도가 속세에 내려옴), 선득후수(先得後修; 먼저 득도하고 뒤에 닦음), 명사지점(明師指點; 천명을 받은 명사가 성명의 근원으로 중생을 이끈다), 삼조보도(三曹普渡; 일체 삼계의 모든 존재가 노모를 인식하여 귀의하는 구체적인 방법) 등이 있다.

(2) 중국에서의 일관도 전개

일관도라는 말은 16대 조사인 유청허 시기 곧, 19세기 말과 20세기 초에 이미 출현하였으나, 일관도를 장강(長江)의 남북으로 전파했던 핵심 인물은 18대 조사인 장천연이었다. 장천연은 『잠정불규(暫訂佛規)』를 펴냈으며, 또한 부란(扶鸞)이라는 종교 의식을 결합시켜 『일관도의문해답(一貫道疑問解答)』이라는 책을 펴냈는데 이는 현재에 이르기까지 일관도 내부의 중요한 서적이며 또한 수행 준칙으로 사용되고 있다.

장천연은 민국 5년(1916)에 저사서(褚思恕)라는 사람의 소개로 일관도에 입도하였다. 입도 후 성심껏 수도했으며, 젊은 나이에도 불구하고 노중일의 인정을 받았으며, 몇 년 사이에 노중일 문하의 8대 지도자 중 한 사람이 되었다.

장천연은 민국 19년(1930)에 부란의식에 따른 지시에 의해 일관도 제18대 조사가 되었다. 조사의 지위를 받아들인 후 장천연은 호계금(胡桂金) 등을 이끌고 그의 고향인 제녕(濟寧)에 이르러 숭화당(崇華堂, 원명은 忠恕堂)을 만들어 전도의 총부로 사용하였고, 이로부터 제남에서 도무(道務)를 펴기 시작하였다. 여러 해 동안 도무는 날로 발전하게 되었고 동서남북에 불당을 만들게 되었는데, 동단(東壇)을 일컬어 돈인단(敦仁壇)이라 하여 속진로(粟振魯), 학서훤(郝書暄) 등이 책임을 맡게 하였고, 서단(西壇)을 금강단(金剛壇)이라 하여 이홍신(李鴻臣)이 책임을 맡도록 하였는데 이 두 단은 민국 19년(1930)에 성립된 것이다. 또한 민국 21년(1932)에 마련한 남단(南壇)을 일컬어 예화단(禮化壇)이라 하였는데 이는 서형보(徐衡甫)가 책임을 맡도록 하였으며, 남단의 부설 기구로 중화선서국(中華善書局)과 충서소학(忠恕小學) 등을 두었다. 이 외에 민국 22년(1933)에는 북단(北壇)인 천일단(天一壇)을 설립하였는데, 제명주(齊銘周)가 주지를 맡도록 하였으며, 또한 민국 23년에 숙자진(宿子臻)이 명덕단(明德壇)을 책임지도록 하였는데, 일관도의 전파는 이 다섯 단으로부터 시작되었다.

일관도가 중국에서 발전하게 된 것은 제남에 뒤 이은 천진(天津)에서의 전도에 있는데, 대만이나 홍콩으로 전도를 한 많은 선배들은 천진의 도장으로부터 온 사람들이다. 민국 23년(1934) 6월에 유향전

(劉向前, 일명 象乾)은 전도를 위해 처음으로 천진에 간 사람이며, 단기간에 많은 구도인들이 결집하게 되었다. 그리하여 장천연은 민국 26년에 광화리(光華里)에 천진 총단을 설립하였다. 이후에 도무가 흥성하게 되자 원래의 공공불당을 사용하지 않게 되어 민국 28년에는 총단을 부서가(府署街)로 옮기게 되었으며 정식으로 이름을 붙여 천진총단이라 부르게 되었다. 총단이 설립된 지 얼마 되지 않아 도친들이 급증하게 되자 다시 총단을 옮기게 되었는데 이로써 일관도가 천진에서 많은 발전을 이루었음을 미루어 짐작할 수 있다. 중화민국 일관도 총회의 통계에 의하면, 당시 천진에는 300개 이상의 가정 불당이 세워졌으며, 천진으로부터 현, 시 및 국외로도 전파가 이루어짐으로써 수백 개의 가정 불당이 설립되어 당시 도무의 중심지가 되었다고 한다.

북평(北平, 혹은 북경) 또한 당시 일관도 발전의 중요한 지역으로서, 민국 24년(1935)에 속진로(粟振魯)가 교의를 선양하였으며, 초기의 발전은 미약하였으나 민국 27년(1938)에 이르러 장오복(張五福)과 궁팽령(宮彭靈)이 서로 협력한 이후 신속한 발전을 이루어 1년의 기간 동안 10개 정도의 공공 불당이 마련되었으며, 가정 불당은 수를 셀 수 없을 정도였다. 민국 30년에 이르러, 짱우푸의 적극적인 전도 아래 북평 흥화가(興化街)에는 북평총단이 설립되었으며 이를 '북평 숭화당(北平崇華堂)'이라 불렀다. 민국 34년(1945)에는 공공 불당과 가정 불당의 수가 배로 증가하게 됨으로써 연락과 관리의 편리를 도모하기 위해 북평의 도무를 효선(孝善), 제선(悌善), 충선(忠善), 신선(信善), 예선(禮善), 의선(義善), 렴선(廉善), 치선(恥善) 등의 여덟 조직으로 나누게 되었다. 민국 35년(1946)에 재차 도무 구역을 나누게 되었는데, 북평 성내의 중산공원(中山公園)을 경계로 하여, 경내를 다시 동·서의 두 조로 나누고 성 외의 전문(前門) 거리를 경계로 다시 동·서의 두 조로 나누게 되었다. 민국 38년(1949)에 이르러 북평에 있는 도친의 수는 약 18만에서 20만에 이르게 되었다.[9]

특히 일관도가 제남과 천진 및 북평에서 발전된 상황에서 가장 중요한 제남은 장천연의 근거지였으며, 이후 천진과 북평은 일관도 발전의 관건이 되는 지역이었다. 특히 천진에서 배양된 인재들은 이후 일관도가 전 중국으로 전파되는데 큰 역할을 하였는데 하북, 하남, 사천, 산서, 섬서, 새북, 서북, 동북, 화동, 화중, 서부, 서남, 남부(河北, 河南, 四川, 山西, 陝西, 塞北, 西北, 東北, 華東, 華中, 西部, 西南, 南部) 등 지역의 개창자들은 거의 천진 총단에서 배출된 전도자들이었다.

일관도가 중국에서 가장 흥성했던 시기는 중국이 내우외환을 겪은 시기로서 정권이 매우 불안정한 때였고, 일관도는 이러한 시기에 여러 정권 간에 많은 오해를 양산하게 되었다. 특히 일관도가 당시 중국 각지를 편력할 시기 많은 신도들이 장천연을 신임하고 경외하게 되었는데, 이는 당시 정권자들에게 모종의 압력으로 작용하게 되었다. 장천연은 민국 25년 가을에 일심천도용화성교회(一心天道龍華聖教會)의 마사위(馬思偉)가 스스로를 마황제라 칭한 사건과 연관하여 당시 국민 정부로부터 오해를 받아 1년간 옥살이를 하게 되었다. 일관도에서는 이를 일컬어 관고(官考)라 칭하며, 무고한 상황에서 정부로

9 이에 대해 논한 논문으로는 參慕禹(林萬傳), 「一貫道概要」(臺北: 中華民國一貫道總會, 2002年) ; 孚中(林榮澤): 「一貫道歷史」(臺北: 正一善書出版社, 1997年)이 있다.

부터의 시련을 겪고 옥살이를 하게 되었음을 가리키고 있다.

일관도의 전도자들은 천하의 중생들 모두가 상천의 원불자(原佛子)라 여기고 있으며, 모두 제도해야 할 대상임과 동시에 누군가 원하기만 하면 마땅히 가서 전도를 해야 한다고 생각하므로 전도에 있어서의 지역적인 문제를 고려하지는 않는다. 이런 면은 다수의 정권이 일관도를 가상적인 적으로 여기게 하였으며 심지어 '○○정권의 개이다'라고 불리어지며, 여러 정권에서 사멸해야 할 대상으로 여겨지게 되었다.

일관도는 유가의 윤리 도덕을 선양함으로써 중국남방에서 민중들의 많은 지지를 얻게 되었으며, 특히 왕정위(汪精衛) 정권 내부인의 예우를 받게 되었는데 이로써 국민당과 공산당의 적으로 간주되게 되었다. 예를 들면, 기초조(基礎組)의 이려구(李麗久)는 일관도의 점전사와 정권의 행정원을 동시에 맡게 되었는데 이로써 국·공 양당에서는 그를 매국노로 보았다. 푸이(溥儀)는 또한 일본의 지지 하에 동북에서 만주국을 설립하였는데, 일관도는 당시 동북에서 신속한 발전을 보게 됨으로써 다시 국·공 양당으로부터 일관도가 정권의 효력을 본다는 오인을 받게 되었다. 이 뿐 아니라, 일관도는 공산당으로부터 국민당의 개라 폄하 되었는데, 이에 대한 가장 큰 원인은 일관도의 많은 도친이 국민 정부 내의 공직자였기 때문이며 이로써 공산당은 일관도를 국민당의 지지자로서 비판해야 할 대상으로 여겼다. 또한 연안(延安)으로부터 세력을 일으켰던 공산당은 비밀의 정보 공안 체계로써 국민당과의 격전에서 승리를 이끌면서 정권을 잡은 이후 일관도가 연안에서 매우 흥성한 것을 알게 되었다. 그러나 공산당은 일관도의 활동 정보를 장악하기 어려웠고 이로써 일관도가 지하 조직으로서 공산당에 대립하려 한다고 생각하였다. 당시 일관도는 많은 군중의 세력을 집결할 수 있었으므로 공산당은 일관도를 경계해야 할 적으로 간주하였다. 그럼에도 불구하고 연안에서 일관도는 순조롭게 발전하였으나 국민당 정부 또한 일관도를 그들과 대립되는 간첩으로 간주하였다. 역사의 교차로 속에서 일관도는 당시 분열되었던 정권의 눈에 가시가 되었으며 정권자와 정치권력의 흐름에 따라 많은 오명을 쓰게 되었던 것이다.

비록 중국 공산당이 정권을 잡은 지가 60년이 넘었지만 여전히 일관도를 반동(反動) 회도문(會道門)으로 여기고 있으며, 중앙방송에서는 일관도에 관한 부정적인 자료를 내보내고 있다. 현대에 개혁개방을 이루어 많은 경제적 발전을 이루고 민중들도 종교 신앙의 자양분을 필요로 하고 있으나, 중국 공산당에서는 여전히 전통 종교와 교파를 미신으로 보고 있고 소탕과 개혁의 대상으로서만 바라보고 있으므로 일반 민중들은 서양의 기독교를 믿을 수밖에 없는 실정이다. 근래에 중국 공산당국에서는 기독교가 중국에 전파되면서 자유·평등·민주·인권 등을 주장하고 있음으로써 본토 종교를 폄하한 결과에 대해 많은 것을 느끼지 않을 수 없을 것이라 생각되는데, 기독교의 핵심 사상은 중국 공산당이 가장 두렵게 여기는 사상 세력이기 때문이다. 근래에 문화 복고의 바람에 힘입어 민간신앙을 합리화하고 민간 교파들을 합법화하고 있지만 막강한 경제적 세력을 지닌 지금 이러한 종교 문제는 중국이 깊이 사고해야 할 부분이 아닌가 한다.

장천연이 민국 36년(1947)에 세상을 떠난 후, 중국의 일관도는 두 파로 분리되기에 이르렀다. 그 중 한 파는 장천연이 유일한 천명명사(天命明師)라 믿는 파였는데, 정의보도위원회(正義輔導委員會)의 명의 아래 장천연의 부인인 유솔진(劉率真)과 그의 아들 장영예(張英譽)가 파를 이끌었으며 그들을 일컬어 사형파(師兄派)라 하였다. 또 다른 한 파는 손소진(孫素真)과 장천연(張天然)을 함께 18대 조사로 받드는 파였는데 이들을 일컬어 사모파(師母派)라 한다. 이는 현재 대만에 전파된 일관도로서 본문에서 다루어지고 있는 파이기도 하다. 사형파 또한 대만에서 여전히 전도활동을 펼치고 있는데, 그 중의 한 지파가 정부에 천도총회(天道總會)라는 이름으로 등록되어 있으나 사형파의 발전은 사모파의 발전에 비해 그 교세가 매우 미미하다. 대만에서의 일관도 발전은 무에서 유를 창조했다고 할 수 있으며, 고난으로부터 순행의 길로 들어섰다고 볼 수 있다. 이렇게 이루어진 일관도는 대만 전도과정에서 하나의 특성을 지닌 종교가 되었고 전 지구로 뻗어나가는 화인(華人)의 본토 종교로 성장하였다.

2) 대만에서의 일관도 발전과정

(1) 일관도 수난기 40년

일관도가 대만으로 건너온 초기에 정부의 압제를 받았으므로 비공식적인 방법으로 전도를 할 수밖에 없었고, 중국에서 대만으로 건너온 전인(前人)들 또한 단체의 협력이나 공동의 전도를 행할 수 없어 단독으로 각자의 발전을 도모할 수밖에 없었다. 그러나 각자의 전도 형식으로 발전한 결과 오히려 다양한 결실을 거둘 수 있게 되었다. 중국에서 대만으로 건너 온 전도자들이 중국 어느 불당의 후학(後學)인지를 쉽게 판별하기 위해 그들은 기존의 불당명칭을 대만에서의 명호(名號)로 사용하였는데 일관도에서는 이를 일컬어 '조선(組線)'이라 한다. 예를 들면, 장배성(張培成, 1914-2010)은 상해의 기초단(基礎壇)에서 왔으므로 장배성이 이끄는 대만의 조직을 기초조(基礎組)라 하며, 한우림(韓雨霖, 1903-1995)은 천진의 발일대도(發一大道) 동흥단(同興壇)에서 왔으므로 한우림이 이끄는 조선을 발일조(發一組)라 한다. 그러므로 모든 조선의 이름은 대만의 전도자들이 중국에서 기존에 사용했던 불당의 명칭으로 정하고 있다.

처음으로 대만에 와서 전도를 행했던 이는 보광조(寶光組)의 진문상(陳文祥, 1906-1988)이다. 대만에 본적을 두었으나 중국에서 의사로 활동했던 진문상은 민국 34년(1945) 음력 11월에 그의 아내 양의문(楊倚文)과 포병삼(鮑炳森) 등을 이끌고 원정륜(元正輪)을 타고 대만으로 왔다. 그리고 민국 35년 10월 13일에 의란 초계(宜蘭 礁溪)에서 첫 번째로 대만에서의 불당인 천덕불당(天德佛堂)을 세웠으며 당주(堂主)를 이문덕(李文德)으로 하였다. 정월 18일에는 대북시 대용동(臺北市大龍峒 현재의 伊寧街)에 첫 번째로 공공불당인 귀원불당(歸元佛堂)을 세웠다.[10]

진문상이 대만으로 온 지 얼마 되지 않아 많은 조선의 선배들이 '전도구인심성(傳道救人心性)'의 사명을 가지고 전도를 위해 대만으로 왔다. 민국 36년에서 37년 사이에 각 조선(組線)의 영도인(領導人)들이 대만으로 몰려왔는데, 이들 중에는 흥의조(興毅組)의 하종호(何宗

10 宋光宇,『天道傳燈;一貫道與現代社會(上冊)』(臺北市: 王啟明).

好, 1906-1988), 안동조(安東組)의 고금징(高金澄, 1924-2008), 기초조(基礎組)의 장배성(張培成), 원저악(袁翥鶚 1921-), 고상린(顧祥麟, 1915-2000), 그리고 발일조(發一組)의 한우림(韓雨霖), 기유수(祁裕脩, 1916-1992), 진홍진(陳鴻珍, 1923-2008), 장옥대(張玉台, 1910-1990), 이옥명(李鈺銘, 1912-1983), 양화춘(梁華春, 1928-1996) 등이 있다. 이들은 대만에서 전도의 생애를 시작하였고, 중화 문화를 대만에 뿌리내리게 함으로써 삼교 경전을 실천하면서 이러한 사상이 발아하여 왕성하게 성장할 수 있도록 하였다.

민국 40년(1951)이후 정치 상황의 영향을 받으면서 대만의 국민당과 중국의 공산당은 동시에 일관도를 금지하였는데, 국공 양당에서 일관도를 금지한 이유는 일관도에 대해 서로 각자의 적을 도왔다는 혐의를 갖고 있었기 때문이었다. 이로써 일관도가 대만에 전도되었던 초기에 일관도에 대한 오해가 있었을 뿐 아니라, 압박이 존재했음은 물론 심지어 많은 멸시를 당했음을 알 수 있다.

일관도가 대만에 소개되었던 초기에 일관도 교의가 민간신앙과 서로 통하는 면이 있고 일관도의 불당에서 자주 삼교의 경전에 대한 강의가 이루어짐으로써 농촌의 자제나 여성들이 이를 통해 글을 깨치게 되어 독서를 할 수 있게 되었는데, 이는 일관도가 정식으로 교육을 받지 못한 자들의 부족함을 채워주는 계기가 되었으며 이로써 일관도가 향촌에 급속도로 전파되기에 이르렀다. 일관도에서는 채식을 장려하고 있는데 장배성이 회고한 바에 따르면 민국 39년(1950)에 신죽(新竹)지역에 구도자가 많이 증가하여 생선가게와 정육점들의 판매율이 급속히 떨어졌다고 한다. 당시 생선가게와 정육점 주인들이 주의

깊게 살펴본 결과, 채식을 하는 자들은 모두 일관도 사람들이었다. 일관도에서는 불교와 달리 채식을 할 때 알 종류는 먹어도 되는 상황에서 당시 달걀은 값이 비쌌으나 오리알은 가격이 저렴하여 일관도 도친들이 오리알을 먹는 것을 보고 사람들은 일관도를 '오리알교'라 부르게 되었다. 사람들이 일관도를 가리켜 '오리알교'라 이르는 것은 결국 일관도를 폄하하는 뜻이기도 하며, 이로써 경찰이나 관련 당국을 향해 일관도의 집회를 불법이라 고발하기 위해서이기도 하다. 당시에는 '당신의 주변에 간첩이 있다'는 분위기가 팽배하였는데 일관도는 이때 '위비공작(為匪工作)'을 한다는 죄명을 쓰기도 하였다. 민국 40년(1951)부터 일관도의 교세가 급속히 확장되면서 공산당에게 이용되는 것을 두려워하여 민국 40년 2월 10일에 행정원에서는 일관도를 조사하고 금지하기에 이르렀다.

민국 50년(1961)에 대만과 중국의 양국 정세는 불안하기만 하였다. 이때 일관도는 '간첩', '반란분자', '건달' 등의 죄명을 쓰고 있었고 많은 일관도의 지도자들이 이로 인해 옥살이를 하고 고문을 당하였는데 마지막에는 증거 불충분으로 결국 풀려나게 되었다. 당시의 집정당에서는 일관도를 검열하고 금지한 이유를 들어 '치안' 때문이라 하였는데, 대만의 민중들은 이러한 속에서도 일관도에 대해 반감을 가지지는 않았다.

민국 60년(1971)에 대만과 중국 양국의 정치 형국은 차츰 안정을 찾아 갔고, 일관도에 대한 검열과 금지의 이유로서 '선량한 풍속을 해친다'라는 내용을 내세웠는데, 이 시기 대중매체에서는 일관도의 집회를 들어 '나체예배', '자신권편색(藉神權騙色)'이라 하여 일관도를 능멸하였다. 또한 잡지에서도 일관도에 대한 말을 할 때면, '듣기에', '들은 말로서', '듣건대' 라는 등의 정확치 못한 수사를 하는 경우가 많았다. 민국 52년(1963) 3월 19일부터 경무처에서는 대만 전국의 현과 시에서 일관도를 금지할 것을 명함으로써 많은 도친들이 아무런 이유 없이 잡혀가게 되었고, 도친들은 공포의 고통을 참기 위해 더욱 수행에 정진하였다. 자주 경정총부(警政總部)에 출입하였던 장배성은 진문상과 함께 정부의 정책에 협조하여 6월 10일 상오에 장배성은 중경남로 삼단(重慶南路 三段)에 있는 그의 저택에서 경정총부와 많은 신문 기자들 앞에서 일관도의 해방을 선포하였다. 표면적으로 해방을 선포하였으나 일관도는 전도방식을 달리 전개해야만 하는 상황이었다. 경찰국의 금지를 피하기 위해 일관도에서는 '흘회(吃會)', '수업여행', '유동도장(流動道場)' 등의 전도방식을 택하게 되었다. 경찰국에서는 '불법집회'를 이유로 일관도를 금지하였으므로 일관도 신도들은 '연객(宴客)', '품차(品茶)', '흘회(吃會)' 등의 방식으로 일관도의 수도 이념을 설명하였고, 혹은 '단체유람'의 방식을 택하여 차내에서 강의하는 방식을 택하였다. 이렇게 유동식의 수업과 반 편성을 진행하는 동안, 민국 60년(1971)에 정부에서는 중화문화를 회복하자는 운동을 전개하고 있었으므로 많은 지역의 점전사들은 '국학사(國學社)'라는 이름으로 정부에 입안을 신청하여 고정된 장소에서 유가(儒家)경전을 강의하는 방법으로 전도에 임하였다.

한편 일관도와 도교 간의 합작 관계로 민국 56년(1967)에 '중화민국도교총회'가 성립되었는데 이 때 장배성은 많은 조선의 인원을 데리고 이에 가입하였다. '중화민국도교총회'는 당시 정부가 인정하는 합법단체였는데 많은 사원들도 합법화를 위해 도교 총회에 가입하였다. 장배성은 도교회라는 이름으로 일관도를 보호하였으며, 이 시기에 도교 총회의 이름 아래 일관도의 대형 도장이 창건되었다. 대만에서 이름난 선천도원(先天道院)은 비록 일관도의 사원이기는 하나 도교총회의 터가 그곳에 정해진 시간이 20년이 넘는다. 장배성은 정직하고 의리에 밝았으므로 많은 존경을 받아 여러 차례에 걸쳐 도교 총회의 이사장을 맡았다. 또한 도교총회의 이름에 의지하여 일관도는 이 시기 많은 사원을 건립하고 순조롭게 전도 활동을 해 나갈 수 있었다. 이를 통해 당시 민간도파나 혹은 사원 등이 합법화되기 위해서는 정책이 수렴할 수 있는 범위 내에서 활동하여야 했음을 알 수 있으며, 또한 정부가 받아들일 수 있는 '도교'의 명의로 등록되어야 했음을 알 수 있는데, 그 내부에서는 교파의 전도나 사원의 민간신앙 활동이 지속적으로 이루어지고 있었다.

도교총회의 이름으로 일관도가 잠시 정부의 금지를 피하기는 하였으나 어려움이 이로 인해 완전히 해결된 것은 아니었다. 삼교합일은 일관도의 수도 신념인데, 이로 인해 불교 단체의 공격을 받았다. 송광우(宋光宇) 교수가 조사한 바에 따르면, 민국 34년(1945) 일관도의 전도인들이 대만에 오게 되었을 때 일반 민중들은 삼교의 교의를 쉽게 받아들였고 또한 많은 불교도들이 일관도 수도에 참가하게 되었는데, 이렇듯 일관도의 신도수가 급증하게 되자 불교에서는 위협을 느끼게 되었다. 신도수가 늘어나게 되자 민국 60년(1971) 초에 불교회(佛教會)와 공교회(孔教會)에서 손을 잡고 일관도를 공격하였으며, 민국 63년부터 75년에 이르기까지 일관도를 공격하는 소형서적이

11종이 넘었으며, 이러한 서적들은 모두 일관도를 '반란단체'라 낙인 찍었으나 구체적인 증거와 사실을 싣지는 못하였다.[11]

민국 71년(1982) 9월 30일, 장경국(蔣經國)이 총통의 신분으로 전국의 종교 대표들을 접견하게 되었는데 이때 장배성은 세 번째 중화민국도교총회의 이사장을 맡아 있는 중이었다. 이런 이유로 장배성도 접견 장소에 참가하게 되었는데 일관도가 광명정대하게 전도하길 바라는 마음으로 그 기회를 빌려 총통에게 선처를 구하였다. 장배성의 회고에 따르면, 당시 장경국은 각 종교단체대표들의 발언을 들은 후 결론적으로 말하길 "우리 중화민국의 땅에서 각 종교들은 자유롭게 발전해야 하고 서로 배제하는 일이 없어야 하며 사회를 위해 도움이 되는 일을 해야 한다."라고 했다 한다.[12] 이처럼 장경국의 발언에서 알 수 있듯이 정부의 일관도에 대한 태도는 서서히 변화를 일으키고 있었다.

민국 80년(1991)에 민주와 자유의 조류가 권위로 나라를 다스리는 생태를 대신하게 되었다. 또한 많은 일관도의 지도자들이 옥살이를 하면서 오히려 정부기관의 사람들과 관계를 넓히게 되면서 정당체계의 인맥을 갖게 되었고, 정부 관리들은 일관도의 지도자들을 경험하면서 그들의 행위가 규범에 합당하다는 것을 알게 되어 일관도를 새롭게 인식하게 되었다. 그 중 국민당 중앙정책회의 부비서실장이던 진수봉(陳水逢, 1933-1996)은 일관도가 합법화되도록 많은 애를 썼

11 宋光宇,《一貫真傳(一); 張培成傳》(板橋市: 三揚印刷企業有限公司, 1998年), pp.170-173.

12 宋光宇,《一貫真傳(一); 張培成傳》, p.183, p.206.

으며, 모욕과 능멸적인 존재로 인식되던 일관도의 입장을 변화시키고 사이비에서 합법종교가 되는 일에 많은 힘을 쏟았던 인물이다.

⑵ 중화민국 일관도 총회의 설립 및 세계적 발전

민국 76년(1987) 2월 11일에 행정원은 정식으로 일관도에 대한 금지령을 해제 하였고, 이후 일관도는 기타 다른 종교와 다름없이 공개적으로 전도 활동을 할 수 있게 되었다.[13] 이어 3월 18일에 장배성은 '중화민국 일관도 총회'를 설립하고자 내정부에 신청서를 제출하였다. 내정부는 여러 가지 상황을 고려하여 장배성 등에게 '내정부에서 교의, 교주, 경전, 역사연혁 및 종교 의식에 관련된 여러 가지 자료를 바탕으로 관련 기관에 의뢰하겠다'고 답하였다. 일관도 총회 설립과 관련하여 일관도에서는 관련 자료를 다시 내정부에 제출하였으나 이는 바다에 돌멩이를 던지는 격이었다. 진수봉이 일본에서 귀국한 후, 여러 가지 조정을 거쳐 천제교(天帝教)를 모방하는 방식으로, 교파의 모든 활동에 대해 정부 각 부서의 감독을 받는 형식을 취하였고 이로써 정치부서가 안심하도록 하였다. 이는 또한 헌법 규정 중 '인민에 대해 종교 신앙과 결사의 자유를 허용한다'는 내용과도 맞닿은 것이었는데, 진수봉의 노력 하에 민국 76년 10월 8일에 내정부는 일관도 총회 설립을 비준한다는 공문을 선천도원(先天道院)에 송부하였다. 같은 해 7월 14일에 대만에서는 '동원감란시기임시조관(動員戡亂時期臨時條款)'에 대한 일체의 금령을 해제하였고 정치와 종교가 민주

13 宋光宇, 《一貫真傳(一); 張培成傳》, pp.193-201참조.

자유의 자각 속에서 이루어지기를 외침으로써 종교 자유에 대한 극적인 진전이 있게 되었다.

민국 77년(1988) 3월 5일 중화민국 일관도 총회가 타이베이현 대향산 자음암(臺北縣大香山慈音巖)에 정식으로 성립되고 장배성이 제1대 이사장에 선임되었다. 일관도 총회가 성립됨으로써 가공적인 비방과 공격도 차츰 사라지게 되었다. 오늘에 이르러 일관도 총회는 일관도 외교 접촉의 창구가 되었으며 세계각지에서 일관도를 이해하기 위해 온 단체들은 일관도 총회를 거쳐 참관과 교류가 진행된다. 40여 년의 긴 시간동안 압박을 받아 온 일관도는 일관도 총회의 성립을 계기로 '만국구주를 향한 전도'의 새로운 단계에 접어들게 되었다. 정부가 정식으로 일관도를 합법적인 종교로 승인한 후에 광명정대하게 전교 활동을 할 수 있게 되었는데, 대만 신종교의 발전적 측면에서 이는 중대한 상징적 의의를 지닌다. 일관도 합법화의 실현 즉 일관도에 대한 금지령의 해제 이후 대만 신종교들은 새로운 발전의 전환기를 맞게 되었고 비밀리 전교 활동을 진행하던 기타 많은 신종교들도 그 모습을 드러냈으며, 대만은 명실 공히 진정한 종교 자유 국가가 되었다.

중화민국 일관도 총회는 전 세계 일관도장의 구심적인 연락망의 역할을 하고 있는데, 최근까지 전 세계에는 국가 급의 일관도 총회가 약 13개에 이르며, 모든 활동은 중화민국 일관도 도장을 중심으로 서로 교류하고 협조하며 마지막으로 안건이 결정되면 관련된 사항을 진행하게 된다. 그러므로 중화민국 일관도 총회는 현재 전 세계 일관도 도장의 대외 연락망으로서의 역할을 하고 있다.

중화민국 일관도 총회의 이사장을 역임한 사람으로는 장배성(張培

成), 시경성(施慶星, 1933-2001), 왕곤덕(王昆德, 1930-)이 있으며, 현재 이옥주(李玉柱, 1958-)가 이사장을 맡고 있다.

일관도가 해외에 전도 활동을 할 때, 초기에는 중국민족을 위주로 하였고 일관도가 삼교합일을 주장한다는 것과 특히 유교를 위주로 한다는 것을 강조하였다. 해외의 중국민족들은 전통 문화에 대한 그리움이 있고 중화문화를 공부한다는데 거부감이 없었으므로 어려움이 있었을지라도 많은 성과를 거둘 수 있었다. 현재 전 지구의 5대주에 일관도의 도장이 있음은 중국민족의 본토 종교가 세계로 향하고 있다는 성공적인 일례이기도 하다.

일관도가 세계 각지로 전해진 이유로는 개척에 대한 신념 외에도 적극적으로 각국의 자선구제 사업에 동참하였고 또한 유가 문화를 전파하였기 때문이다. 예를 들면 미국과 유럽에서는 적극적으로 현지의 문화공익 활동에 참여함은 물론 현지의 중국민족들을 통해 상층사회, 대만 내 외부 단체와의 연결을 도왔으므로 현지 정부와 사회의 긍정적인 평가를 얻었고, 당시에는 또 대만의 정부부서와 거리를 두는 전도방식을 택하였다. 또한 적극적인 사회 자선과 공익 활동에 참여함으로써 미국과 유럽인들은 중화문화에 호기심을 갖게 되었고 많은 구미인들이 일관도에 가입하여 삼교의 사상을 학습하고 이해하게 되었다. 미국에는 이미 비중국인 점전사가 있음으로써 중국인만이 구도한다는 식의 구도 방식을 탈피하게 되었다. 일관도는 중남미에서 의료와 자선 구제 사업을 위주로 하고 있으며 중화무술을 가르치고 있고, 현지의 군, 경계 인사들 및 정부관원들에게 전도함으로써 일관도는 중남미와 각 국의 정부 관원들과도 좋은 관계를 맺고 있다.

남아시아와 아프리카에서 일관도는 사회 복지 사업을 하고 있으며, 사회의 소외 계층인 빈민이나 노약자 그리고 장애인들을 대상으로 의료구제 사업을 펼치고 있다. 또한 유아원과 양로원을 설립하고 학교의 빈곤층을 대상으로 장학금을 지급하고 있는데, 현지 정부를 도와 민생 문제의 해결에 앞장서고 있는 만큼 현지에서 좋은 평을 듣고 있으며 이로써 현지 정부와 좋은 관계를 유지하고 있다. 어떤 정계 인사들은 말하길 대만의 관원들이 비우방국의 정부관원을 친견하려면 일관도 도친들의 도움이 있어야 한다고 말했다 한다.

일관도는 해외 전도 초기에 대만 정부가 일관도를 '사교(邪教)'로 보고 그 명칭을 사용하지 못하게 하였으므로 민국 76년(1987) 이전에 해외에 건립된 도장에 대해서는 '일관도'라는 이름을 현지에 등록하지 못하였다. 일관도에서 삼교의 사상을 선양하고 유가 사상을 핵심으로 하였기에 많은 도장은 해외 등록시에 삼교가 융합된 명칭을 사용하였다. 예를 들면, 홍의조는 말레이시아에 '공맹성도원(孔孟聖道院)'이라 이름하였고, 보광건덕은 싱가포르에 등록 당시 '숭화당도덕회(崇華堂道德會)'라 이름하였다. 이 외에도 선천도원(先天道院), 전진도원(全真道院), 숭덕성도원(崇德聖道院), 광명성도원(光明聖道院), 육화성모당(育化聖母堂), 무극성모궁(無極聖母宮), 관음연사(觀音蓮社), 제공애심회(濟公愛心會) 등은 전도에 편리함을 기하고 국외 정부가 대만 정부에 질문조사 하는 것을 피하기 위해, 또한 대만에서의 좋지 않은 경험을 되살리지 않기 위해 모두 '일관도'라는 이름을 쓰지 않고 국외 정부에 등록하였다. 1995년에 이르기까지 '일관도'라는 이름으로 현지 정부에 등록한 나라는 캄보디아 하나뿐이다.

민국 77년(1988) 중화민국에 일관도 총회 설립 시 해외에서 큰 발전을 이루고 있는 도무(道務)들과 연락할 수 있는 방법을 생각하였고, 이에 같은 해 4월 7일에 중화민국 일관도 총회의 제1기 2차 이사회의 중에 '일관도 세계 총회'의 설립 안이 제출되었다. 당시 기초충서(基礎忠恕)의 진정부(陳正夫, 1938-)는 로스앤젤레스에 전진도원을 설립하고 있었는데, 일관도가 세계로 신속한 발전을 이루기 위해 그리고 해외의 일관도 전도자들과의 연락에 편리를 기하기 위해 1996년 10월 6일에 '일관도세계총회'를 미국 로스앤젤레스의 시립학원에서 개최하였고 장배성을 제1대 이사장으로 추대하였다. 행사 당일, 미국 중의원 마틴라츠와 로스앤젤레스 시의회 의장 포레로, 엘몬트 지사를 비롯하여, 템플 시티, 라폰테 타운의 관련인사들 그리고 기타 많은 미국 참정 의원들이 참가하였다. 이후 일관도는 전 세계에 정식으로 일관도라는 명칭을 사용하여 등록할 수 있게 되었다. 여기서 주목할 만한 점은 '일관도 세계 총회'의 설립이전에 샌프란시스코 시장 프랭크 엠 조던(Frank M. Jordan)이 일관도의 신념에 호응을 표하며 1995년 6월 18일을 '일관도일'로 정했다는 것이다.

'일관도 세계 총회'의 설립은 중화문화가 이미 종교라는 옷을 입고 중국민족만의 범위를 초월한 것을 의미하며 많은 비중국인들이 일관도 도친이 된 것을 의미한다. 또한 중화문화에 대한 사랑을 기반으로 할 때 일관도는 그들이 중화문화를 습득할 수 있는 가장 좋은 길이기도 하다. 종교와 문화의 힘을 결합하여 일관도는 삼교문화와 유가 사상을 전 지구상의 각지에 전파하고 있는데 이는 알기 쉽게 설명되는 교의와 실천력을 지닌 민간의 유가가 많은 사람들의 인정을 받고 있는 것이라고도 볼 수 있을 것이다.

'일관도 세계 총회'의 설립 이후, 각 조선의 도친들이 많은 나라와 연계하는 것에 편리를 기하기 위해, 많은 국가급의 총회가 설립되었다. 중화민국 일관도 총회에서 제공한 자료에 근거해 볼 때, 전 세계 14개 국가에 일관도 총회가 설립되었으며, 대만의 일관도 총회 및 기타 제1대 이사장과 현임 이사장 명단을 살펴보면 아래와 같다.

순번	총회 명칭 / 지역	성립 일시	이 사 장
1	중화민국 일관도 총회: 대만 타이뻬이	1988.03.05	장배성(張培成, 1914-2010) 이옥주(李玉柱, 1958-)
2	캄보디아 일관도 총회:프놈펜	1995.09.04	홍문종(洪文鐘, 1952-)
3	일관도 세계 총회: 미국 로스엔젤레스	1996.10.06	장배성(張培成, 1914-2010) 원저악(袁翥鶚, 1917-)
4	태국 일관도 총회:방콕	2000.03.26	강금복(江金福, 1928-)
5	말레이시아 일관도 총회: 쿠알라 룸프	2003.12.14	고금상(古金祥, 1951-)
6	인도네시아 일관도 총회: 자카르타	2005.05.15	소연개(蕭聯凱, 1949-)
7	미국 일관도 총회: 로스엔젤레스	2006.04.23	진정부(陳正夫, 1938-) 황세명(黃世明, 1939-)
8	일본 일관도 총회:동경	2006.08.26	다키구치 유키야 (滝口友樹哉, 1946-)
9	오스트리아 일관도 총회: 비엔나	2007.10.21	진국상(陳國祥, 1967-)
10	영국 일관도 총회:런던	2007.11.01	왕래발(王來發, 1953-)
11	파라과이 일관도 총회:	2009.04.29	장청안(蔣清安)
12	오스트레일리아 일관도 총회: 멜버른	2009.09.27	임육세(林育世, 1966-)
13	남아프리카 일관도 총회: 요하네스버그	2011.09.18	임대영(林大櫻, 1947-)
14	브라질 일관도 총회: 상파울루	2011.09.25	오순발(鳴順發, 1942-)

*본 자료는 중화민국 일관도 총회에서 제공함.

(3) 일관도가 대만사회에 끼친 영향

적극적인 입세(入世)의 정신으로 일관도는 대만 사회에 구조적인 영향을 끼쳤다. 먼저 문화적 측면을 살펴보면, 일관도는 합법화되기 이전에 각 조선에서 이미 문교기금회(文教基金會)를 설립하여 전통문화를 발양하도록 하였다. 또한 사회 공익 자선 사업에 있어 여러 가지 강좌 항목을 만들었으며, 민국 77년(1988)에 일관도가 합법화 된 이후 각 문교기금회에서는 그 이름 앞에 '일관도'라는 명칭을 사용하였다. 이러한 문교기금회는 현대의 정보화사회에서 매우 쉽게 자료를 찾아볼 수 있으므로 지면에서 일일이 소개하지는 않겠다.

일관도가 사회자선 사업에 참여한 이후 여러 대중 매체와 협력이 어려웠던 관계로 많은 사람들이 일관도에서는 전도사업만 할 뿐이지 사회 공익사업에 참여하지 않는 것으로 생각하였다. 사실상 민국 59년(1970)에 보광숭정(寶光崇正)조선에서는 병동 남주(屏東 南州)에 정충육유원(精忠育幼院; 고아원)을 설립하였으며(2009년 88수재가 있을 당시 남부 구제 지휘센터의 하나였다), 민국 68년(1979)년에 발일조(發一組)는 운림 서라(雲林 西螺)에 신의육유원(信義育幼院)을 설립하였다. 이에 뒤이어 민국 76년(1987)에는 남투보(南投埔)에 '광명인애(光明仁愛)의 집'이라 칭하는 양로원을 설립하였고, 창화복산영원(彰化福山榮園)에 광명국학도서관(光明國學圖書館)을 설립하였다. 민국 78년에 문화(文化)조선은 타이중(臺中)의 용정(龍井)에 문화도원도서관(文化道院圖書館)을 설립하였고, 현지의 도서관과 문화관에 지원 사업을 펼쳤다. 또한 각 기금회는 궁벽한 지역 학교의 중건(重建)에 장기 참여하였고 장학금을 지급하였다. 예를 들면 대만의 9·21대지진[14]이나

8·8천재지변[15]과 연관하여 민생 구제 및 학교 중건에 참여하였으며, 현재에 이르러서도 이 학교의 발전과 학생들의 심신 상태에 관심을 기울이고 있다. 이러한 일에 참여함에 있어 일관도는 대중매체와 적극적으로 연결을 취하지 않았으므로 일반인들은 일관도가 사회 공익사업에 참여하고 있는 것을 잘 모르고 있다.

일관도는 출판사의 설립에도 영향을 끼쳤는데, 오래된 양서(良書) 및 민간작품을 보관하여 현재의 연구자들이 명·청 시대부터 민국초기의 민간에서 전해지는 양서를 용이하게 찾아 볼 수 있도록 하였다. 초기에 가장 유명했던 타이뻬이시의 만유선서출판사(萬有善書出版社), 가의옥진서국(嘉義玉珍書局), 고웅법륜서국(高雄法輪書局) 등은 많은 양서를 출판하고 인쇄하였는데 이러한 출판사들은 일관도 도친들의 경영으로 오늘에까지 이르고 있다. 오늘날 신북시 판교(新北市 板橋)의 정일선서출판사(正一善書出版社; 三揚印刷), 타이베이의 원성출판사(圓晟出版社), 명덕서국(明德書局), 삼덕서국(三德書局), 그리고 대중광혜출판사(臺中光慧出版社), 대남 기거서국(臺南蘶巨書局) 등 이러한 출판

14 1999년 9월 21일 대만 중부 난터우 현지에서 일어난 대지진을 말한다. 규모 7.3의 강도로 20세기 대만에서 일어난 가장 큰 지진이었다. 당시에 사망자는 2,321명, 부상자 8,000여 명, 실종자 57명으로 기록되며, 일본 미국 러시아 스위스 싱가포르 터키 스페인 독일 대한민국 오스트리아 태국 영국 체코 캐나다 국제 연합 등의 각국에서 구조대를 파견했다.(역자 주)

15 2009년 8월 8일 제 8호 태풍 모라꽂의 영향으로 대만에서 1999년 9·21대지진과 함께 기록적인 폭우와 재난을 초래했다. 사흘 만에 강수량 3000mm에 도달했으며, 남부 甲仙 小林村은 계곡의 마을전체가 10미터 토사에 덮여 마을 주민 200여 명이 몰살하기도 했다. 가족들이 그 위에 향을 사르고 분향하면서 장례를 치렀다. 남동부 쯔뻰(知本) 온천지역에서는 온천관광호텔이 통째로 강에 넘어져 빠지기도 했다. 엄청난 재산과 인명의 손실을 초래한 88수재로 대부분의 도로와 다리가 다 끊어져 국가적인 통제불능에 빠졌고, 현재까지도 완전복구가 어려운 상황이다.(역자 주)

사들은 신기술을 사용하여 대량의 출판 작업을 진행하는데 초기 자료에 대한 재 인쇄와 현대 일관도 제자들의 논저를 편집하기도 하고 대량으로 출판을 진행하기도 하여 일관도 교의와 신앙을 알리는데 일조를 하고 있다. 각 조선 또한 문교기금회의 명의로 내부의 정기간행 잡지를 출판하여 수도 선행의 신념을 선양하고 있다.

일관도는 사람들이 알게 모르게 사회의 여러 공익사업과 문교 사업을 펼치고 있는데, 그 중 아동독경반(兒童讀經班) 운영을 매우 중시하고 있으며 이로써 전 국민이 독경 운동에 참여할 수 있도록 하고 있다. 식생활 측면에서는 채식을 권장하여 여러 가지 채식 요리를 개발하고 있으며 이로써 대만이 채식천국이 되도록 하는데 힘쓰고 있다. 또한 상례 부분에서는 일관도의 수행이념에 입각하여 망자(亡者)가 생전에 행하였던 수도 내용을 밝힘으로써 일관도의 생사이념과 상례과정 중의 심층적 의의를 표현하는데, 이는 대만 상례의 내용과 의식에 간접적인 영향을 끼치고 있다.

이상에서 살펴본 바와 같이 일관도는 먼저 중국에서 기원하여 종교의 자유를 찾아 온 대만 내에서 중심적인 발전을 이루었으며, 오늘날 세계화시대에 처하여 각국 일관도의 토착화 내지는 교리의 정체성에 대해서 많은 숙고를 하고 있다.

3. 일관도의 한국전래와 교리적 특성

1) 삼위전인의 한국개황과 삼단합일사건

중국에서의 일관도가 한국에 최초로 전래된 것은 중국 천진에서의 일관도 총단이 설립된 이후이며, 도무가 흥성해지는 과정에서 국외로 점전사를 파견하는 과정에서 이루어졌다. 당시에 장천연(張天然)은 총 3차에 걸쳐서 한국전도를 위한 적임자를 선별하고 이어서 수행인원을 더하여 차례로 파견한 것으로 알려져 있다. 관련자료에 의거하여 요약해보면 다음과 같다.[16]

【제1진】 1947년 7월 7일 천진출발→8월 25일 인천항 도착, 서울 및 경상남북도 일대를 전도함. 전인(前人) 장서전(張瑞荃), 점전사(點傳師) 왕소문(王紹文) 고운정(高雲程), 천재(天才) 이조후(李兆煦)

【제2진】 1947년 10월경 한국도착. 천진→38선 경유 입국, 1949년경 경기도 일대 전도함. 전인 이덕복(李德福), 점전사 조영춘(趙永春), 천재 유금제(劉今弟), 자녀 이진방(李振芳)

【제3진】 1947년 9월 9일 천진출발→인천으로 입국. 서울 부산 및 제주, 전라남북도 일대를 전도함. 전인 김은선(金恩善), 김복당(金福堂), 수행원 조의민(曺儀敏) 한발상(韓發尙), 천재 고문상(高文庠)

---

16 참고자료는 재단법인 도덕회 발간, 『道紀五十年 略史』, 2003 ; 대한도덕회 편집부 『馨山 老前人 一代記』,2011 ; 국제도덕협회(일관도),『昆水谷人祖國開荒一貫道傳道簡介』,2008 등을 요약하였다.

이상의 과정에서 한국으로 들어온 일관도 전인들은 대체로 1947년에 집중되고 있다. 이 때는 한국이 일본의 압제로부터 벗어나서 하나의 독립된 국가를 건설한 시기이고, 중국에서 볼 때 남북이 분단된 상황에서 남한으로 전도하는 것이 자유민주주의 환경에서 보다 용이할 것으로 판단되었기 때문이다. 일찍이 장천연은 1945년 시기에 장서전(張瑞荃) 전인에게 "한국에는 삼천보살(三千菩薩) 오백나한(五百羅漢)이 있으니 어서 가서 제도(濟度)하라"는 하명을 하였다고 하며,[17] 또한 1947년에는 천운을 관찰해보니 도운(道運)이 한국으로 이동함을 알고 중국 천진시 도덕단에서 제자 이덕복, 장서전, 김은선 3인을 불러놓고 "지금으로부터 한국에 가서 도를 전하라, 나는 곧 귀공(歸空)하여 한국에서 유동(幼童)으로 나타날 것이다"고 하였다 한다.[18] 이처럼 한국으로의 전도는 일관도 역사에서 필연적이었음을 보여주고 있다.

한국으로 온 전인들은 저마다 우여곡절을 겪으면서 전국적으로 전도활동을 벌여나가게 되는데, 한국에 도착한 시점은 달라도 지인(知人)을 통하거나 인연자를 찾아서 전국을 다니면서 전도활동을 벌인 것으로 기록된다.

전도 초기 중국인 일관도 전인들이 맞이한 교단발전의 전기점이 된 사건은 삼단합일(三壇合一)에 관한 것으로 알려져 있다. 이 사건은 중국인 전인들이 전국적으로 교세를 확장해 가고 있던 시기에 발생한 것으로, 1951년 9월경 부산 광제단(廣濟壇)에서 장천연 사존대인(師

17 대한도덕회 편집부 『馨山 老前人 一代記』, 2011, p.17.
18 재단법인 도덕회 발간, 『道紀五十年 略史』, 2003, p.123.

尊大人)으로부터의 영적인 천명이 내렸다고 한다. 즉 1947년 6월에 사망한 장천연이 영으로 동자 몸에 실려서 당신이 보낸 제자 3인이 합쳐서 하나의 단체를 만들라는 것이다. 이때의 단체 이름은 도덕초기회(道德礎基會)로 정해졌는데 이 또한 영적인 지시에 의해서 진행되었다. 이 명에 따라서 한국에서는 처음으로 일관도의 통일단체가 추진되었으니 1952년 1월 5일자로 정식 간판이 걸렸다.

하지만 문제는 이때부터 시작되었다. 삼단합일 후에 새로 선임된 회장은 한국인이었으며, 중국의 전인들이 배제된 상태에서 분청(分淸)문제가 불거진 것이다. 한국인이 주체가 되어 새롭게 도무(道務)를 이끌어가고자 하는 세력과 여전히 중국인 전인이 중심이 되어 독자적인 발전을 하고자 하는 세력으로 나뉘게 된 것이다. 점차 대립의 양상이 심각해짐에 따라 한국인이 대표가 된 교단은 조직을 새롭게 정비하기 시작했고, 같이 어울리지 못한 중국인 전인들은 독자적인 교단을 등록함으로써 중국 일관도의 정체성을 이어나가고자 하였다. 이로써 한국 일관도는 1952년 이후에 새로운 삼단분립의 양상을 지니고 저마다 고유한 발전을 해 나가게 된다. 그 개별적인 교단의 개요는 다음 절에서 살펴보기로 한다.

2) 교단의 분립

(1) 도덕초기회와 도덕회

오늘날의 교단 명칭으로서 도덕회는 그 기원이 일관도 한국 전래 당시의 도덕초기회로 거슬러 올라간다. 도덕회의 자료에 따르면 1951년(신묘년) 가을에 장천연 사존대인으로부터의 천명이 당시의 천재(天才) 몸에 실려 내리기를 삼단합일(三壇合一)하고 단일한 단체로 활동할 것이 명해졌다고 한다.[19] 이에 따라 새로운 명칭이 부과되었는데 바로 도덕초기회(道德礎基會)이다. 도덕초기회는 1952년 1월 5일 정식으로 발족되었으며, 부산 광제단에서 3전인이 천명에 의하여 봉천승운(奉天承運)하겠다는 근반원(跟盤愿)을 올렸다. 이 때 김복당 전인이 대표로 상천(上天)에 표주(表奏)하였다고 한다.[20]

도덕초기회에서 삼단합일의 근거로 삼고 있는 것은 당시의 강필(降筆)에 따른 천서(天書)이다. 이 천서는 일종의 영매에 해당하는 동자로부터 성인(聖人)의 영이 실려 받은 글로써 도덕회의 주요경전이 되고 있다. 도덕회 창립부터 그 정체성을 주장해나가는 것은 모두 이 경전의 권위에 따른다. 그 주요내용을 살펴보면 다음과 같다.[21]

> 무릇 하늘과 땅은 둘이 아니니 진실되도다, 한줄기 진도여! 도는 사람이 살아가는데 중요한 근본 요소이며, 덕은 세상을 건설해 나가는 기초가 되는 것이다. 도의 깊은 뜻은 그윽하고 심오하며 아주 현묘하여 보이지 않지만 나타나지 않음이 없으니, 수많은 성현이 밝혔으나 고금을 통하여 진리를 다하지 못하였으며 근원을 다하지 못했다. ……때마침 임진년의 해를 맞이하여 동쪽 한국 땅에 도덕회 설립의 운이 점진적으로 전개되어 상천 노모님께서 염려하시고 칙명을 내리시어 성신

19 같은 책, p.123.

20 김태옥, 『우리가 받드는 도덕회』, 재단법인 도덕회, 1997,p.5.

21 본래 도덕회의 천서(天書)는 한문으로 기록되어 있다. 본 논문에서는 도덕회의 신대휴 도종사의 번역을 그대로 게재함으로써 도덕회의 해석적 관점을 소개하기로 한다. (『道紀五十年 略史』, 2003, pp.83-100 참조.)

과 사람이 대도를 도와 도덕초기회의 기초를 조성하고자 강훈을 주어 이미 강필을 끝내니 이것으로 도덕초기회 창립의 서문으로 주고자 한다. 때는 임진년(1952) 정월하순이다. 지성인 공자가 훈을 내린다.[22]

임진년에 백의민족이 진도를 법하게 되었으니 도의 기반을 세우고 도를 펴서 성심껏 백양기 동산에 결과를 맺어라.[23]

만물이 봄철에 발생하듯이 진도(眞道)가 동쪽 한국에서 먼저 전개된다. 도덕초기성회는 세상의 주위의 모든 것을 연합하여 받들어라. 앞으로 나아가되 목표는 오직 진도의 한줄기 도맥에 두고 도리로 모든 종교의 가르침을 거두어 수용하며 이 세상 모든 사람의 영성을 건져라.[24]

위의 천서 내용에 입각하여 도덕회에서는 먼저 도덕초기회로 삼단합일하여 발족하였으며, 중국으로부터 전래된 일관도의 정통이 한국에서 비로소 결실을 맺어 하나의 통일교단이 형성되었음을 알 수 있다. 또한 천서에 따르면 당시에 도덕초기회의 대표는 한국인으로서 손우헌(孫佑憲, 1920년생)씨가 회장으로 임명되었는데 이 또한 상천으로부터의 명령에 따른다고 하였다. 도덕회의 천서에는 수많은 선불

22 재단법인 도덕회, 『天書』, 1980, pp.48-19, 「蓋云天地不貳, 誠哉一道. 道爲人生之要素而德爲建世之基礎也, 道之蘊奧, 無微不顯, 徹千聖而不盡, 貫古今莫之窮源,… 時値玄龍値歲, 東宮德運漸展, 上帝垂憐勅命, 神人扶道, 以築基造成, 賜訓已竣, 今此降筆, 以爲贈序. 時在壬辰正月下院, 至聖降論.」

23 같은 책, p.51,「潛龍歲白衣常道, 道盤宏道誠果園」

24 위의 책, p.62,「萬物春發東先展, 礎基聖會獻圈聯, 向前目標唯一線, 理收萬敎渡三天」

(仙佛)이 등장하고 있는데, 특히 손회장의 대표임명은 일관도 18대 조사인 장천연 사존의 강훈(降訓)에 의한 것임을 밝히고 있다.[25] 여기서 도덕초기회는 일관도 교단사에 있어서 처음으로 한국인이 중심이 된 새로운 종교로의 출발이 이루어졌음을 알 수 있다.

도덕초기회의 역사는 최초에 한국인 대표가 선임됨에 따라 당시 중국인 전인과의 갈등이 발생하게 되었는데, 이것은 교단 운영에 따른 주도권이 중국으로부터 한국으로 넘어간 것에 따른 현상으로 보여진다. 당시의 천서에는 이러한 한국인 중심의 교단운영에 대해서도 상세히 언급하고 있다. 즉 중국인들은 더 이상 도무에 관여하지 말고 한국인이 주도하여 운영해 나갈 것을 밝히고 있다.

> 무자년에 상천에서 금선을 접하도록 내려주시니 중국 아우들은 전(田; 한국인 도리 표지)자의 밖에 물러나 있을 것을 많이 생각하라. …한국의 도반이 정해지는 것은 신묘년(1951)이나 스스로 치성을 드리고 스스로 거두며 스스로 도반을 정하도록 해야 한다.[26]
>
> 신묘년(1951)말에 중국 아우들은 결렬해 나가고 임진년 초에는 한국 아우들이 유비와 관운장 그리고 장비가 나라를 위해 복숭아 꽃피는 동산에서 맹세했듯이 맹세하고 진도를 받들어라. …… 도는 본래 한국의

---

25 위의 책, p.112,「오늘 사월초일일은 대한도무의 주장(主掌)을 찾는 날이기 때문에 오늘 위사(爲師)가 그 주장을 찾아주겠다. 그 주장은 너희들 형제들 가운데서도 손(孫)현노(賢徒)(손회장)에게 주장을 주겠다. 오늘 사월일일에 사제지간에 서로 만나서 이야기한 이 일은 장차 구경(九經)팔서(八書)에 주책(註冊)이 될 지도 모르는 주요한 일이니 잘 기억하라…」

26 재단법인 도덕회,『天書』, 1983, p.53,「黃鼠上下接金線, 七十大考田字邊,…大弓定盤白兎年, 自修自收自定盤,」

도인데 서쪽나라로 전해졌던 것이다. 하늘은 둥글고 땅은 사방이라는 방위가 있는 것이나 도의 기운은 경계가 없는 것이다.[27]

분청(分淸)문제라고 하면 즉 중국 도제(徒弟)들과 너희(한국도친)들이 갈려서 판사(辦事)하라는 것이다. 대도(大道)무정(無情)이라는 것을 아는가? 즉 대도에는 인정이 없다는 것이다. 감히 나로서도 이 말을 하기가 어려우나 이 입장에 이르고 보니 마음이 아픈 것을 참고 말하지 않을 수 없다. 중국 현도(賢徒)들이 이 도를 가져와서 이 땅의 형제들을 건지기 위하여 고생한 것은 한없다. 나도 잘 알고 있다. 그러나 천시(天時)지리(地利) 관계다. 대도(大道)무형(無形)이라고 하여 형상(形象)을 주장치 않는다마는 지금의 입장에 있어서는 형상(形象)을 주장 않을 수도 없다. 그러므로 대한(大韓)도무(道務)는 도덕초기회로서 삼아야 한다.[28]

윗글에서도 알 수 있듯이 삼단합일시에 중국인이 배제되고 한국인이 대표가 된 도덕초기회는 필연적으로 중국인과의 주도권 분쟁의 여지를 갖게 되었으며, 이로써 교단은 한국인이 중심이 된 새로운 교단과 중국인 전인의 독자적인 활동으로 분립되어 발전하게 된다. 아울러 도덕초기회의 사상은 세계 도덕의 중심을 한국과 한국민족에 두고 한국민족에 대한 자긍심과 민족이 주체가 된 세계전도의 비젼을

---

27 재단법인 도덕회, 『天書』, 1980, p.35,「兎尾華弟會決裂, 龍首韓弟義桃園…道來東土轉西天, 天圓地方氣無邊…」

28 재단법인 도덕회, 『天書』, 1980, pp.110-111.(師尊大人 奉)

제시하고 있다.

도덕초기회는 1952년에 공보처 제 72호로 공식 등록하였으며, 1954년 12월 10일에 총회결의로 명칭을 '도덕회(道德會)'로 변경하였다. 이후에 1964년 7월 28일 문광부에 재단법인 도덕회로 등록되어 오늘에 이르고 있으며, 1990년 9월 9일에 본부를 서울에서 대전시 가양동으로 이전하여 도무를 관장하고 있다.[29]

도덕회의 주요 의례행사는 매달 1일과 15일에 천제(天祭)가 있으며, 봄(3.8) 가을(9.9) 정월 초5일 대제(大祭)를 올린다. 도덕회의 조직으로는 본부 1개소와 전국 지부 17개, 수도원 3군데가 있으며, 점전사 80여명, 신도수 2천여 명이 활동하고 있는 것으로 알려져 있다. 일관도의 기본적인 점전사(點傳師)와 단주(壇主) 조직 외에도 도덕회에는 권사(勸士)역할을 맡고 있는 선전사(宣傳師)와 전원(專員)의 직급이 있으며, 교단의 도통권(道統權)자로서 도종사(道宗師), 도친을 대표하는 회장단과 재단법인 이사회 조직의 이사장직이 있다. 도덕회의 주요 경전으로서는 삼대경(三大經)이 있는데, 이것은 천서의 내용 가운데 주요한 부분을 발췌한 것으로 '신조수천경(神祖收天經)' '황령경(皇靈經)' '삼성묘경(三聖妙經)'을 말한다. 이외에도 '천부경해론(天符經解論)' '도리약해(道理略解)' 등의 문헌이 널리 사용된다.[30]

⑵ 대한도덕회

한국에 일관도가 최초로 전래된 것은 중국인 전인 장서전(張瑞荃;

29 김태옥, 위의 책, pp.5-6 참조.

30 이 현황은 필자가 2012년 10월 13일 허기남 이사장과의 대담을 요약한 것이다.

1914-1988)에 의해서이다. 그는 중국 하북성(河北省) 영진현(寧津縣) 사람으로 1941년 9월 15일(당시 27세) 천진시에서 구도하였다고 한다. 양관초(楊灌楚) 직계 전인의 지도하에 공부하였으며, 천진에 있는 사존 대인의 총불당인 숭화당(崇華堂)에서 설립한 시진소(施診所)에서 장문운(張文運) 도장(道長)을 도와 5년간 진맥하며 전도에 열중하던 중 한국개황을 나서게 되었다.[31] 그는 이미 1945년에 장천연 조사로부터 "우리 선천대도(先天大道)가 외국에 전도되는 것은 처음 일이야. 고려에는 삼천보살(三千菩薩) 오백나한(五百羅漢)이 있으며, 백양응운(白陽應運)시대가 되니, 그 인연이 되는 사람들을 모두 제도(濟度)하라"는 하명을 받았다고 한다. 따라서 그는 시급히 천진을 떠나 한국으로 오고자 했으나 여비문제로 인해 먼저 중국의 봉천(奉天)지방에 도착하고 이어서 안동(安東) 지방을 왕복하며 전도하면서 약 3년간 한국으로 올 준비를 하였다. 마침내 그는 모든 준비를 마치고 1947년 7월 7일 안동항에서 출발하여 우여곡절 끝에 49일 만에 인천항에 도착하였다.[32] 이튿날 서울로 직행하여 불당을 개설하고 즉시 전도하니 이것은 중국의 일관도가 외국에 전도된 최초의 사건으로 기록된다.

장서전 전인의 전도활동은 초기에 부산, 대구, 대전 등지에서 이루어졌으며, 1949년에 포항에 육화단(育化壇) 불당이 창설되면서 한국인 전도가 활발해진 것으로 보인다. 이후로 각 지방에 크고 작은 불당이 개설되고 도무가 발전하면서 사천 군수와 같은 인재도 배출하였다고 한다. 또한 1948년도에 입국하여 개황한 고운정(高雲程;후에 이

31 송병조, 『馨山 老前人 一代記』, 대한도덕회 편집부, 2011, p.3 참조.
32 같은 책, pp.17-24 참조.

름을 錦程으로 바꿈, 1914-1999) 전인과 함께 대구시에 보화단(普化壇)을 개설하였는데, 이곳은 후일에 한국천은미륵불원(韓國天恩彌勒佛院)의 본당이 되었다.

장서전 전인의 종교활동은 앞서 언급한 주요 사건인 삼단합일 때 교단이 분리되었는데, 한국인이 중심이 된 도무(道務)에서 배제됨으로써 별도의 독립된 활동이 이루어진 것으로 보인다. 하지만 전국의 도친 조직이 삼단합일 사건으로 인해 와해되자 본격적인 전도기반이 마련되지 않은 상태에서 장전인은 고초를 겪으면서 약 10년간 서울 명륜동에서 한의원을 경영하기도 하였다. 이때의 한의원 이름이 '천덕(天德)한의원'이다.

점차 생활이 호전되고 나서 장전인은 삼단합일 사건 이후 10년 만에 다시 서울에 공공불당(公共佛堂)을 개설하게 되었고 도무는 활발하게 진행되었다. 하지만 장전인은 다시 여러 우여곡절을 겪게 되는데, 홍은동(弘恩洞) 불당 건립 중 폭도난동사건, 별도 전인 옹립 미수 사건, 대구지방의 도친 이탈사건 등이 있다.[33] 대체로 장전인에 대한 평가는 특별히 두드러지게 나타난 대업적 보다는, 인품으로 볼 때 범인(凡人)으로서는 감당하기 힘든 시련을 견디면서 언제나 대자대비한 심법으로 인내하고 온화한 설법으로 도친을 감화시킨 공적을 높이 사고 있다.[34]

장전인의 일관도 수행사상의 특징을 엿볼 수 있는 일화로는 다음과 같은 내용이 전해온다.

33 위의 책, pp.32-34 참조.
34 위의 책, p.26.

약 20여 명의 점전사, 단주 등이 입산수도(入山修道)한다고 산중에 들어가서 수개월간 정좌(靜坐)수현(守玄)한 일이 있는데, 노전인께서는 "진천도(眞天道)의 수도는 개황(開荒)포도(佈道)만 잘하는 뿐이거늘, 참선 정좌는 홍양시대(紅陽時代)의 기공(氣功)이요, 좌도(左道)방문(旁門)에서 하는 일이라 유해(有害)무익(無益)한 사태이다. 외공(外功)만 서둘러 하면 완전수행이 되느니라" 하시며 염려하신 적이 있다.[35]

윗글에서 보듯이 장전인의 수행사상은 외공중심 즉 전도를 통한 구겁(救劫)사상에 초점이 맞추어져 있음을 알 수 있다. 이 점은 현대 일관도 내에서 외부로부터 도전받기 쉬운 부분이라 할 수 있는데, 내적 수련과 자기 체험의 중요성이 강조되는 현재의 종교상황에서 교단 내부의 계발이 요구되기도 한다.[36] 여기서 정좌 수련의 문제는 이미 장천연의 설법에서도 그 중요성을 언급한 것으로 알려져 있다. 즉,

"방심(放心)을 하지 않는 공부란 곧 마음을 통제하는 방법(制心之法)인데, 이러한 '제심지법(制心之法)'에는 당연히 정좌(靜坐)를 하는 것이 가장 중요하다. 대체로 지혜란 정신에서 생겨나고, 정신은 안정으로부터 생겨나는 것이니, 정(精)을 연마하고 기(氣)를 변화시키며, 기(氣)

35 위의 책, p.32.

36 이 점에 관하여 대만의 종운형 교수는 현대 일관도가 당면한 과제로 세 가지를 제시하기도 하였다. 첫째는 삼교경전 중심의 일관도 교리의 정체성 문제이며, 둘째는 신체수련과 정좌공부의 필요성이고, 셋째는 도장운영의 가족세습화 문제이다. 종교수는 이에 대한 비판과 대응이 시급하다고 보았다.(鍾雲鶯, 「傳承與轉型—中華民國發展史論文研討會·文化發展」에서 발표한 논문, 臺北:國立政治大學 人文中心, 2011年1月28-29日 참조.)

를 단련하여 신(神)을 변화시키고, 신(神)을 연마하여 허(虛)로 돌아가는 것이 또한 이 하나의 정좌의 법에서 벗어나지 않는다. 이러한 정좌법을 행하고 싶다면 아침저녁으로 가부좌를 하고 눈을 감고 신(神)에 집중하되, 혀는 입천장에 두고, 마음을 편히 하여 기(氣)를 고요하게 할 것이며, 일체의 잡념을 멀리하고, 선도 악도 생각지 말며, 움직이지도 말고, 들어오고 나가지도 않으며, 앉아서 하나의 생각도 나지 않으며 모든 생각이 멈춰질 때까지 행해야 한다."[37]

라고 하여 정좌공부를 통해 방심하지 않고 자신의 마음을 통제할 수 있다는 말이므로 이러한 수련법은 장천연 조사시대에는 병행되었던 것으로 보인다. 다만 장전인의 국내 전도활동에는 이러한 정좌수련법보다는 삼기말겁의 구도사상을 위주로 하여 '도인구겁(渡人救劫)'의 도덕실천이 보다 중요하게 여겨졌다고 할 수 있다.

대한도덕회 관계자에 따르면 현재 교단은 최초에 오성근(吳聖根)씨가 전국 대표 회장으로 활동하였으며, 곽효진(郭孝振), 김창인(金昌仁), 이한승(李漢昇)으로 이어져오고 있다. 5·16군사정변 이후 1961년에는 문교부의 국산종교 통합계획에 따라 창설된 '동도교(東道教)'에 속하기도 하였으나 1963년 종교단체등록법이 무효화되면서 곧 탈퇴하였다.[38] '대한도덕회'라는 명칭은 1961년 12월11일(문교부 등록

37 南屛道濟 著, 張天然 編著, 《一貫道疑問解答》, 민국26년(1937), 三德書局. p.44.

38 동도교(東道教)는 5·16 군사혁명 직후에 결성된 일종의 신종교운동 연합체이다. 1961년 문교부(지금의 교육부)의 국산종교통합계획에 따라 과거부터 당시에 존재해왔던 민족신앙총연맹을 재편성해 동도교라는 이름으로 그해 12월 문교부에 등록했다. 이 단체에 가입한 교단은 증산교계의 증산교대법사(甑山教大法社)·보화교(普化教)·삼덕교(三德教), 태인(泰仁)의 미륵불교·선불교(仙佛教)·태극도(太極

제183호)에 등록한 것으로 알려져 있다.[39]

주요 문헌 및 경전으로서는 성세신종(醒世晨鐘), 도학신론(道學新論), 강도필록(降道筆錄), 성리제석(性理題釋), 도통보감(道統寶鑑), 수도지남(修道指南), 도리연구제목(道理硏究題目), 의문해답(疑問解答), 도덕경(道德經), 청정경(淸淨經), 반야심경(般若心經), 미륵불심경(彌勒佛心經) 등이 있다. 주요의례로는 매월 1일과 15일 천지군친사(天地君親師) 오은(五恩)에 대한 제례(祭禮)가 있으며, 장천연 사존과 손소진 사모의 성탄일 기념 치성이 있고, 매주 일요일에 도리연구 활동이 있다.

1988년 장전인 사망 이후에 그 부인을 추종하는 파와 아들 장영훈 씨를 따르는 두 파로 나뉘어졌는데, 장영훈 전인은 어느 날 지도령(止道令)을 내림으로써 잠정적으로 전도활동이 중지된 상태이다. 현재 본부는 대전도덕단이 있으며 전국에 총 17개 지부 약 1천여 명이 활동하고 있는 것으로 알려져 있다. 또한 장전인과 고운정 전인의 후학으로 알려진 김기곤(金淇坤) 전인은 1996년도에 대구에서 '한국천은미륵불원'을 설립하여 독자적인 활동을 하고 대만의 '미륵대도'에 연계됨으로써 오늘날 사모파 일관도와 별개의 교단임을 표방하고 있다.[40]

道) 등 6개 교단과 동학계의 도학교(道學敎)·천진교(天眞敎)·시천교(侍天敎)·수운교(水雲敎) 등 4개 교단, 그리고 일관도(一貫道) 등이었다. 당시 본부는 서울 종로구 견지동 80번지에 있었고 〈동도교보 東道敎報〉를 발간했다. 동도교의 목적은 보국안민의 실현과 지상낙원의 건설이었고, 단군·최제우·강증산을 일체로 하는 삼단교의체계(三段敎義體系)를 실천했다. 1963년 본부를 전라북도 김제군 금산면 쌍용리 보화교 본부로 옮겼다. 참여교단의 독자적인 활동과 무성의 등으로 1963년 종교단체등록법이 무효화되면서 보화교·삼덕교·증산교 대법사만 남고 나머지 교단은 탈퇴했다. 그 후 1970년 새로운 증산교 연합단체인 증산종단친목회가 결성되면서 자동 해체되었다.(한국 브리태니커 온라인 참조/www.britannica.co.kr)

39 한국천은미륵불원 홈페이지 참조함.(www.miruk.or.kr)

40 이 내용은 필자가 2012년 10월 중 대한도덕회 소속의 점전사와의 인터뷰를 통하

⑶ 국제도덕협회(일관도)

중국에서 전래한 일관도의 삼위전인 활동 가운데 현재 한국에서 가장 큰 규모로 발전한 곳은 국제도덕협회이다. 국제도덕협회의 한국 개황주에 해당하는 김복당(金福堂; 1914-1991) 전인은 본래 한국인의 자손으로 조선조 때 중국 청나라에 사신으로 건너간 경주 김씨의 13대손이다. 그의 자호(自號)는 곤수곡인(昆水谷人)으로 속세에 섞여 있다는 뜻을 지닌 '혼속(混俗)'을 파자하였다. 16세때 천진으로 이사한 뒤에 남개대학(南開大學) 철학과를 졸업하였다. 김복당 전인은 1936년경(22세시) 먼저 구도한 부인을 따라서 당시 천진 도덕단의 강의불당(剛毅佛堂)에서 구도한 것으로 알려져 있다.[41]

김복당 전인이 한국에 개황하게 된 계기는 1947 당시 장천연 사존의 명에 의해서였다고 한다. 관련기록에 따르면 다음과 같은 특별한 하명을 받았다고 한다.

> 그 나라는 성인을 맞이하는 나라이니 전심전력으로 제도하라. 너의 선조가 조국을 떠난 지 수백 년이 되었으니, 너는 조국으로 돌아가 일관도 진도(眞道)진법(眞法)으로 보답하여라. 너의 형제자매를 완전히 구해주는 일이 너의 책임이니라. 너를 보내는 것은 일이 될 수 있기에 보내는 것이니 한국에 가면 나무 목(木)자를 머리에 인 아들(子)을 만나게 될 것이다. …… 네가 한국에 가면 천불만조가 너를 도와 대성공으로 이끌어주실 것이나.[42]

여 정리한 것이다.

41 국제도덕협회(일관도),『昆水谷人祖國開荒一貫道傳道簡介』,2008, p.2.

위의 내용에서 볼 수 있듯이 김복당 전인은 자신의 혈통이 한국인이라는 인연으로 한국개황의 계기를 맞이하게 되었으며, 이로써 역사적인 한국전도의 첫발을 내딛게 되었다. 그는 부인과 6남매를 남겨두고 1947년 9월 9일 천진에서 출발하여 상해를 경유하여 동포난민 귀국선을 타고 인천으로 입국하였다. 상해에서 김 전인은 김은선(金恩善) 노전인과 조의민(曺儀敏) 점전사를 만나서 같이 한국에 도착하였으며, 서울 상왕십리에 셋방을 얻어 일관도 전도활동을 시작하였다.[43] 당시에 한국인으로서 처음 도를 받게 된 사람은 이순애(李順愛)씨였는데, 성이 이(李)씨였으므로 이로써 장천연 사존의 뜻을 알게 되었다고 한다. 김복당 전인의 종교활동에서 처음으로 간판을 건 것은 1948년 서울 충무로에 위치한 도덕사(道德社)이다. 이곳은 인덕법단(仁德法壇)으로서 후일에 총본부 불당의 원형이 되었다.

김복당 전인이 독자적인 종교활동을 하게 된 계기는 1951년 삼단합일 사건 이후이다. 이 때 부산 광제단 도덕초기회 출범을 위한 반기(班期)에 참여하면서 김전인은 스스로 '계천입극(繼天立極) 봉천승운(奉天承運)'하여 백양반(白陽盤)을 정반(定盤)한다고 믿었다. 이에 대한 근거로 다음의 강필(降筆) 천서내용이 전해온다.

> 1952년(壬辰年) 정월 초하루부터 용화회상 백양기의 성스런 도맥을 계승한다.[44]

---

42 같은 책, p.6.
43 위의 책, pp.8-9.
44 1951년 2월, 金公路祖, 院長大人 降筆訓示, 「龍歲元月元旦日, 天龍在天繼聖脈」

병자, 정축년(1936,1937)에 하늘의 뜻과 합하여 하나가 되니 백양천시는 이 해부터이다.[45]

공과원만하여 세월이 됨에 원불자가 나타나니 세월이 차츰 흘러 임진년에 임하여 임진년 한국에 사해(四海)가 도와 성스러운 백양반을 세우노라.[46]

백양기 흰 옷의 신묘년 흰 토끼해에 백양천반을 정하였노라.[47]

위의 강필 내용에 대해서 김전인은 자신의 전도활동이 획기적인 발전을 할 것으로 내다보았다. 그러나 김전인은 중국인으로서 도덕초기회로부터 배제되어 더 이상 주도권을 가질 수 없었으므로 1952년 4월경 부산을 떠나 독자적으로 제주, 목포, 전주, 이리, 광주, 대전, 대구 등지로 전도활동을 벌여나갔다. 1953년 9월에는 일관도를 공식적으로 전파하기 위해 '극기복례(克己復禮)'를 일관도의 이념으로 하여 '국제도덕협회(國際道德協會)'란 명칭으로 선언문, 강령, 종지를 선포, 회칙규정 등 제반서류를 공보부장관에게 제출하게 된다.[48]

1955년에 이르러 일체의 도무는 김전인에 의해 이루어지게 되었는데, 당시 교단의 특성상 계속되어 왔던 강필지시도 이 때 완전히 끊어지게 되었다. 당시 마지막 강필에 따르면 "앞으로는 일체 강필을

45 1949년 戊子年 啓示, 「丙子丁丑天合一, 白陽天時自此年」
46 1952년 老母訓示,「誠果歷年子到懸, 荏苒韶華臨辰年, 壬辰韓海立聖盤」
47 1952년 院長大人 降筆訓示,「白衣定盤白兎年」
48 국제도덕협회(일관도), 『昆水谷人祖國開荒一貫道傳道簡介』, 2008, p.15.

하지 말라. 이후로 강필을 하는 것은 불규를 어기는 일이다. 앞으로의 한국 도무는 김복당 전인의 지시대로 행하도록 하라. 김복당 전인의 지시는 상천노모님의 천명과 조금도 틀림이 없다."고 하여 강필이 끊어지게 된 근거를 밝히고 있다. 1965년에 김전인은 초대총재로 추대되었으며, 중앙 총본부를 서울 흑석동으로 이단(移壇)하였다.[49]

국제도덕협회의 발전과정에는 우여곡절도 많았다. 김전인은 당시 정부의 반공분위기 하에서 1968년도에 간첩혐의로 중앙정보부에 끌려가서 고문 끝에 무혐의로 풀려나오기도 하였으며, 1976년에 7인이 김전인을 국제적으로 무고하게 세상에 알림으로써 수감생활을 치르는 등 주로 공산화된 중국에서 왔다는 이유로 많은 고난을 겪었던 것으로 보인다. 이 모든 것이 교세가 발전하는 과정에서 김 전인이 겪은 질시와 모함들이었던 것으로 기록하고 있다.[50]

오늘날 국제도덕협회는 전국에 160여 개의 지부가 있으며, 점전사 300여 명에 구도인 숫자가 120여 만 명에 이르고, 미국과 프랑스, 일본 등지에도 진출하였다.[51] 시설로는 1988년도에 준공된 부여교육원 승묵법단(繩墨法壇)이 있고, 노후 수도도량으로서 장성과 남원, 제주 그리고 고성에 수양원과 복지원, 청소년 수련원이 각각 있으며, 제주도에는 일관도 역사관과 교육관을 마련하고 있다.[52]

주요사업으로는 장학법인 1개, 복지법인 4군데, 영농법인 1개를 운영하고 있으며, 주요 행사의례로는 5월 스승의 날, 매달 음력 초하

---

49 같은 책, p.15.
50 위의 책, p.25.
51 국제도덕협회(일관도), 『天道簡說』, 2009, p.37.
52 국제도덕협회(일관도), 『참나를 찾는 곳』, 2011, p.41-44.

루와 보름에 정기법회, 정월 25일과 8월 25일에 각각 춘추 총법회를 개최한다. 주요 문헌 및 경전으로는 현재 100여종이 넘지만 이 중에서 참고가 될 수 있는 서적은 『곤수곡인 법어집(昆水谷人法語輯)』외에 노기강의록(爐期講義錄), 도덕강의록(道德講義錄), 천도간설(天道簡說), 삼보설교(三寶說教), 달마보전(達磨寶傳), 도학신론(道學新論), 인리귀진(認理歸眞), 대승금강경(大乘金剛經), 성리제석(性理題釋) 외에 다수가 있다.[53]

3) 한국 일관도계 신종교의 교리적 특성으로서의 민족주의

한국의 여러 자생 신종교의 경우 그 발생시기상 조선후기 근대의 민중종교운동으로 등장하였고 이에 따라 외우내환(外憂內患)의 위기의식으로 자발적인 민족주의가 강조되었다. 동학, 증산교, 대종교, 원불교와 같은 신종교는 물론이며, 심지어 유교, 불교와 같은 고전종교 및 기독교계에서도 이 시대의 민족주의적인 특징이 드러났다고 본다.[54] 또한 한국 근대종교를 특별히 '민족종교'로 지칭할 경우에는 대체로 다음과 같은 공통점이 있다고 본다.[55] 첫째는 한국자생종교이며, 둘째는 민족공동체의식을 가지고 있으며, 셋째는 민족 고유 얼의 계발을 기도하며, 넷째는 고난으로부터 해방된 민족의 영광을 약속한다는 것이다. 이와 같은 견해를 통해 볼 때도 그만큼 한국종교의 민족주의는 오늘날 역사적으로 중요한 의의를 지니고 있으며 한국민족의

53 국제도덕협회(일관도), 위의 책, p.92.
54 강돈구, 『한국 근대종교와 민족주의』, 집문당, 1992 참조.
55 윤이흠, 『한국종교연구』1권, 집문당, 2000, p.287.

정체성을 엿볼 수 있는 좋은 사례가 된다고 본다.

외래 종교의 경우에도 한국에 전래되어 토착화되는 과정에서 한국 민족주의의 영향을 받았다. 근대 시기의 전통종교나 외래 기독교의 경우에서도 이러한 사례는 얼마든지 찾아볼 수 있다.[56] 오히려 외래종교의 경우 이러한 민족주의의 영향 하에서 한국에서부터 새롭게 발전되어 세계화된 신종교도 있다.[57] 따라서 일관도의 경우 한국에 전래된 이후에 민족주의적인 특징으로 변화된 사례를 찾아보면 이것이 한국일관도의 주요한 특징으로 자리매김될 수 있을 것으로 본다. 왜냐하면 일관도의 기본적인 교리는 대체로 어느 교파를 막론하고 공통적인 면을 지니고 있기 때문에 특별히 한국적인 특징을 찾는 것이 어렵기 때문이다.[58] 다만 한국적인 토양에서 성장하고 한국민족의 자긍심을 일깨운다는 점에서 이러한 민족주의적인 요소가 특징으로 작용할 수 있다는 점을 지적하고자 한다.

도덕회의 경우에 그 출발 당시부터 한국인 중심의 도무운영을 위주로 하였으므로 교리해석에 있어서도 다분히 한국민족 중심의 교리해석에 큰 비중을 두고 있다. 특히 강필에 따른 천서해석도 이와 같은 민족주의적인 경향이 짙게 드러나고 있으므로 오히려 중국과 단절된 새로운 한국종교로서의 가능성을 비추기도 한다.

---

56 강돈구, 위의 책 참조.

57 통일교의 경우가 이에 해당한다고 볼 수 있다.

58 대만 일관도 총회에서 출판된『일관도개요』에 의하면 일관도의 주요교의는 다음의 여섯 가지로 설명하고 있다. 첫째는 리기상(理氣象) 삼천론(三天論)이며, 둘째는 삼기말겁(三期末劫), 셋째는 삼조보도(三曹普渡), 넷째는 성리심법(性理心法), 다섯째는 삼교합일(三教合一), 여섯째는 행공론(行功論)이다.(林慕禹 著,『一貫道概要』, 中華民國一貫道總會, 2002, pp.19-30 참조.)

중앙인 무기(戊己)로 천통(天統)을 이은 현시(現時)는 도운(道運)이 굴러서 간방(艮方-한국)에 이르도록 돼 있다. 대궁(大弓-한국)은 신묘하게 활 잘 쏘는 나라인데 이 한국에 만불천선(萬佛千仙)이 일제히 내려오신다.[59]

항하의 모래같이 많은 모든 사람들이 한국의 도운에 응할 것이니 3·8 진궁(震宮)인 한국은 천제를 지내는 제단이 될 것이다.[60]

백의민족이 이 세상에서 제일 뛰어난 민족이며 위대한 국가를 건설할 것이다. 신성한 단민들은 두 백성도 아니니 통일도 될 것이다.[61]

위와 같은 내용은 원문을 보는 관점에 따라 다르게 해석될 여지가 있지만 특별히 해석상에 한국민족을 강조하고 민족주의적인 색채를 강하게 비추는 것은 자민족 중심의 새로운 종교운동이라고 해도 과언이 아니다. 흥미로운 것은 중국 일관도의 교리에도 이와 같은 민족주의가 나타난다는 것이다. 이때의 민족은 오히려 한국민족이 아니라 중국민족이다. 그 중요한 교리가 되는 것이 '득도사난(得道四難)'인데, 인신난득(人身難得; 사람으로 태어나기 어렵다), 중화난생(中華難生; 중국민족으로 태어나기 어렵다), 삼기난우(三期難遇; 세 번째 백양기 시기를 만나기 어렵다), 진도난봉(眞道難逢; 참된 도를 만나기 어렵다)이다.[62]

59 재단법인 도덕회, 『天書』, 1980, p.166, 「中央戊己承天統, 現時運轉到艮方, 大弓神射太極圈, 萬佛千聖齊下世」

60 같은 책, p.215, 「恒河齊應一八字, 三八震宮檀祭天」

61 같은 책, p.217, 「白衣宇宙一, 神壇無二民」

이 가운데 중화난생의 교리에는 '중국이 천지의 큰 근본이며 뭇 성인(聖人)이 교대로 출현하여 가장 일찍 문명이 개창되었으며, 참된 도가 내리는 곳이다'[63]라고 하여 중국 중심의 사고방식이 존재한다는 것이다. 이처럼 일관도에 잠재된 중국민족주의는 한국으로 전래되어 한국민족주의로 변화되었다는 사실은 주목할 만하다. 오늘날 도덕회의 불당에는 명명상제(明明上帝) 우측에 국조 단군을 특별히 모시고 있는데, 이것은 이미 중국일관도가 한국화 된 사례를 여실히 보여주는 것이라 할 수 있다.

대한도덕회의 경우에는 본래 삼단분립 이후 중국인 장서전 전인의 독자적 활동에 기반을 두고 발전하였으므로 특별히 종교활동에서 한국 민족주의적인 특징을 찾기는 어렵다. 이에 비해 국제도덕협회의 경우 김복당 전인은 비록 중국에서 태어나 중국인으로 자랐지만 자신의 선조가 이미 한국인이고 또 사존의 명에 의해 특별한 사명감을 가지고 한국으로 왔기 때문에 오히려 한국의 현실과 민족의 앞날에 대해 많은 관심을 보인 것으로 알려져 있다. 관계자의 증언에 따르면 김복당 전인은 그의 설법에서 언제나 한국사회의 정치적 경제적 현실에 지대한 관심을 보였으며, 한민족의 앞날과 세계적 발전을 강조하였던 것으로 보인다.[64] 그 사례로 김복당 전인은 1981년부터 1982년까지 '통일기도 전국순회대법회'를 개최하면서 조국통일을 위한 계몽운동에 앞장섰던 것으로 기록되어있다. 또한 불당에는 1982년까지 공자

62 저자미상, 『認理歸眞』 臺灣 崇正寶宮出版社, 연대미상, pp.16-19.

63 『性理題釋解譯』, 臺灣, 藏巨書局, 1993, p.84.

64 본 내용은 필자가 2012년 10월 초순 서울에 소재한 국제도덕협회 총본부를 방문하여 좌담한 것을 정리한 것이다.

맹자 외에도 단군성조를 모시면서 국조를 숭배하는 정신을 잊지 않았다. 이 성상은 1982년 대만에서 시작된 '세계통일불규운동'때 철수하여 오늘날은 모셔지지 않고 있으나 여전히 민족적인 종교심성은 남아있다고 볼 수 있다. 또 한 층의 불당에는 주신(主神)으로서 관운장과 그 좌우에 각각 '호국기도(護國祈禱)'라는 액자 및 '조왕신(竈王神)'의 성화가 모셔져있다. 본래 조왕신 신앙은 한국의 민간에서 뿌리 깊게 자리 잡은 신격으로서 오래전부터 널리 확산되어있던 신앙형태이다. 특별히 대만 불당에서는 쉽게 찾아보기 힘든 신상으로서 한국일관도의 대표적인 신격으로 자리 잡고 있다. 또한 불당에 모셔진 '호국기도'라는 명패는 오늘날까지도 유지되고 있는 중요한 신앙형태로서 한국 일관도의 민족적인 성향을 엿볼 수 있는 중요한 대목이라 하겠다.

이상과 같은 내용에서 한국에 전래된 일관도는 한국적 특징으로서 민족주의적인 면모를 드러내었다고 할 수 있으며, 그 발전과정에서 비교적 한국인들 사이에 많은 공감대를 얻은 것으로 보인다.

4. 맺음말

중국의 일관도는 오늘날 대만에서 융성하여 세계 80여 개국으로 전파되어 활동하고 있는 대표적인 신종교이다. 이미 대만에서는 비교적 짧은 시기에 급속한 발전을 이루면서 사회적인 영향력도 지대하다고 볼 수 있다. 대만 일관도의 사회활동은 종교의 출세간적인 성격과는 달리 입세간(入世間)적인 이념에 따라 적극적인 사회계몽과 봉사활동에 앞장서고 있다. 이에 따라 많은 사람들이 알게 모르게 일관도의 문화에 흡수되어 일관도가 주도하는 사회적인 변화에 동조하고 있는 상황이다.

한국에서 일관도계 신종교는 전래당시의 민족 간 불협화음이 오늘날 분파를 이루게 되고 또 그러한 분파별 특색이 강하게 발휘되어 현재의 발전을 이루었다. 하지만 현재 한국사회에서 일관도계 신종교의 활동은 대만만큼 사회적 기능의 측면에서 활발하지는 않으며 비교적 종교 내적인 신앙의 측면에 역점을 두고 발전을 해왔다고 볼 수 있다. 이것은 여타 한국 신종교 혹은 기성종교의 경우에도 종교의 사회적 참여의 면에서 대만이나 일본에 비해 활발하지 않은 것과도 관련이 있다. 다만 비슷한 시기에 대만에서 비약적인 발전을 이룬 일관도의 사례를 놓고 볼 때 한국사회에서의 종교적 발전이 있기 위해서는 무엇보다도 사회와의 연계성을 도외시해서는 안 된다는 것이다. 특히 그 교리가 입세간(入世間)의 정신에 기초를 두고 있을 때는 더욱 그렇다. 오늘날 한국의 일관도계 신종교는 다시 분립과 연합의 이중주에서 많은 고민을 하고 있다. 종교적인 인간이 인간적인 종교를 만남으로써 진정한 성속일여(聖俗一如)가 될 수 있듯이 한국일관도의 당면과제는 오히려 한국종교의 문제와도 무관하지 않다 하겠다.